美丽和活力

——传统村落的生命之基

CHUANTONG CUNLUO DE SHENGMING ZHI JI

赵曼丽　等 著

中国社会出版社

国家一级出版社 · 全国百佳图书出版单位

图书在版编目(CIP)数据

美丽和活力:传统村落的生命之基/赵曼丽等著.—北京:中国社会出版社,2020.10

ISBN 978-7-5087-6423-8

Ⅰ.①美… Ⅱ.①赵… Ⅲ.①村落—保护—研究—中国 Ⅳ.①K928.5

中国版本图书馆 CIP 数据核字(2020)第 194974 号

书　　名:美丽和活力——传统村落的生命之基
著　　者:赵曼丽　等

出 版 人:浦善新
终 审 人:尤永弘
责任编辑:李冬雁

出版发行:中国社会出版社　　**邮政编码**:100032
通联方式:北京市西城区二龙路甲 33 号新龙大厦
电　　话:编辑部:(010)58124823
邮购部:(010)58124848
销售部:(010)58124845
传　真:(010)58124856
网　　址:www.shcbs.com.cn
shcbs.mca.gov.cn
经　　销:各地新华书店

中国社会出版社天猫旗舰店

印刷装订:北京九州迅驰传媒文化有限公司
开　　本:170mm×240mm　1/16
印　　张:19
字　　数:280 千字
版　　次:2020 年 10 月第 1 版
印　　次:2020 年 10 月第 1 次印刷
定　　价:58.00 元

中国社会出版社微信公众号

前　言

传统村落是在人类与自然长期相互作用过程中逐渐形成并不断嬗变的生命体，它不仅是由聚落、建筑和非遗组成的文化空间，更是一种生命形态，具有整体性、延续性和动态性的特征。“美是理念的感性显现”，传统村落作为一种生命体的生命意义体现为其在与环境互动过程中的生存智慧和生活方式，通过它的美而彰显，这种美由三要素蕴含着的生态美、形态美、文态美，以及由此产生的业态美共同生成的“四态美”构成，亦具有整体性、延续性和动态性的特征。其中，生态美和形态美使传统村落获得外部识别性，文态美使传统村落具有内部认同感，业态美使传统村落焕发生机和活力。美丽和活力不仅是传统村落生命延续的重要基石，也是传统村落保护发展的内生依据和再生动力，二者相得益彰，缺一不可。

截至 2019 年 6 月，贵州省有 724 个村落入选“中国传统村落名录”，位居全国传统村落数量十强省之首。其中，黔东南苗族侗族自治州拥有传统村落数量 409 个，占贵州省传统村落的比例约为 56%，成为全国传统村落分布最密集的地区。与此同时，据国务院 2006 年的统计数据显示，该地区的 16 个县市中有 14 个县为国家级贫困县，通过统计数据分析，旅游发展成为该地区脱贫致富、谋求发展的重要引擎。本研究选择贵州省黔东南苗族侗族自治州为研究区域，运用旅游地生命周期理论，以村落近 30 年的发展为背景，从村落的优势资源、外部力量、村落发展等方面进行历时性和共时性对比分析，确定选择处于不同旅游地生命周期的郎德上寨和堂安侗寨作为研究村落。

居民是传统村落美的缔造者，是传统村落的当然主体，也理应是传统村落美的体验者和受益者，居民对传统村落美的态度是传统村落生命延续的内生动力。

综上，本书从传统村落生命意义的视角，运用整体性思维，从美丽和活力两个维度对传统村落进行研究，着重探讨旅游发展背景下传统村落生命延续的路径，旨在为传统村落指标体系的建立提供参考和借鉴，并以传统村落为样本，探索旅游发展背景下乡村建设的内生依据和再生动力：首先，以旅游地生命周期理论为研究工具对研究村落旅游发展趋势进行对比分析，对传统村落旅游前景进行预测；其次，建构传统村落美的整体性框架，基于此框架，通过对研究村落美的阐释和近30年美丽嬗变的对比研究，以居民态度模型实证检验为依据，提出传统村落生态美、形态美、文态美的建设路径；最后，以深度访谈和问卷调查为依据，通过对激活研究村落三种业态现状的对比研究，提出传统村落活力建设路径。

作者

2020年8月

目　录

第1章　绪　论 ……………………………………………………… (1)
1.1　传统村落保护发展的研究背景 ………………………………… (1)
1.2　传统村落保护发展的研究目标 ………………………………… (4)
1.3　传统村落保护发展的研究内容 ………………………………… (5)
1.4　传统村落保护发展的研究技术 ………………………………… (7)

第2章　传统村落发展综述 ……………………………………… (14)
2.1　传统村落理论层面发展综述 …………………………………… (14)
2.2　传统村落实践层面发展综述 …………………………………… (33)

第3章　传统村落保护发展研究的理论基础 …………………… (41)
3.1　旅游地生命周期理论 …………………………………………… (41)
3.2　态度理论 ………………………………………………………… (55)

第4章　传统村落美丽阐释 ……………………………………… (64)
4.1　传统村落美的整体性框架 ……………………………………… (64)
4.2　传统村落的生态美阐释 ………………………………………… (70)
4.3　传统村落的形态美阐释 ………………………………………… (90)
4.4　传统村落的文态美阐释 ………………………………………… (102)

第5章　传统村落美丽嬗变 ……………………………………… (121)
5.1　传统村落美丽嬗变的依据 ……………………………………… (121)

5.2 传统村落的生态美嬗变 …………………………………………（125）
5.3 传统村落的形态美嬗变 …………………………………………（140）
5.4 传统村落的文态美嬗变 …………………………………………（154）

第6章 居民态度实证研究……………………………………………（169）
6.1 居民态度研究假设 ………………………………………………（169）
6.2 居民态度研究设计 ………………………………………………（171）
6.3 居民态度实证研究 ………………………………………………（174）
6.4 居民态度实证研究启示 …………………………………………（184）

第7章 传统村落美丽建设……………………………………………（188）
7.1 传统村落的生态美建设 …………………………………………（188）
7.2 传统村落的形态美建设 …………………………………………（200）
7.3 传统村落的文态美建设 …………………………………………（207）

第8章 传统村落活力建设路径………………………………………（219）
8.1 激活体验式旅游 …………………………………………………（219）
8.2 激活建筑遗产 ……………………………………………………（237）
8.3 激活传统手工艺 …………………………………………………（254）

后续思考…………………………………………………………………（271）
参考文献…………………………………………………………………（275）
附　录……………………………………………………………………（287）
后　记……………………………………………………………………（296）

第1章 绪 论

1.1 传统村落保护发展的研究背景

1.1.1 传统村落保护发展的现实观察

2012年12月31日,《中共中央 国务院关于加快发展现代化农业进一步增强农村发展活力的若干意见》强调:制订专门规划,启动专项工程,加大力度保护有历史价值和民族、地域元素的传统村落和民居。这是传统村落第一次出现在党和国家的重要文件中,为传统村落保护指明了方向,并在全国范围内掀起了一场声势浩大的传统村落保护热潮。截至2019年6月,全国已有5批次6819个村落列入传统村落名录。随着党和国家对传统村落的高度重视,各地纷纷响应,积极申报传统村落,全面实施对传统村落的保护。如,建立传统村落档案和保护规划,对大部分进入保护层次的村落建立了村落文化资源档案,对各级文物实行挂牌保护,制定地方性保护办法等,传统村落衰败甚至消失的窘境有了较大的改观,但在保护发展的实践过程中,仍然存在以下主要矛盾:

1.1.1.1 缺乏统一的规程

传统村落保护发展涉及的相关职能部门和参与的专家学者众多,保护工作千头万绪。一方面,专家学者从不同的领域提出传统村落保护发展的方式,归纳起来大致有四种:“修旧如旧”“原真性保护”“整体性保护”和“在保护中利用,在利用中保护”,并对每种方式加以论述,但在实际的操作过程中往往因为缺乏统一的刚性规程而事与愿违。另一方面,各个职能部门从各自的视角对传统村落进行各有侧重的保护。如,住房城乡建设部更多地关注村落建筑风貌等物质文化形态的保存,文化部更多地关注村落非物质文化形态的活态传承，文物局则更多地关注村落的文物保护。在实际操作过程中，往往要么出现获得主导权的职能部门的单干、各自为政，要么出现权责交叉、互相推诿的现象。另外，不同职能部门主导的传统村落保护，从命名、申报、批准，到规划、设计、建设，乃至后期的管理、维护等，都不是同一个规程，而作为牵头部门的住建部也缺乏切实的抓手来统筹各个职能部门的保护工作。

1.1.1.2 他者主导的保护

居民是传统村落的缔造者，理应是传统村落保护发展的当然主体，但在实际操作过程中，居民往往是最缺少话语权的群体。如，民居建筑是他们世代居住的家，对于他们来说，对民居建筑的保护首先要优化居住功能，满足他们对现代生活的需求，但现实的情况是，一旦居住者的住宅有幸成为建筑遗产或文物保护单位，原本唯一属于居住者对家的权利可能就会立即消失。当他们有能力对自己的住宅拆旧建新时，通常会被认为是缺乏保护意识的行为。居民自家的房屋，凭什么不可以自我处置呢？这种他者主导的保护行为似乎无视物权法的存在，忽视传统村落保护的内生动力来源于当然主体的意识力，而非外部力量的行政力，这样的结果要么是居民和保护发展对立，要么是居民无奈的接受，所谓的保护变成了局外各界人士的一厢情愿，总之，他者主导的保护发展因内生动力的缺失而不具备持续发展的可能性。

1.1.1.3 历史终结的静态保护

传统村落是在人类与自然长期互动过程中逐渐形成的，即便在现代社会，作为使用中的传统村落也将随着时代发展的脉搏而不断发展变化，演变是其固有的特性。在传统村落与外界频繁的交往过程中，村落空间格局的地缘界线被打破，血缘的纽带关系变得松散，村落的生计模式、社会结构、生活方式、思想观念、审美情趣均发生不同程度的改变，传统的建筑材料和建造工艺也发生巨大变革，居民向往简洁、卫生、明亮、防火、安全的住宅，向往村落与时俱进，美丽且充满活力。毋庸置疑，居民对美好生活的向往无可厚非，因此，任何忽视村落变迁的客观性，将传统村落视为某一段历史的终结者而进行的静态保护行为是不科学、不可取的。

1.1.2 传统村落保护发展的可能出路

通过对传统村落保护发展的现实观察，基于前期研究成果，结合文献综述，对传统村落保护发展的可能出路进行预判，试图从中探寻开展本次研究的逻辑起点。

1.1.2.1 制定保护发展的指标体系

为了避免出现传统村落保护发展操作过程中缺乏统一的刚性规程，避免出现多重领导而导致的单干、各自为政、权责交叉等现象，需要以整体性思维，以统领各职能部门的视野，制定传统村落保护发展的指标体系。该指标体系制定前需要明确三个问题：

第一，明确传统村落的生命意义是指标体系应遵循的依据和核心原则，唯有此，指标体系才能纲举目张，发挥统领作用。

第二，明确保护发展的价值取向。保护发展是短期行为，还是长期行为？短期行为更多关注村落在短时间内产生的经济价值，长期行为则更加重视村落的生命价值，关注内生动力的培植、引导和激活，更加注重村落居民素质的提高和村落品质的提升。

第三，明确居民的主体地位。居民是村落的当然主体，理应是村落保护发展的受益者，使居民在美丽的村落里安居乐业是保护发展共同的归结点。

1.1.2.2 关注居民身心需求

传统村落是居民世代居住的家园。居民能否在村落里获得归属感和认同感将决定他们是否自觉参与村落的保护发展。与其完全寄希望于提高居民对传统村落保护重大意义的认识来实现富有成效的保护，莫不如让居民在村落里实现身心的满足感而自觉保护村落。因此，通过对村落美丽和活力的建设，改善村落居住环境，恢复村落情感记忆，并使其成为比过去更为优质的资产，增加居民的资产性收入、就业性收入和创业性收入，使居民真正得到实惠，提升居民身心的满足感，激活居民保护发展的内生动力，使其源源不断地成为村落保护发展的主力军、生力军。

1.1.2.3 生活延续的动态保护

传统村落作为一种特殊的生命体，嬗变是其固有的特性，顺应嬗变的保护是明智之举。传统村落是由与村落息息相关的自然环境、物质文化遗产和非物质文化遗产组成的文化空间，它的生命意义在于这一文化空间内蕴含着的生存智慧和生活方式，它的生命价值在于为居民提高安居乐业的居所，这是传统村落保护发展的依据。有人、有物、有生活是传统村落应有的面貌,因此,在顺应村落嬗变的过程中,紧紧围绕村落的生命意义,以实现村落生活延续为目的的动态保护是传统村落保护发展的旨归。

综上分析,破解传统村落保护发展过程中的现实矛盾,实践传统村落保护发展可能的现实出路,关键在于找到传统村落保护发展共同的支点。本研究认为,传统村落保护发展共同的支点在于传统村落的生命意义和生命价值,即传统村落的生命力。“美是理念的感性显现①”,就传统村落而言,它的美则是其生命意义的彰显,人们因传统村落的美而感动、而心动、而行动,它的美便具有了生命价值,成为使村落充满活力的生产力,传统村落的美失去魅力和活力是其衰败的主要原因。可见,传统村落保护发展共同的支点来自两个方面:一是以生命意义为导向的美丽建设;二是以生命价值为导向的活力建设。通过如上现实观察、思考和分析,本研究认为美丽和活力是构成传统村落生命力两个不可或缺的维度,是实现传统村落保护发展的两个重要抓手,从而确定本研究的选题。

1.2 传统村落保护发展的研究目标

本研究的研究目标在于探寻传统村落保护发展共同的支点:美丽和活力——传统村落生命力的两个维度,具体而言,实现四个目标。

1.2.1 分析旅游发展与村落美丽和活力的关系

本研究以旅游地生命周期理论为研究工具,一方面,通过该研究工具对研究村落旅游发展趋势的对比研究发现,旅游发展是村落美丽和活力的重要引擎;另一方面,通过该研究工具对传统村落旅游前景进行预测和分析。

1.2.2 建构传统村落美的整体性框架

传统村落不仅是由聚落、建筑和非遗三要素共同组成的文化空间,更是一

---

① [德]黑格尔.美学(第一卷)[M].朱光潜,译.北京:北京大学出版社,2017.

种特殊的生命形态，具有整体性的特征。这种生命形态的生命意义体现为在文化空间内蕴含的生存智慧和生活方式，通过它的美而彰显，这种美也具有整体性的特征，它由三要素蕴含着的生态美、形态美、文态美，以及由此产生的业态美共同组成的“四态美”构成。据此，建构传统村落美的整体性框架，以此作为村落美丽建设和活力建设的基本依据，前者主要涉及生态美、形态美和文态美，后者主要涉及业态美。

1.2.3 提出传统村落美丽建设路径

居民对村落美的建设态度是传统村落保护发展的内生动力。通过居民态度模型研究假设验证，居民的认知、情感、行为意向与态度总均分呈正相关，且认知、情感、行为意向两两之间呈正相关，不仅体现出居民的认知、情感和行为意向之间具有相互影响和预测的作用，而且说明可以改变认知、情感、行为意向 3 个维度中的任何一个维度来提升居民建设美丽村落的态度。本研究以此为据，以延续生活为目的，通过对研究村落生态美、形态美、文态美的阐释和嬗变的对比性研究，提出传统村落美丽建设路径。

1.2.4 提出传统村落活力建设路径

基于生态美、形态美、文态美基础之上的业态美，是传统村落活力建设的重要资源。本研究以深度访谈和问卷调查为依据，对研究村落三种新的业态形式，即体验式旅游、建筑遗产利用和传统手工艺活态利用进行对比性研究，提出传统村落激活体验式旅游、建筑遗产和传统手工艺的活力建设路径。

1.3 传统村落保护发展的研究内容

本研究以现实观察和文献研究为基础，基于跨学科的视野，从传统村落生命意义的视角，运用整体性思维，建构传统村落美的整体性框架。基于此框架，以态度理论、旅游地生命周期理论为理论基础和研究工具：一方面，以居民态度模型研究假设验证为依据，对两个研究村落的美丽阐释和美丽嬗变进行对比性研究；另一方面，以深度访谈和问卷调查为依据，对两个研究村落三种

业态形式进行对比性研究,提出传统村落美丽建设和活力建设的路径。具体内容如下:

第 1 章为绪论。主要阐明本研究的选题背景、研究目标、研究内容、研究技术,旨在确定本研究的基础框架、目标和方法。

第 2 章为传统村落发展综述。从理论层面的发展和实践层面的发展两个方面,从传统村落的生态美、形态美、文态美、业态美的维度对传统村落发展进行述评,明确本研究是"验证预设"的实证研究,是基于前沿理论和前沿观察的应用研究,以此推导出本研究采用的理论、方法和观点的合理性及本研究的必要性。

第 3 章为传统村落保护发展研究的理论基础。主要是为开展本研究工作提供理论基础和实践运用的研究工具,具体而言,主要包括态度理论、旅游地生命周期理论,并以旅游地生命周期理论和态度理论为研究工具开展研究,旨在为本研究建立学理基础和实践运用的桥梁。

第 4 章为传统村落美丽阐释。基于传统村落生命意义的考量,以《传统村落评价认定指标体系(试行)》为依据,建立传统村落美的整体性框架,以此为基础,对构成研究村落生态美、形态美和文态美的各个要素进行阐释。

第 5 章为传统村落美丽嬗变。以研究村落近 30 年的发展为背景,对传统村落美丽嬗变的依据进行阐述,对构成研究村落生态美、形态美、文态美的各个要素的嬗变进行对比研究。

第 6 章为居民态度实证研究。首先,以态度理论为基础,以态度 ABC 结构为依据,结合研究村落的生态美、形态美和文态美,建构居民态度研究假设模型;其次,进行研究设计,包括问卷设计和数据收集;最后,对数据进行分析,并通过实证检验对研究假设进行验证分析,旨在对研究村落的美丽嬗变和美丽建设提供数据支持。

第 7 章为传统村落美丽建设。以居民态度模型研究假设验证为基础,对构成认知度、情感度的生态美、形态美和文态美的各个要素的嬗变趋势进行分析,提出旅游发展背景下传统村落生态美、形态美、文态美的建设路径。

第 8 章为传统村落活力建设路径。基于生态美、形态美、文态美基础之上的业态美,是传统村落活力建设的重要资源,通过深度访谈和问卷调查,对研究村落三种新的业态形式，即体验式旅游、建筑遗产利用和传统手工艺活态利用进行对比研究，提出旅游发展背景下传统村落激活体验式旅游、建筑遗产和传统手工艺的活力建设路径。

1.4 传统村落保护发展的研究技术

1.4.1 研究视角

《贵阳建议》[①]认为："村落文化景观是自然与人类长期相互作用形成的共同作品，是人类活动创造的并包括人类活动在内的文化景观的重要类型，体现了乡村社会及族群所拥有的多样的生存智慧，折射了人类和自然之间的内在联系……是农业文明的结晶和见证。"[②]

村落文化景观的概念揭示出村落是在人类与自然长期相互作用的过程中逐渐形成并不断演变的生命体，具体体现为人与自然和谐共处的生存智慧和生活方式，这是传统村落的生命意义，亦即传统村落保护发展的依据，也是解决传统村落诸多矛盾的支点。这为现代语境下传统村落保护发展研究提供了"基础的视角"，或者称其为"绝对的视角"，基于这个视角，传统村落的保护发展不仅仅是古建筑群、历史文物或非物质文化遗产，抑或是它们组成的物理空间或者是文化空间，更是一种蕴含在生存智慧和生活方式里的富有生命力的生命形态。因此，本研究选择从村落生命意义的视角展开研究工作，试图遵循传统村落的生命机制，探寻传统村落生命力的两个重要维度——美丽和活力的建设路径。

1.4.2 研究思维

生成整体论是研究人居环境重要的方法论，它要求"对整体观的回归，批判性地整合，运用生成整体的观念，有机地处理各方面的关系"[③]。生成整体论

① 2008 年，由联合国教科文组织世界遗产中心北京办事处、国家文物局、贵州省文化厅、北京大学、上海同济大学主办，贵州省文物局承办了"中国贵州——村落文化景观保护与可持续利用国际学术研讨会"，并于 2008 年 10 月 25—27 日在贵阳召开。来自国内外约 80 名知名专家、学者出席了此次会议，讨论并一致通过了关于村落文化景观保护和可持续利用的《贵阳建议》。

② http://blog.sina.com.cn/s/blog_55f77cff0100b5s1.html.

③ 吴良镛. 中国城乡发展模式转型的思考[M]. 北京：清华大学出版社，2009.

有两个重要观点:一是主张部分只是整体的显现、表达与展示,部分作为整体的具体表达而存在,而不仅仅是整体的组成成分,因此,整体连续不断地以部分的形式显现其自身;二是摒弃静止的时空观,强调时间的延续性与系统的动态性①。按照此观念,传统村落的生态美、形态美、文态美、业态美是传统村落整体美的显现、表达与展示,整体美又以生态美、形态美、文态美、业态美的形式连续不断地显示其自身,“一即四,四即一”,共同阐释传统村落的美,并且这种美具有延续性和动态性的特征。传统村落是人居环境的重要组成部分,且具有整体性的特征,因此,本研究以“生成整体论”为方法论,采用整体性思维进行研究,旨在体现传统村落整体性、延续性和动态性的固有特征,探析传统村落美丽建设和活力建设的路径。

1.4.3 研究村落

本研究以贵州省黔东南苗族侗族自治州为研究区域,以郎德上寨和堂安侗寨为研究村落,理由如下。

第一,研究区域是全国传统村落最密集的地区,且贫困度很高。

截至 2019 年 6 月,贵州省有 724 个村落入选“中国传统村落名录”,位居全国传统村落数量十强省份之首(见图 1 - 1),这 724 个传统村落在贵州省内分布极不均衡,其中以贵州省中部安顺市、贵州省东部铜仁市以及贵州省黔南布依族苗族自治州最为集中,特别是在黔东南苗族侗族自治州拥有传统村落数量 409 个(见表 1 - 1),占全省传统村落的比例约为 56%,在全国传统村落数量十强县(或县级市)中,贵州省有四个县入选,分别是黎平县 98 个(位居第二)、从江县 81 个(位居第四)、雷山县 68 个(位居第六)和三都县 51 个(位居第七)(见图 1 - 2),而黎平县、从江县和雷山县都位于黔东南苗族侗族自治州,因此,黔东南苗族侗族自治州成为全国传统村落分布最密集的地区。与此同时,“黔东南苗族侗族自治州 16 个县市中有 14 个县为国家级贫困县”②。传统村落由于地理条件限制,交通条件落后,往往成为贫困中的贫困,脱贫致富、

① 张瑞,欧阳曦,金吾伦. 用哲学的眼光看世界[J]. 创新科技(人物·学者素描),2009(3):39.

② 国家级贫困县数据源自:国务院扶贫办网站 2006 年发布的新时期 592 个国家扶贫开发工作重点县,http://www.cpad.gov.cn/data/2006/1119/article_331579.htm. 2011 - 02 - 17.

谋求发展是这一地区传统村落面临的重要问题。因此,本研究选择这一区域作为研究区域旨在使研究成果具有普适性、推广性,并为该地区传统村落的贫困现状提供可参考的实施路径。

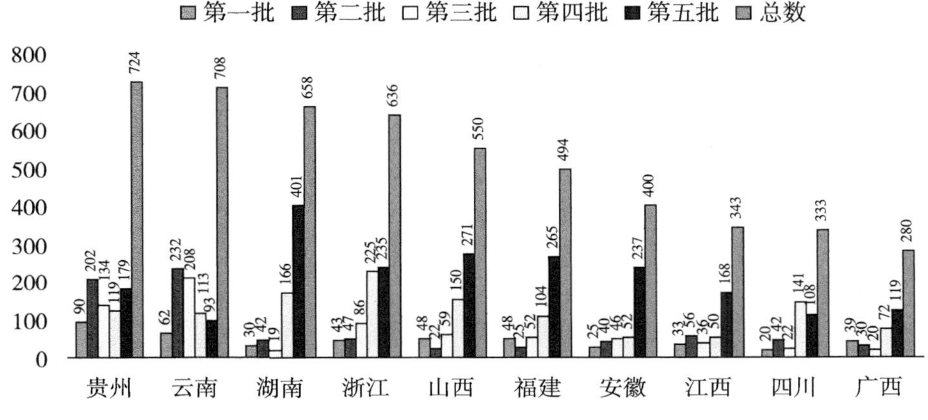

图 1-1 全国传统村落数量十强省份

图片来源:课题组根据前五批中国传统村落名单统计整理

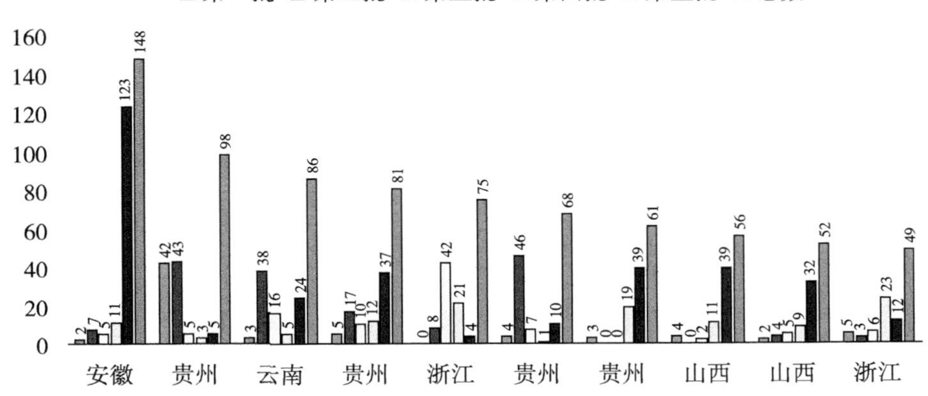

图 1-2 全国传统村落数量十强县(或县级市)

图片来源:课题组根据前五批中国传统村落名单统计整理

表 1－1　贵州省各市州中国传统村落统计

市、州（个数）	区、县（个数）
贵阳市（7）	花溪区（2）
	开阳县（5）
六盘水市（10）	六枝特区（3）
	水城县（1）
	盘县（6）
遵义市（39）	赤水市（3）遵义县（2）
	务川县（6）道真县（1）
	汇川区（1）播州区（1）
	桐梓县（3）正安县（2）
	凤冈县（7）湄潭县（9）
	仁怀市（1）习水县（2）
	余庆县（1）
毕节市（3）	织金县（1）大方县（2）
安顺市（67）	西秀区（30）经济开发区（1）
	普定县（4）平坝区（13）
	紫云县（5）关岭县（1）
	镇宁县（6）黄果树区（7）
铜仁市（110）	德江县（12）万山特区（2）
	江口县（7）玉屏县（2）
	石阡县（22）碧江区（6）
	思南县（17）
	印江县（12）
	沿河县（12）
	松桃县（18）

市、州（个数）	区、县（个数）
黔西南布依族苗族自治州（11）	兴仁县（2）
	兴义市（4）
	册亨县（2）
	贞丰县（2）
	普安县（1）
黔东南苗族侗族自治州（409）	从江县（81）
	丹寨县（17）
	剑河县（30）
	锦屏县（11）
	雷山县（68）
	凯里市（8）
	施秉县（1）
	黎平县（98）
	岑巩县（2）
	榕江县（29）
	黄平县（8）
	镇远县（2）
	三穗县（1）
	台江县（41）
	麻江县（3）
	天柱县（9）
黔南布依族苗族自治州（68）	荔波县（7）
	都匀市（2）
	平塘县（8）
	三都县（51）

数据来源：根据“中国传统村落名录”名单整理

第二，研究村落特色鲜明，且处于不同的发展阶段。

1986 年至今，由于郎德上寨和堂安侗寨在村落名誉、交通条件、外在力量的介入等方面各具特色，导致两个村寨经济发展，特别是导致对于村落经济发展发挥重要引擎作用的旅游发展处于不同的阶段，通过运用旅游地生命周期理论对郎德上寨和堂安侗寨近 30 年的旅游发展进行观察和分析：郎德上寨的旅游发展经历了参与阶段、停滞阶段、重回参与阶段，现进入发展阶段；堂安侗寨经历了探索阶段，现处于参与阶段(详见第 3.1.3)。

综上，本研究选择传统村落密集度最高的区域，以村落近 30 年的发展为背景，从村落的优势资源、外部力量、旅游发展等方面进行历时性和共时性对比分析，最终选择郎德上寨和堂安侗寨作为研究村落，并在研究中运用对比研究的方法对研究村落美丽建设和活力建设进行对比研究，旨在使研究成果具有科学性和实践性。

1.4.4 研究工具

本研究综合运用旅游地生命周期理论和态度理论作为研究工具进行研究：一方面，旅游发展是传统村落美丽和活力的重要引擎，对于一切参与旅游发展的传统村落和成为景区的传统村落而言，都可以利用旅游地生命周期理论来观察和预测它在旅游发展过程中的命运轨迹，因此，本研究通过运用旅游地生命周期理论这一研究工具对研究对象旅游发展趋势进行预测分析，对传统村落旅游发展前景进行预测分析，旨在使研究成果能较好地服务乡村旅游的社会实践；另一方面，居民是传统村落的主体，他们对于村落的态度直接影响村落的前景，因此，本研究通过对居民态度研究假设模型检验，提出村落美丽建设路径，旨在使研究成果以人为本，服务实践。

1.4.5 研究方法

1.4.5.1 文献研究

本研究是基于前沿理论的应用研究。首先，广泛收集研究传统村落的文献资料，进行归类整理，对文献进行初步研究，了解传统村落研究的最新动态；接着，在初步文献研究的基础上，结合现实观察，初步确定研究选题；然后，围绕选题进一步进行深入的文献研究，最终确定研究选题。

1.4.5.2 实证研究

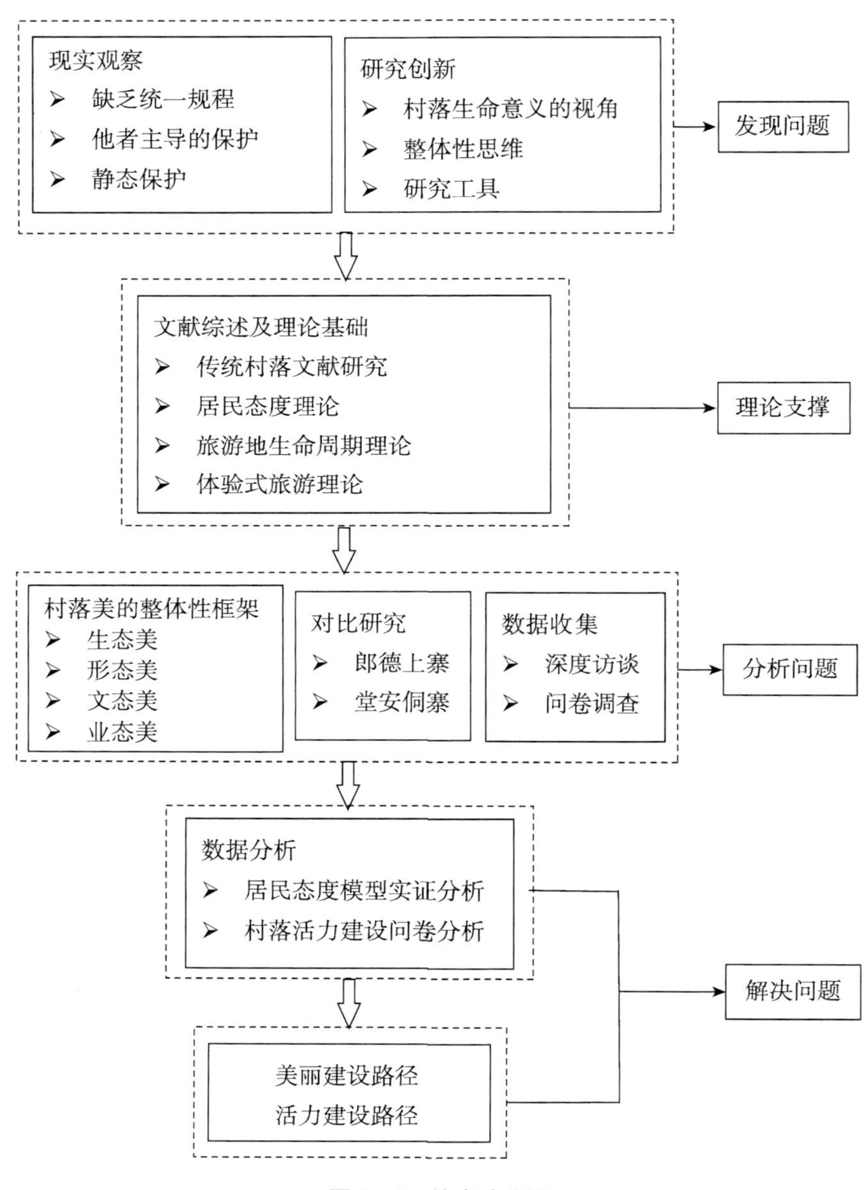

图 1-3 技术路线图

本研究是基于前沿观察的"验证假设"的实证研究,旨在使研究成果科学合理。居民是传统村落美的缔造者和体验者,居民建设美丽村落的态度是传统村落保护发展的内生动力。一方面,建构居民态度研究假设模型,并对4项研究假设进行实证验证,以此作为美丽建设的基础;另一方面,对研究村落三种新的业态形式,即体验式旅游、建筑遗产利用、传统手工艺传承利用的现状进行深度访谈和问卷调查,以此作为活力建设的依据。

1.4.5.3 对比研究

本研究首先运用对比研究选择郎德上寨和堂安侗寨作为研究村落,接着对研究村落的美丽和活力建设进行对比研究,旨在使研究成果具有科学性、实践性和普适性。

综上分析,本研究沿着如图1-3所示的技术路线开展研究工作。

第2章　传统村落发展综述

2.1　传统村落理论层面发展综述

在前期现实观察的基础上，本研究开展文献研究。当以“传统村落”为关键词，以中国知网（CNKI）数据库中的中国学术期刊全文数据库、中国优秀硕士博士学位论文全文数据库、中国重要报纸全文数据库、中国重要会议论文全文数据库四个主要数据库为文献检索来源，截至2020年2月14日，从CNKI数据库中共计检索自1991—2019年的4913篇相关文献（见表2-1）。其中，中国学术期刊全文数据库收录3292篇期刊文献，中国优秀硕士博士学位论文全文数据库收录文献844篇，中国重要报纸全文数据库收录文献453篇，中国重要会议论文全文数据库收录文献324篇。

根据中国知网（CNKI）四个主要数据库中收录的文献，从表2-1、图2-1中可知，自20世纪90年代起，我国传统村落的研究走入学者视野，但之后的10多年中，传统村落都未受到广泛关注。2003年，才首次出现研究传统村落的博士硕士学位论文。直到2012年后，第一批中国传统村落名单公示，传统村落的研究开始受到地理学、历史学、人类学、民族学、旅游学等各界的广泛关注，相关研究成果迅速增加，2013年，中国学术期刊全文数据库中传统村落研究的期刊文献及CNKI数据库中传统村落研究文献总数均过百，自此以后，传统村落研究成果越加丰富。综上所述，可以将我国传统村落的研究分为4个不同阶段，本小节对每个阶段的研究内容进行梳理，并在此基础上，按各类研究内容对贵州传统村落的相关研究进行梳理，旨在明确本研究的必要性和重要性。

表 2－1　1991—2019 年传统村落研究文献统计

年份	期刊	博士硕士学位论文	报纸	会议	文献总数
1991	1	0	0	0	1
1992	1	0	0	0	1
1993	0	0	0	0	0
1994	1	0	0	0	1
1995	2	0	0	0	2
1996	1	0	0	0	1
1997	1	0	0	0	1
1998	3	0	0	1	4
1999	5	0	0	0	5
2000	3	0	0	0	3
2001	4	0	0	0	4
2002	3	0	0	1	4
2003	5	2	0	0	7
2004	4	2	0	6	12
2005	13	1	0	1	15
2006	15	8	0	3	26
2007	22	4	0	7	33
2008	30	3	0	2	35
2009	24	6	0	4	34
2010	21	8	0	1	30
2011	31	9	0	1	41
2012	52	12	15	4	83
2013	108	24	32	10	174
2014	183	33	74	24	314
2015	313	74	101	42	530

续表

年份	期刊	博士硕士学位论文	报纸	会议	文献总数
2016	447	135	89	54	725
2017	629	183	66	70	948
2018	676	199	43	54	972
2019	694	141	33	39	907
总计	3292	844	453	324	4913

2.1.1 萌芽阶段(1990年以前)

由于文献数据统计来源及统计标准受限,未能统计研究传统村落的书籍资料,但我国对传统村落的研究早已有之。地理学、历史学、人类学对传统村落的研究较早就已开展,探讨了传统村落的生态美、形态美和文态美。多数学者关注传统村落的生态美,早在20世纪30年代,朱炳海从地理学角度对西康地区的村落分布及其影响因素进行了研究调查,分析了村落的生态,指出西康地区村落分布与地理因素极其相关,如海拔、植被、土壤等,且农作物生产尤其受到地理因素的限制①。金其铭重点研究传统村落的形态美,其《中国农村聚落地理学》则是农村聚落研究的经典代表作,其对我国农村聚落的位置、形式、规模、分布、特征等进行了系统研究,并按照地理区域将我国的传统村落划分为11个聚落类型区②。

20世纪30—40年代,人类学对传统村落的研究成果显著,获得国内外学界广泛的认可和好评,主要以费孝通、杨懋春等学者为代表,着重研究村落独特的人文美。费孝通实地调查太湖东南岸吴江县开弦弓村,用人类学的方法描述了该村农民的消费、生产、分配和交易等体系,以小见大,通过详细深入理解,解剖中国农村传统社会结构和基本观念,通过一个小村落的生活,看到了整个中国的缩影③。杨懋春以山东台头村为研究对象,描述了20世纪40年代

① 朱炳海.西康山地村落之分布[J].地理学报,1939(6):40-43.

② 金其铭.中国农村聚落地理学[M].南京:江苏科学技术出版社,1989.

③ 费孝通.江村经济[M].北京:商务印书馆,2001.

的华北村落，重点研究了村落的群体关系和社会结构①。70—80 年代，历史地理学对村落的生态和人文研究并重，研究传统村落的主要学者为侯仁之及其学生尹钧科等，以北京为研究区域，探讨了北京及北京郊区聚落的形成、分布与发展过程。侯仁之关注村落的历史与环境之间的关系②。尹钧科偏重研究北京郊区村落的发展历史及其影响因素，如环境、人的活动、军事因素等。在《北京郊区村落的分布特点及其形成原因的初步研究》（1993 年）③、《关于〈北京郊区村落发展史〉研究浅说》（1997 年）④文章发表后，其出版了《北京郊区村落发展史》⑤，扎实的研究成果开拓了学术界研究某一区域传统村落的先河。

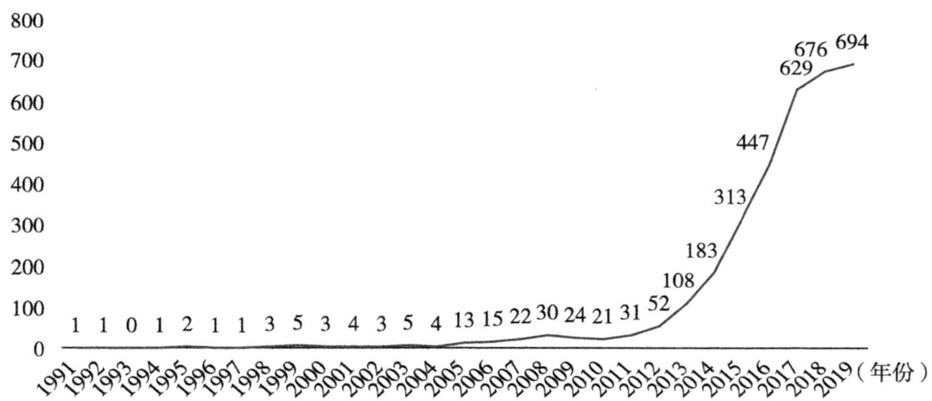

图 2－1　1991—2019 年中国学术期刊全文数据库中传统村落研究文献

图片来源：课题组根据中国知网中国学术期刊全文数据库文献统计整理

20 世纪 80 年代末，学者们开始研究传统村落的形态美，关注村落的民居建筑。路秉杰等通过对冲绳、台湾地区、福建（福州、泉州、厦门）村落民居建筑的比较研究，重点探讨了民居建筑的材料、颜色、形态、格局等方面的不同，通

① 杨懋春. 山东台头——一个中国村庄［M］. 南京：江苏人民出版社，2001.

② 侯仁之. 历史地理学的理论与实践［M］. 上海：上海人民出版社，1979.

③ 尹钧科. 北京郊区村落的分布特点及其形成原因的初步研究［J］. 历史地理，1993（11）：233－245.

④ 尹钧科. 关于《北京郊区村落发展史》研究浅说［J］. 北京社会科学，1997（3）：68－74.

⑤ 尹钧科. 北京郊区村落发展史［M］. 北京：北京大学出版社，2001.

过实地调研，认为冲绳本岛民居建筑受闽南民居建筑文化的影响①。吴依桑分析了达斡尔族村落的建筑之美，主要探讨了其民居建筑材料、建房仪式、民居的内部结构及功能分区②。温军认为自然因素和人文因素是影响少数民族村落分布的两大因素，其中，自然因素中的地理位置、地形、水文、土壤、地质与人文因素中的生产力发展水平、经济生活的影响、工业与交通、家族制度等共同影响着少数民族村落的选址和分布，气候、生物影响了村落民族建筑形式和建筑材料，宗教信仰影响着村落空间布局③。也有极少数学者既关注传统村落的生态、形态、文态，也初步研究了村落的业态，探索如何激活传统村落，如北京建筑工程学院的学者何重义。何重义等以浙江永嘉县岩头镇芙蓉村与苍坡村为研究对象，分析两座古村落规划布局、建筑内容与形式等，村落的选址与布局受风水之说影响深远，芙蓉村的“七星八斗”与苍坡村“文房四宝”的立意构思彰显了传统村落空间布局之美。提出“礼制建筑”是公共建筑，是公共文化活动空间，也往往是村落的中心，2 个村落的公共建筑都反映了村落对“礼”的传统伦理精神和文化意识；村落的规划布局、建筑内容、空间格局等方面体现了村落自然之美及人文之美④。何重义等还提出要改善民居建筑功能，严格区分民居前、后宅院的功能，前院为生活院；提出开展体验式旅游，激活传统村落文态美和业态美。要按照游兴规律和两村旅游主题，确定游区和游线，以纯朴的田园生活吸引游人；恢复村落的民间艺术和娱乐活动，以旅游带动传统手工业发展。这对激活贵州传统村落的业态有一定的借鉴意义⑤。

此阶段，历史学偏重村落历史的追溯，探究村落的历史人文之美；地理学注重研究村落的地理分布及影响因素，关注村落的生态美；人类学重视村落社

---

① 路秉杰，山田水城，薛光弼. 中国东海同纬度（25°N）圈内民居村落空间构成的比较研究之二［J］. 同济大学学报，1990（4）：427－443.

② 吴依桑. 达斡尔族的村落、庭院及房屋［J］. 内蒙古社会科学，1985（5）：62－65.

③ 温军. 试论我国少数民族村落的分布特征［J］. 西北民族大学学报（哲学社会科学版），1990（1）：52－57.

④ 何重义，业祖润，孙明，孙志坚. 楠溪江古村落建筑的环境意趣［J］. 新建筑，1989（4）：60－63.

⑤ 何重义，业祖润，孙明，孙志坚. 楠溪江风景区古村落保护与开发探索［J］. 北京建筑工程学院学报，1989（2）：26－32.

会经济和社会关系及结构，但都缺乏对传统村落文态美及如何激活传统村落的深度研究，有学者研究贵州民族村寨，尚未有学者以传统村落为关键词研究贵州的传统村落，为多角度跨学科综合研究贵州传统村落提供可能。

2.1.2 起步阶段(1991—2004 年)

该阶段关于传统村落的学术期刊文章每年不超过 5 篇(如图 2 - 1)，刘沛林的研究成果则较为显著。刘沛林自 20 世纪 90 年代起先后发表《传统村落选址的意象研究》①《中国古村落的景观建构》②《论中国历史文化村落的“精神空间”》③《中国历史文化村落的空间构成及其地域文化特点》④《论中国古代的村落规划思想》⑤《古村落——独特的人居文化空间》⑥《论“中国历史文化名村”保护制度的建立》⑦等多篇文章，1997 年出版书籍《古村落：和谐的人居空间》⑧，其从人文地理学研究古村落，侧重研究传统村落的生态美和文态美，如传统村落的生态环境、选址与营建、空间布局、景观的选择和建构等，从宗教文化、宗族文化、风水文化等角度探索传统村落的文态美和村落居民的价值观，他还从世界文化遗产保护的角度，提出了建立“中国历史文化名村”保护制度的构想。

此阶段多数学者从建筑学方面着重研究传统村落的形态美，特别是传统村落民居建筑。蔡凌分析了侗族传统民居及村落的研究状况，提出传统村落及建筑研究的内容⑨。邓洪武以江西罗田古村为研究对象，分析了村落的选址

---

① 刘沛林. 传统村落选址的意象研究[J]. 中国历史地理论丛，1995(1)：119 - 128.

② 刘沛林. 中国古村落的景观建构[J]. 寻根，1997(4)：25 - 28.

③ 刘沛林. 论中国历史文化村落的“精神空间”[J]. 北京大学学报(哲学社会科学版)，1996(1)：51 - 55 + 135.

④ 刘沛林. 中国历史文化村落的空间构成及其地域文化特点[J]. 衡阳师专学报(社会科学版)，1996(2)：83 - 87.

⑤ 刘沛林. 论中国古代的村落规划思想[J]. 自然科学史研究，1998(1)：82 - 90.

⑥ 刘沛林. 古村落——独特的人居文化空间[J]. 人文地理，1998(1)：38 - 41.

⑦ 刘沛林. 论“中国历史文化名村”保护制度的建立[J]. 北京大学学报(哲学社会科学版)，1998(1)：80 - 87 + 158.

⑧ 刘沛林. 古村落：和谐的人居空间[M]. 上海：上海三联书店，1997.

⑨ 蔡凌. 视野与方法——文化圈背景下的侗族传统村落及建筑研究[J]. 贵州民族研究，2003(4)：25 - 30.

及民居建造结构的科学性及其以天井、堂厅为中心组织的民居风格①。殷永达对徽州传统村落的水口这一地域性建筑文化进行分析，发现徽州传统村落的水口模式与特定的地理文化与历史背景密切相关，且可分成防卫型、生产型、交通型、观赏型、生态型五种基本类型②。沈克宁以浙江省富阳县龙门村为研究对象，分析了宗法家族聚宗而居的村落建筑形式及分布③。

此阶段，较受关注的是安徽传统村落，但也有学者开始研究贵州传统村落。2002 年，韩红星等发表了研究贵州村落的文章，探究新时期苗族村落——贵州安顺幺铺镇石板村的村落形态、婚配、集体娱乐与独特的生活习俗及村寨秩序的维护与习俗的变迁，在汉苗杂居的环境中，石板村的苗族文化开始汉化，初步探索贵州传统村落的形态美和文态美④。综上所述，这一时期对传统村落的研究角度较单一，研究内容还不够全面，多为描述性研究，欠缺对传统村落生态、形态及文态的深入探讨研究，特别是忽视了对传统村落生活主体——居民的研究。因此，在研究贵州传统村落时，可从居民的角度出发，历时研究和共时研究相结合，立体性地探讨研究贵州传统村落的生态美、形态美、文态美及业态美，探寻贵州传统村落的发展对策。

2.1.3 发展阶段(2005—2012 年)

该阶段，传统村落生态美中涉及的村落空间形态、空间布局仍然是研究的热点，传统村落形态美中的民居建筑和公共建筑空间研究文献增加，传统村落文态美如传统村落非物质文化遗产，受到更广泛的研究。传统村落的业态美，如村落旅游开发与保护等内容开始备受关注。有少数学者开始关注传统村落的主体——居民，研究传统村落居民态度，此阶段，传统村落主要研究学者为方李莉、保继刚、车震宇等。

---

① 邓洪武. 罗田古村的民居风格与启迪——江西古村落群建筑特色研究之一[J]. 南昌大学学报(人文社会科学版),2003(2):76-80.

② 殷永达. 论徽州传统村落水口模式及文化内涵[J]. 东南文化,1991(2):174-177.

③ 沈克宁. 富阳县龙门村聚落结构形态与社会组织[J]. 建筑学报,1992(2):53-58.

④ 韩红星,赵仕新. 村落空间与民俗事象——贵州安顺幺铺镇石板村案例[J]. 安顺师范高等专科学校学报,2002(4):42-45.

2.1.3.1 传统村落空间布局研究

掌少波以常熟地区古里镇李市村作为研究对象，探讨了该村落的生态美，分析李市村的传统村落空间布局的演变过程，认为自然环境及宗族制度与血缘关系是影响传统村落空间布局及其变化的主要因素①。温湲按照民居形式，将渭北村落分为“窑居”村落和“房居”村落以及“混合型”村落三类，以渭北三原县柏社村为例，探索渭北传统村落的空间形态特色（主要包括空间营构特色、村落空间营造特色、生态特色）及其演变规律②。肖华对比分析南侗和北侗的历史文化背景、地理环境和村落空间形态，从边界、公共空间、交通库共建、文化内涵等层面来分析南北侗的村落空间营造的异同点，提出应思考在顺应现代生活方式的前提下如何保护传统村落③。

2.1.3.2 传统村落民居建筑和公共建筑的研究

范霄鹏等关注民居建筑的使用状况，以浙江省芹川古村落为例，分析民居建筑的物理属性和社会属性，提出民居建筑要根据建造方式和功能用途，可改造、新建、自住、经商、经营客栈，改变民居建筑的留存状态，将民居建筑转变为旅游资源利用，改善村民生活④。关丹丹从山地、滨海、岛居三种不同地理环境分析其对传统村落民居建造的影响，传统民居改造应该保留民居的精髓，要与当地环境及文化相适应⑤。

陆俊才提出重构传统村落公共建筑的空间形态，要有“多元共生”的空间形态，提倡“共同使用、私人管理”的公共空间整合方法，注重公共空间文化的延续，继承和拓展传统活动场所，复位传统活动空间⑥。李辉以江西省吉水县燕坊村及仁和店村为例，重点研究村落的公共建筑——宗祠、牌坊、私塾，结合村落演化与村落经济的兴衰，分析了村落公共建筑及公共空间的变化过程，提出要对公共建筑进行修复和整治，利用其开展传统祭祀等活动，开发旅游展览

---

① 掌少波．常熟地区传统村落空间形态演变研究［D］．南京：南京林业大学，2010．

② 温湲．关中渭北地区传统村落的空间形态特色及其延续［D］．西安：西安建筑科技大学，2010．

③ 肖华．湘西南侗与北侗村落形态比较研究［D］．长沙：湖南大学，2011．

④ 范霄鹏，闫璟．自然生态与民居生态——浙江省芹川古村落调查［J］．南方建筑，2010（3）：75－78．

⑤ 关丹丹．特殊地理形态下的胶东传统民居——以烟台养马岛古村落为例［J］．华中建筑，2011，29（11）：134－136．

⑥ 陆俊才．村庄公共空间的适应性重构研究［D］．武汉：武汉理工大学，2009．

功能等①。

2.1.3.3 传统村落非物质文化研究

张士闪通过对山东省昌邑市宋庄镇西小章村进行累计3个月时间的田野调查，以小章竹马活动为例，探讨近现代华北地区社会变迁中村落艺术传统的形成与保持，认为村落文化中具有地方性色彩的知识话语已经被边缘化，积极重建乡民艺术与乡土社会的语境关联，将是村落非物质文化得以延续或再生的唯一契机②。刘朝晖认为传统村落非物质文化遗产保护的主体应该是非物质文化遗产的持有者，非物质文化遗产保护要注重激发地方性主体的主观能动性及主动保护意识，保证并保护非物质文化遗产的整体性、真实性、多样性和独特性。该观点为非物质文化遗产保护研究工作提供了新视角③。传统手工艺方面，李永刚提出传统手工艺必须与现代技术结合，以提高传统手工艺的生产力、提高传统手工艺品的知名度等④。杨帆通过以山东菏泽穆李村面塑手艺为例，对村落传统手工艺进行研究，认为村落传统手工艺传承的内生性动力源于村落社会中人员关系网，传统手工艺的传承场所必须是村落的语境和生活中⑤。

2.1.3.4 传统村落旅游的开发与保护

车震宇、保继刚对比研究了云南省大理州喜洲村、安徽省黄山市西递村、云南省丽江市龙泉村及云南省大理州寺登村4个传统村落，根据旅游开发过程中村落形态的变化，把直接参与旅游的村落划分为渐变型、稳定型、突变型和恢复型4类，指出村落的形态变化受到政府政策与管理、开发与规划、村民收入与村落人口、传统建筑材料与建筑技术等因素的影响⑥。车震宇呼吁政府

---

① 李辉. 江西吉水燕坊-仁和店古村落公共建筑及公共空间研究[D]. 西安：西安建筑科技大学，2011.

② 张士闪. 村落语境中的艺术表演与文化认同——以小章竹马活动为例[J]. 民族艺术，2006(3):24-37.

③ 刘朝晖. 村落社会与非物质文化遗产保护——兼论遗产主体与遗产保护主体的悖论[J]. 文化艺术研究，2009，2(4):29-36.

④ 李永刚. 传统手工艺和现代技术结合的模式研究[D]. 昆明：昆明理工大学，2009.

⑤ 杨帆. 村落语境下民间手艺传承的内生机制初探——以山东菏泽穆李村面塑手艺为例[J]. 民间文化论坛，2010(5):100-107.

⑥ 车震宇，保继刚. 传统村落旅游开发与形态变化研究[J]. 规划师，2006(6):45-60.

不要冻结式保存传统村落建筑，注意“建设性破坏”的同时，也要注意切勿实施“保存性破坏”，要留住居民，保障村落居民的利益，才能使村落长远发展①。朱良文通过对云南省元阳县箐口村哈尼族村寨旅游规划分析，提出箐口村应继续保持传统风貌，发展旅游业②。李文兵对国外传统村落旅游驱动模式进行分析，对比国内传统村落旅游研究，认为应加强传统村落个案研究的拓展、传统村落旅游资源本体可持续性研究、传统村落旅游资源的再创造性③。

2.1.3.5　居民态度的研究

有少量的学者开始对传统村落旅游开发居民感知与态度进行了相关的研究。如，卢松通过对世界遗产地西递、宏村、南屏的调查和实证研究，以社会利益因子、社会成本因子、环境成本因子、经济利益因子、经济成本因子和环境利益因子构建旅游村落居民对旅游影响感知的维度，运用 MANOVA 分析方法从居民个体特征和社区特征两个层面建立了旅游影响感知差异的判别指标体系，发现个体特征，如居民和旅游业及旅游者交往水平及居民的社区属性等，社区特征，如旅游发展阶段和社区旅游控制状态等都能使居民对旅游影响感知和态度产生显著影响。通过聚类分析，将皖南古村落旅游地居民划分为热爱者、矛盾支持者、理性支持者、中立者和反对者五种类型④。史春云等通过对不同村落居民旅游感知差异的比较研究，发现居民对社区的情感依赖以及对旅游开发影响的正面感知是居民支持旅游发展态度最稳定、最重要的因素。随着旅游地生命周期的演化，居民感知与态度存在一定以正面影响感知为主到负面影响感知逐渐增强的演变规律⑤。庄晓平等从制度伦理的诉求分析村落居民旅游发展感知和态度，通过对比研究广东开平自力村和马降龙村，发现旅游发展程度越高，居民对社会的伦理诉求越强，参与公共事务的意识越强，对公共利益的关注及利益分配的公正诉求越明显，认为旅游不仅带来了传统

---

① 车震宇. 传统村落保护中易被忽视的“保存性”破坏[J]. 华中建筑，2008(8)：182－184.

② 朱良文. 从箐口村旅游开发谈传统村落的发展与保护[J]. 新建筑，2006(4)：4－8.

③ 李文兵. 国外传统村落旅游研究及对我国的启示[J]. 地理与地理信息科学，2009，25(2)：104－108.

④ 卢松. 历史文化村落居民对旅游影响的感知与态度模式研究[M]. 合肥：安徽人民出版社，2009.

⑤ 史春云，韩宝平，刘泽华，张兴华. 旅游地居民感知与态度的比较研究——以九寨沟、庐山和周庄为例[J]. 经济地理，2010，30(8)：1400－1407.

村落居民经济的改善，也带来了居民在权利、民主和公平意识上的觉醒①。

2.1.3.6 贵州传统村落的研究

学者多关注贵州民族村落的研究，研究的主要内容与学术界的一致，多围绕民族村落的生态美，如空间结构；研究传统村落的形态美则会涉及建筑，少数学者开始关注贵州少数民族村落文态美的建设和保护。张振江等阐述了三洞乡水族的传统村落空间结构，包括村落选址、民居分布、公共空间等②。方李莉认为非物质文化遗产完整地保护在它所生存的自然环境和人文环境中，从生活方式、文化、服饰等11个方面分析了贵州梭嘎长角苗自贵州梭嘎生态博物馆建立后的变化，提出要加强文化遗产的开发和保护、记录、整理和研究，唤醒居民的文化自觉，让非物质文化遗产得到可持续的发展③。潘年英④、魏霞⑤等多数学者探讨了贵州非物质文化保护与开发。陆景川⑥、肖明艳⑦关注贵州生态博物馆的建设与发展。李松着重研究民族村落文化的发展和保护，通过对荔波水族地区村落的分析，提出要以村民为主体，提高社会广泛参与的协调能力，充分尊重村民的自治能力和传统监督机制，要以文化为切入点，推动村落的发展，编制村落遗产名录、村民建立自治组织，参与项目实施、制定村落的发展规划等⑧。

此阶段，传统村落研究的成果增加，研究范围扩大，但研究的深度不够，少有学者从村落的主体——居民的角度出发研究村落的发展，缺少从居民态度视角分析传统村落生态、形态、文态、业态的整体性发展及其影响因素和建设对策。

---

① 庄晓平，朱竑，邓素球．居民旅游感知实证比较研究之制度伦理分析——以世界遗产地开平碉楼与村落为例[J]．旅游学刊，2012，27(3)：18－26．

② 张振江，杨槐，代世萤．水族村落的民族传统空间结构——以贵州三洞乡为主要对象的调查与研究[J]．文化遗产，2012(1)：126－133．

③ 方李莉．非物质文化遗产保护的深层社会背景——贵州梭嘎生态博物馆的研究与思考[J]．民族艺术，2007(4)：6－20．

④ 潘年英．全球化语境中的少数民族非物质文化遗产保护和利用——以贵州从江县的实践为例[J]．民族艺术，2005(4)：12－17．

⑤ 魏霞．关于贵州少数民族非物质文化遗产保护与开发利用的思考[J]．贵州师范大学学报（社会科学版），2009(3)：47－50．

⑥ 陆景川．贵州生态博物馆与古村落保护[J]．当代贵州，2006(11)：53．

⑦ 肖明艳．贵州生态博物馆的村落旅游探讨[J]．广西民族师范学院学报，2012，29(4)：34－36．

⑧ 李松．多民族地区村落文化保护与社会发展的思考——以贵州荔波水族村寨研究项目为例[J]．民俗研究，2010(3)：50－59．

2.1.4 繁荣阶段(2013 年至今)

自 2012 年第一批中国传统村落名录公示,进入该阶段后,学术界研究传统村落的文献呈几何级增长,研究内容广泛,研究方法和角度多样,极大地丰富了传统村落的研究成果。传统村落的保护、发展和消亡引起了各界的重视,其中,以冯骥才、罗德胤等人为代表,呼吁传统村落保护和激活。通过对相关文献的收集和整理,目前,学者对传统村落生态美、形态美、文态美和业态美的研究内容主要涉及:村落保护发展相关的观念和方法、村落空间形态、民居建筑、非物质文化遗产、旅游发展等方面,少数学者从居民的角度研究传统村落。

2.1.4.1 与保护发展有关的观念和方法

学者们多从建筑和规划的角度提出传统村落保护发展的观念和方法。冯骥才提出传统村落除了“名录保护”,还可以有“古村落保护区”及“露天博物馆”两个方式,强调传统村落历史建筑的原址保护最有价值,加紧对传统村落实施整体保护。他认为传统村落是一种生活生产中的遗产,规模大,内涵丰富,活态且复杂,要保护传统村落需要建立法规和监督机制、必须请专家参与、推进传统村落的现代化等,少数民族地区的村落保护可考虑成片保护等[①][②]。罗德胤认为村落保护的关键在人,在于激活人心,要正确认识传统村落遗产价值[③],提倡以建立示范点的形式激活人心,激发乡村活力,带动整个传统村落文化遗产的保护,还提出村落保护要大众化和产业化[④]。

赵曼丽等从建筑人类学的视角提出贵州传统村落的保护策略,指出居住者的生存环境和生活方式是传统村落保护的核心内容,要保持传统村落的空间布局、保护传统村落的标志性建筑、再现传统村落的生活形态[⑤]。桂佳、余压芳指出,贵州传统村落因数量丰富、地域特征突出,具有极高的辨识性和文化

---

① 冯骥才.传统村落保护的两种新方式[N].人民日报,2015-06-19(24).

② 冯骥才.传统村落的困境与出路——兼谈传统村落是另一类文化遗产[J].民间文化论坛,2013(1):7-12.

③ 罗德胤.村落保护:关键在于激活人心[J].新建筑,2015(1):23-27.

④ 罗德胤.村落保护的大众化和产业化[J].小城镇建设,2015(11):22-24.

⑤ 赵曼丽,麻勇斌.基于建筑人类学的贵州传统村落保护研究[J].山西建筑,2017,43(28):5-7.

景观价值①。陈清鋆、余压芳认为目前传统村落的保护多自上而下、由外到内进行，以政策、行政管理、技术等为支撑，传统村落的发展则多为自下而上、由内向外，以市场、资金、项目等来推动，保护往往滞后于发展，提出从保护核心资源、保障居民利益出发，兼顾长远发展的务实保护观念和方法②。吴必虎、徐小波指出要培育村民成为村落保护和利用的自觉主体，激活传统特质活力，促使地方发展机制和现代发展动力的有机融合③。由于贵州传统村落的分布失衡，很多地区出现大量传统村落聚集的态势，建立区域性的保护与发展群体系显得非常重要，因此，汤洛行等建议建立保护群可以解决传统村落集中地区，保护方式由点向面的过渡，避免具有保护价值但未列入中国传统村落的村庄遭到破坏④。

2.1.4.2 对村落空间形态的研究

第一，建筑学、规划学科的角度。康璟瑶等运用 GIS 技术与方法，从地形、人口、城市格局等方面探讨其与传统村落分布的关系，分析中国传统村落的空间分布特征⑤。柳庆英等从道路、节点、标志物等形态要素入手，探讨堂安侗寨的空间形态特征⑥。满德如等从村落空间形态的形成要素入手对西南地区侗族村落空间形态进行研究⑦。

第二，文化人类学的角度。高盛楠从文化人类学视角对内蒙古河套地区传统村落进行研究与解析，分析了文化因素作用下的内蒙古河套地区传统村

---

① 桂佳，余压芳. 贵州历史文化村落研究进展[J]. 南方建筑，2014(3):73－78.

② 陈清鋆，余压芳. 传统小村落的大保护观——以贵州为例[J]. 现代城市研究，2016(11):98－102.

③ 吴必虎，徐小波. 传统村落与旅游活化：学理与法理分析[J]. 扬州大学学报（人文社会科学版），2017，21(1):5－21.

④ 汤洛行，单晓刚，路雁冰. 贵州传统村落保护与发展路径研究[C]. 新常态：传承与变革——2015 中国城市规划年会论文集(14 乡村规划)，2015.

⑤ 康璟瑶，章锦河，胡欢，周珺，熊杰. 中国传统村落空间分布特征分析[J]. 地理科学进展，2016，35(7):839－850.

⑥ 柳庆英，赵航，等. 黔东南堂安侗寨建筑外部空间形态研究[J]. 贵州师范大学学报（自然科学版），2016(12):20－26.

⑦ 满德如，黄经南，王国恩. 西南地区侗族村寨空间形态研究——以黔东南肇兴侗寨为例[J]. 现代城市研究，2015(8):118－126.

落空间分析[①]。杨东升提出黔东南苗族文化的历史解码蕴含在苗族古村落的分布及形态结构中[②];周政旭从聚落迁徙、选址、初建、演变的历史过程,探讨贵州南侗地区山地聚落的特征[③]。

第三,旅游发展的角度。如李欣华等从贵州"郎德模式"中得到启示,提出基于旅游城镇化的贵州传统村落空间保护的思路和途径[④]。

2.1.4.3 对民居建筑的研究

民居建筑是传统村落的主要建筑类型。西安建筑科技大学、华南理工大学在传统村落建筑上的研究成果较多。如,沈诗以安徽省黄山市黟县境内的屏山村为研究对象,分析了屏山村民居的平面和立面,研究民居的自然、地理、人文环境,探讨建筑的营造技艺与建筑材料,对徽州村落的民居建筑进行了详细解构[⑤]。史琛灿在对多个典型传统村落进行实地调研后,以甘肃省文县白马河流域的白马藏族典型民居为研究对象,从民居的选址与功能布局、营建体系、营建技艺三个方面分析白马河流域典型村寨和其民居的营建特征,提出民居的营建更新原则与更新优化策略[⑥]。朱雪梅研究了粤北传统村落民居建筑特色,呼吁对传统村落应进行多样性、活化性的保护、传承和利用[⑦]。张东探析影响村落空间形态的地域性主导因素,从村落选址、形态、空间、宅院等方面总结村落的地域特色和文化特征,分析村落空间形态构成的类型以及成因[⑧]。冯志丰则从文化地理学角度研究了广州传统村落的民居建筑的空间布局和建筑种类[⑨]。

---

① 高盛楠,马明.文化人类学视角下内蒙古河套地区传统村落空间分析[J].居业,2019(5):67-69.

② 杨东升.论黔东南苗族古村落结构特征及其形成的文化地理背景[J].西南民族大学学报(人文社会科学版),2011(4):30-34.

③ 周政旭.贵州南侗地区山地聚落人居环境营建初探[J].城市与区域规划研究,2016(9):112-136.

④ 李欣华,吴建国.旅游城镇化背景下的民族村寨文化保护与传承:贵州郎德模式的成功实践[J].广西民族研究,2010(4):193-199.

⑤ 沈诗.安徽屏山传统村落民居建筑研究[D].西安:西安建筑科技大学,2018.

⑥ 史琛灿.白马河流域藏族民居的营建智慧与更新策略研究[D].西安:西安建筑科技大学,2018.

⑦ 朱雪梅.粤北传统村落形态及建筑特色研究[D].广州:华南理工大学,2013.

⑧ 张东.中原地区传统村落空间形态研究[D].广州:华南理工大学,2015.

⑨ 冯志丰.基于文化地理学的广州地区传统村落与民居研究[D].广州:华南理工大学,2014.

多位学者从建筑学角度探析贵州传统村落。罗德启对贵州民居分别加以介绍,如苗族吊脚楼、布依族石头房等[①],提出贵州民族村寨的保护关键在于保护文化和消除贫困,其关注村落文化遗产,尤其是传统村落形态美中的民居建筑,提出贵州民族村镇保护要突出典型、抢救文化遗产、注重风貌保护等[②③④]。李先逵基于建筑学角度,从自然环境、苗族社会、苗寨选址和干栏式建筑历史等入手,对贵州干栏式民居建筑的功能和布局进行了全面深入的研究[⑤]。赵曼丽从建筑美学的角度,对苗族民居吊脚楼的美学特征进行研究[⑥]。向从容从建筑设计的角度,探讨贵州民居对现代建筑设计的启示[⑦]。高培从建筑学空间理论的视角,对西江苗寨民居建筑进行空间分析研究[⑧]。少数学者开始关注贵州传统村落文化和传统手工艺。麻勇斌从文化人类学角度探讨贵州民居的建筑文化[⑨]。周真刚从文化遗产法的视角对苗族民居吊脚楼营造技艺的保护进行研究[⑩]。张欣对苗族吊脚楼的传统营造过程进行研究[⑪]。关格格以黔东南南江村为例,探讨了影响贵州传统村落空间形态的因素,分析了传统村落保护与发展面临的问题及其产生原因,提出传统村落保护的理论依据[⑫]。张育齐以玉屏侗族传统村落为例,重点探讨传统村落的形态美,如民居建筑,并以肇兴侗寨和堂安侗寨为研究案例,借鉴两个村落发展的成功经验,提出传统村落的发展和文化传承要注意村落整体风貌,加大政府保护力度,提升居民保护意识[⑬]。

2.1.4.4 非物质文化遗产研究

非物质文化遗产是传统村落存在和发展的根基。彭鑫提出对少数民族

---

① 罗德启.老房子·贵州民居[M].南京:江苏美术出版社,2000.

② 罗德启.中国贵州民族村镇保护和利用[J].建筑学报,2004(6):7-10.

③ 罗德启,等.贵州民居[M].北京:中国建筑工业出版社,2008.

④ 罗德启.侗寨特征及侗居空间形态影响因素[J].建筑学报,1993(4):37-44.

⑤ 李先逵.干栏式苗居建筑[M].北京:中国建筑工业出版社,2005.

⑥ 赵曼丽.苗族民居"半边楼"的审美特征浅析[J].重庆建筑,2006(12):22-25.

⑦ 向从容.干栏式苗族民居的研究及其现代启示[D].成都:西南交通大学,2008.

⑧ 高培.中国千户苗寨建筑空间匠意[M].武汉:华中科技大学出版社,2015.

⑨ 麻勇斌.苗族建筑艺术简论[J].湖北民族学院学报(社会科学版),1997(1):44-46.

⑩ 周真刚.文化遗产法视角下的黔东南苗族吊脚楼保护研究[J].贵州民族研究,2012(6):40-45.

⑪ 张欣.苗族吊脚楼传统营造技艺[M].合肥:安徽科学技术出版社,2013.

⑫ 关格格.黔东南侗族传统村落空间形态调查研究[D].西安:西安建筑科技大学,2015.

⑬ 张育齐.贵州玉屏侗族传统村落的保护与文化传承初探[D].西安:西安建筑科技大学,2018.

传统村落进行基于濒危的非物质文化遗产的抢救性保护、基于民族传统村落系统环境的整体性保护、基于少数民族传统村落文化存续的非物质文化遗产活态传承，重视传承人在民族传统村落文化存续中的作用、对传统村落中的非物质文化遗产进行生产性保护①。顾大治等以安徽绩溪县湖村为研究对象，根据手工技艺类、表演表现类、饮食文化类三种不同类型的非物质文化遗产特点，提出相对应的空间利用策略，构建“人－村－遗”一体化的发展策略等措施②。

学者对贵州非物质文化包含的具体内容进行了剖析，如刘心一、王华，研究了口头非物质文化遗产③④；李任论述了传统技艺⑤；周真刚指出对于贵州传统村落民族传统手工技艺的保护应该更为受到关注和重视，并提出几点建议：加强制度建设，推动贵州省传统手工艺产业促进条例的出台；以人为本，建立科学高效的保护与传承机制；转变观念，推进民族传统手工艺的产业化，实现文化自养；优化传统工艺技术水平和手段；做强做精，打造品牌；以“市场化”求得社会选择与社会应用⑥。李胜杰对贵州少数民族传统节日进行了研究⑦；方李莉、刘彩清对贵州少数民族服饰进行了相关的研究⑧⑨。麻勇斌更关注传统村落的文态美——非物质文化遗产，提出传统村落保护要明确为什么保护以

---

① 彭鑫. 少数民族传统村落中的非物质文化遗产保护研究[J]. 人文天下，2017(17):51－55.

② 顾大治，王彬，黄雨萌，许晓迪. 基于非物质文化遗产活化的传统村落保护与更新研究——以安徽绩溪县湖村为例[J]. 西部人居环境学刊，2018，33(2):100－105.

③ 刘心一. 贵州非物质文化遗产传承人口述史数据库建设现状与设想[J]. 贵州社会科学，2013(8):49－52.

④ 王华. 口头非物质文化遗产保护——以贵州彝族为例[J]. 教育教学论坛，2014(52):62－63.

⑤ 李任. 贵州传统技艺类非物质文化遗产发展现状与思考[J]. 长江师范学院学报，2017，33(2):34－42.

⑥ 周真刚. 贵州世居民族传统手工技艺的保护及其产业化发展思考[J]. 西南民族大学学报(人文社会科学版)，2013(10):42－47.

⑦ 李胜杰. 节日转型与非物质文化遗产保护——以贵州黔东南苗族游坡为例[J]. 四川戏剧，2016(5):99－101.

⑧ 方李莉. 非物质文化遗产语境中的民族艺术——以贵州长角苗衣饰艺术为例[J]. 徐州工程学院学报(社会科学版)，2013，28(1):58－61.

⑨ 刘彩清. 文化创意与非物质文化遗产的传承保护——以贵州侗绣为考察个案[J]. 贵州师范学院学报，2016，32(4):74－78.

及怎么保护①,要重视“理”,慎用权力,关注村落肌理与村落保护的参与主体,不能仅围绕旅游来保护开发传统村落②。

2.1.4.5 传统村落的旅游发展

传统村落是贵州旅游发展的重要资源。吴必虎提出传统村落要活化,活化就是要构建新的经济生产关系,活化的根本是把传统村落作为一种生产空间保留下来,形成一种新的经济功能,而乡村旅游是保护传统村落最好的一个活化方法③。张琳、邱灿华以宏村、西递、碧山、南屏、屏山、卢村6个皖南村落为研究对象,探讨依托传统村落空间的改造,为乡村旅游发展与村落文化传承的耦合提供载体和支撑,提出民宿文化提升模式、文化旅游空间主动营造模式、村民公共活动空间改造模式3种空间耦合模式④。孙琳等认为旅游活化开发是传统村落延续文化肌理的重要渠道,剖析了黔东南州雷山县少数民族传统村落当前旅游活化面临着旅游空间正义、过度商业化及乡土性淡化三大实践困境,提出了传统村落旅游活化的纾解路径,包括加强社区增权、促进多元共治、创新发展模式等方面⑤。贺丹以民俗文化的地域特色为切入点,从旅游者的心理、民族文化村寨旅游产品、民俗旅游商品、旅游管理与经营4个方面提出了实现贵州民族文化村寨旅游的社会效益、经济效益与生态效益的高度和谐,促进其可持续发展的策略⑥。蒋焕洲指出民族旅游村寨是贵州旅游的特色板块,在旅游需求多极化和消费个性化的发展趋势下,贵州少数民族村寨旅游要由观光旅游向融观赏、考察、学习、参与、娱乐和度假于一体的综合性方向发展转型,提升少数民族旅游村寨的旅游竞争力和可持续发展能力⑦。初凡、

---

① 麻勇斌.文化遗产保护的两个基础命题另解[J].贵州师范大学学报(社会科学版),2009(2):55-59.

② 麻勇斌.古村落保护利用应依“理”而行[J].当代贵州,2013(22):32.

③ 吴必虎.基于乡村旅游的传统村落保护与活化[J].社会科学家,2016(2):7-9.

④ 张琳,邱灿华.传统村落旅游发展与乡土文化传承的空间耦合模式研究——以皖南地区为例[J].中国城市林业,2015,13(5):35-39.

⑤ 孙琳,邓爱民,张洪昌.民族传统村落旅游活化的困境与纾解——以黔东南州雷山县为例[J].贵州民族研究,2019,40(6):53-58.

⑥ 贺丹.民族文化村寨旅游开发建设对策探讨——以贵州省为例[J].广西民族研究,2009(4):187-191.

⑦ 蒋焕洲.贵州民族村寨旅游发展现状、问题与对策研究[J].广西财经学院学报,2010(4):121-124.

周真刚等论述贵州侗乡大健康产业的战略定位及良好的生态环境、神奇古朴的民族文化、不断完善的基础设施建设是侗族传统村落保护和发展的几大优势，提出利用侗乡自然生态资源和民族文化资源大力发展文化旅游，是侗族传统村落保护和发展的有效路径①。韦伊以贵州传统村落为研究对象，分析了旅游开发与传统村落的关系，提出旅游开发时保护传统村落的重要途径，使得村落获得旅游开发的经济收益，但同时，传统村落旅游开发存在一定的局限性，在分析贵州传统村落旅游开发模式的基础上，针对贵州传统村落旅游开发存在的如权责不一、加速文化变迁等问题，提出了要开展保护规划、建立利益合作机制、培养村落保护的内生动力等建议②。

2.1.4.6 居民态度研究

居民是传统村落的当然主体，是传统村落存续的关键因素。因此，学者开始关注居民对传统村落发展感知、态度及其影响因素。王纯阳等以经济获益或成本、社会文化获益或成本和环境获益或成本6个方面构建了村落居民旅游影响感知，以6种旅游影响感知作为中介变量，建立社区依恋、社区关注、社区参与、旅游影响感知和社区居民旅游发展态度的结构关系模型，通过对福建土楼的实地研究，明确了经济获益感知、社会文化获益感知、环境获益感知和经济成本感知是社区居民旅游发展态度的直接影响因素③。陈慧等运用因子分析和回归分析对世界文化遗产地"马降龙村落"进行了不同空间区域，即核心区与缓冲区的居民旅游影响感知、居民对旅游发展的支持态度、居民参与旅游发展的现状进行了调研，研究发现旅游发展参与现状是影响居民旅游发展支持态度的首要因素，不同地域的空间变量是影响居民旅游发展支持态度的次要因素。空间变量是影响居民满意度的最重要因子，在不考虑整体区域模型的空间变量，"旅游业对村庄建设与经济发展的正面影响感知"是影响居民

① 初凡，周真刚，陆刚. 侗族传统村落保护与发展路径探索——以黔东南黎平县为例[J]. 贵州民族研究，2017(1):83-88.

② 韦伊. 旅游开发过程中的传统村落保护研究[D]. 贵阳：贵州大学，2015.

③ 王纯阳，屈海林. 村落遗产地社区居民旅游发展态度的影响因素[J]. 地理学报，2014，69(2):278-288.

社区满意度的最重要因素。杨立国[①]等以湖南衡阳中田村为例,从认知、情感和意向三个角度构建了居民对传统村落的地方认同,认为居民的主要人口特征,如年龄、性别、受教育水平、居住时间影响了居民对传统村落景观基因的认知,从而影响了居民保护村落景观基因的态度[②]。彭英则借鉴城市居民社区满意度以及新农村建设20字方针,结合传统村落环境实际,从居住条件、基础设施、就业情况、情感认知4个层面测评了党家村传统村落遗产保护居民满意度,提出完善多级保护管理制度、跟进遗产保护的动态过程、重视传统村落非物质文化遗产传承3方面建议[③]。目前,尚未有从居民态度视角对贵州传统村落的研究。虽然居民旅游感知和态度随着研究深度而不断深入和细化,对居民态度的研究主要集中在从积极和消极方面研究居民的旅游感知和态度及其影响因素,对居民态度结构主要从认知、情感和行为意向3个维度进行研究。从居民角度对村落生态、形态、文态、业态的系统性研究较少。

传统村落的研究已经成为学术界的研究热点,研究成果日益丰富、研究方法渐增、研究内容更深、研究角度更广,贵州传统村落逐渐进入学界的研究视野,传统村落研究呈现出欣欣向荣的景象,但仍然存在一些缺憾,有待进一步深入研究,具体表现在:①现有研究内容或是偏重传统村落建筑、空间等有关村落生态美和形态美的研究,或是偏重非物质文化的研究,缺少多学科融合的视野对传统村落的整体性研究。②缺乏从传统村落文化景观(村落核心价值)的视角进行的研究。③居民的态度是传统村落保护发展的内生动力,现有研究缺乏关注居民态度方面的研究。④缺乏对处于不同发展阶段的村落的对比研究。⑤传统村落自身具有活力是其保护发展的驱动力,现有研究缺乏对传统村落自身活力挖掘、激活的研究。

---

① 杨立国,喻媚,袁佳利.传统村落居民的景观基因认知及保护态度——以衡阳市中田村为例[J].衡阳师范学院学报,2019,40(6):1-7.

② 陈慧,李鹏,王纯阳.村落型遗产地居民旅游感知与态度的空间差异分析[J].华南师范大学学报(自然科学版),2017,49(4):88-94.

③ 彭英.党家村遗产保护居民满意度研究[J].保护建筑,2016(8):33-39.

2.2 传统村落实践层面发展综述

我国传统村落保护发展是理论和实践不断探索、相互验证、相互促进的过程，实践层面主要在于各方面专家学者的村落实际案例研究、政府和相关部门的推动，主要体现在村落的发展、规划、保护等具体实践运用中积累的经验和对传统村落保护发展的反思和启示。

2.2.1 专家学者的实际案例研究

我国专家学者对传统村落保护与发展的具体案例研究兴起于20世纪80年代初，不同领域的专家学者分别从各自专业视角研究传统村落：建筑规划方面的专家学者更多地关注传统村落的形态美，注重村落物质形态的研究；致力于非物质文化保护的专家学者则侧重传统村落的文态美，注重村落非物质文化的保护研究；文物保护界的专家学者则注重传统村落建筑遗产的保护研究。其代表人物有阮仪三、罗哲文、陈志华、冯骥才、罗德胤等，其中还有非学术界的专家张安蒙，其对传统村落的案例研究也引起了众多关注。

传统村落保护，与历史文化名城保护密切相关。1980年至今，同济大学著名的建筑学家阮仪三先生组织开展了众多村镇调查研究及保护，规划过114个历史城市，261个古村镇，其对传统村落的规划实践研究源于历史文化名村(镇)，闻名于“刀下救平遥”“以死保周庄”。在各村落纷纷拆老城建新城的20世纪80年代，阮仪三先生带领同济大学建筑系的学生们开展实地考察，免费为平遥作出整体保护旧城，另起炉灶发展新城的规划，提倡保护山西平遥古城，推动平遥成功申请为世界文化遗产。作为古村镇、传统村落保护的实践者、行动派，阮仪三先生还为周庄、同里、乌镇、西塘等村镇作保护规划，倡导“先保护村镇，在村镇外面谋规划谋发展”的理念，其几十年为保护古城镇和传统村落四处奔走，引起了人们对村镇的重视和保护，也因其对村镇的发展和保护规划实践、对传统村落形态美的关注，推动了我国不少具有历史文化价值的传统村落得以保存。罗哲文关心传统村落的古建筑、古文物。陈志华侧重研究村落的形态美，自1989年起致力于研究乡土建筑，提出保护乡土建筑遗产，倡导积极抢救传统村落中的乡土建筑，其主持10多个古村落的记录和测绘，在扎实的传统村落调研的基础上，出版了《楠溪江中游乡土建筑》《诸葛村乡土建筑》《婺源乡土建筑》《村落》等，在国内外引起了巨大的反响，影响深远，推动人们对传统村落形态美的认知和保护。冯骥才是我国传统村落保护工程发起人之一，其在研究挖掘中国民间文化时意识到保护我国古村落的重要性，尤其是传统村落文态美的重要性，几十年来为保护传统村落奔走呼号，极大地推动了我国传统村落保护工作的开展进程。冯骥才先生发起中国民间文化遗产抢救工程的普查工作、倡议召开中国古村落保护（西塘）国际高峰论坛、连续10多年在“两会”上提出关于保护传统村落的议案，建立了中国第一个非物质文化遗产保护数据中心，存录了中国传统村落大量的非物质文化遗产资料等，冯骥才先生为抢救和保护传统村落的行动引发了我国对传统村落的高度关注，也使得我国对传统村落的发展保护实践和研究上升到了新的台阶。罗德胤研究传统聚落与乡土建筑，多年来主持10来个全国范围内的村落保护发展项目，包括浙江松阳县平田村、贵州黎平县黄岗村、湖南会同县高椅村等村落的保护发展规划与落地实施，倡导传统村落的保护与发展要有乡村“行业链”，要将传统与现代结合，要激活人心等，推出了传统村落新的保护发展理念，使我国传统村落保护发展实践有了新的指导思想。张安蒙是传统村落保护中一个特殊的身影，虽非学术界人士，但其是传统村落保护与发展的重要推动者，是古村落保护与发展专业委员会发起人之一。1989年，张安蒙因拍摄影片与湖南的传统村落张谷英村结缘，被传统村落深深震撼，自此致力于中国传统村落保护与发展的寻访、研究、求证、传播与实践活动。她将中国传统村落的研究视角转向中国景观村落，推动实施中国景观村落评选，并推动在北京人民大会堂签署了《中国景观村落保护公约》，成立保护传统村落的工作室、创办中国传统村落推介网站等，为推动中国传统村落的保护与发展作出重要的实践探索。

2.2.2 党中央关于传统村落保护的举措

21世纪，传统村落保护问题开始逐渐受到重视，尤其是对传统村落保护的重视从民间上升到政府，从行业组织上升到国家部门，从专业领域上升至国家层面，成为“自上而下”的政策，在全国范围内掀起了对传统村落的研究和关注。

2011 年，温家宝在中央文史馆成立 60 周年座谈会上提出“古村落的保护就是工业化、城镇化过程中对物质遗产、非物质遗产及传统文化的保护”[①]。国务院参事冯骥才建议传统村落保护的问题应由住房和城乡建设部牵头。2012 年，住房城乡建设部联合文化部、国家文物局、财政部印发了《关于开展传统村落调查的通知》，以摸清我国传统村落家底，加强传统村落保护和改善。同年 12 月，住房城乡建设部、文化部、财政部公布第一批列入中国传统村落名录的村落名单。至今，全国范围内共有 5 批 6819 个传统村落纳入了国家名录。2014 年，住房城乡建设部、文化部、国家文物局、财政部印发《关于切实加强中国传统村落保护的指导意见》，明确提出保持传统村落的完整性、真实性和延续性，加大对传统村落的资金补助，每年申请中央财政分批次对被纳入《中国传统村落名录》的村落进行 300 万元/村的专项资金补助，推动传统村落保护和发展。2017 年，中共中央办公厅、国务院办公厅印发了《关于实施中华优秀传统文化传承发展工程的意见》，提出要深入挖掘中华优秀传统文化价值内涵，激发中华优秀文化的升级与活动，保护传承文化遗产，实施中国传统村落保护工程，做好传统民居、历史建筑、革命文化纪念地、农业遗产、工业遗产保护工作。

尤其值得注意的是，自 2012 年住房城乡建设部、文化部、国家文物局、财政部联合启动传统村落保护工程后，2013 年起，每年中央一号文件都涵盖有关传统村落保护的内容，如 2013 年中央一号文件《关于加快发展现代农业进一步增强农村发展活力的若干意见》中指出：“制定专门规划，启动专项工程，加大力度保护有历史文化价值和民族、地域元素的传统村落和民居。”2014 年中央一号文件《关于全面深化农村改革加快推进农业现代化的若干意见》中指出：“制定传统村落保护发展规划，抓紧把有历史文化等价值的传统村落和民居列入保护名录，切实加大投入和保护力度。”2015 年中央一号文件《关于加大改革创新力度加快农业现代化建设的若干意见》提出：“完善传统村落名录

① 史英静. 从“出走”到“回归”——中国传统村落发展历程[J]. 城乡建设，2019(22)：6－13.

和开展传统民居调查,落实传统村落和民居保护规划。”2016 年中央一号文件《关于落实发展新理念加快农业现代化　实现全面小康目标的若干意见》中更加全面系统地指出传统村落建设内容:“实施休闲农业和乡村旅游提升工程、振兴中国传统手工艺计划。开展农业文化遗产普查与保护。加大传统村落、民居和历史文化名村名镇保护力度。开展生态文明示范村镇建设,鼓励各地因地制宜探索各具特色的美丽宜居乡村建设模式。”2017 年中央一号文件《关于深入推进农业供给侧结构性改革加快培育农业农村发展新动能的若干意见》指出要“大力发展乡村休闲旅游产业。充分发挥乡村各类物质与非物质资源富集的独特优势。支持传统村落保护,维护少数民族特色村寨整体风貌,有条件的地区实行连片保护和适度开发”,为传统村落发展指明了方向。2018 年中央一号文件《关于实施乡村振兴战略的意见》中明确指出:“传承发展提升农村优秀传统文化。在保护传承的基础上,创造性转化、创新性发展,不断赋予时代内涵、丰富表现形式。切实保护好优秀农耕文化遗产,推动优秀农耕文化遗产合理适度利用。划定乡村建设的历史文化保护线,保护好文物古迹、传统村落、民族村寨、传统建筑、农业遗迹、灌溉工程遗产。支持农村地区优秀戏曲曲艺、少数民族文化、民间文化等传承发展。”其进一步重视传统村落文化的保护传承与创新发展。2019 年中央一号文件《关于坚持农业农村优先发展做好“三农”工作的若干意见》中虽未明确提及传统村落,却涉及诸多有关传统村落的内容,“创新发展具有民族和地域特色的乡村手工业,大力挖掘农村能工巧匠,培育一批家庭工场、手工作坊、乡村车间。培育特色文化村镇、村寨”。2020 年中央一号文件《关于抓好“三农”领域重点工作确保如期实现全面小康的意见》中提出:“实施乡村文化人才培养工程,扶持农村非遗传承人、民间艺人收徒传艺,发展优秀戏曲曲艺、少数民族文化、民间文化。保护好历史文化名镇(村)、传统村落、民族村寨、传统建筑、农业文化遗产、古树名木等。”

由此可见,在党和国家的高度重视下,传统村落的保护发展正在深入推进,且党和国家越来越重视传统村落文态美,注重传承和创新传统村落文化。

2.2.3　地方政府方面的举措

2014 年,《关于切实加强中国传统村落保护的指导意见》印发后,多个省份积极行动，发布相关文件促进传统村落的保护和发展。2016 年，江西省颁布了《江西省传统村落保护条例》，是我国首部传统村落保护省级地方性法规；2017 年，江苏省制定了《江苏省传统村落保护办法》；福建省颁布了《福建省历史文化名城名镇名村和传统村落保护条例》；贵州省颁布了《贵州省传统村落保护和发展条例》；2018 年，广东省公开征求《广东省传统村落保护利用办法》意见；2020 年底，四川省拟出台《四川省传统村落保护条例》。

其中，贵州传统村落的保护与发展引人关注。早在 1986 年，贵州省人大常委会公布《贵州省文物保护管理办法》，在第四章第二十一条及第二十二条中明确规定，要保护具有地方特点、民族特点和研究价值的典型民族村寨，保护历史悠久、建筑有特点、民俗有特色的典型民族村寨。强调了对民族村寨的保护内容主要为民族村寨的形态美（建筑）和文态美（历史、民俗），为贵州省传统村落作为生态博物馆进行开发建设奠定了一定的基础。生态博物馆强调保护和保存文化遗产的真实性、完整性和原生性，突出“活态传承”及文化遗产整体性传承。贵州省生态博物馆建设理念源于著名博物馆学家苏东海先生的建议，建立的原则之一是政府主导、专家指导、村民参与。在国家文物局和贵州省政府的大力支持下，1995 年，贵州省生态博物馆项目实施小组成立。中国和挪威签署协议，双方确定开展贵州生态博物馆群项目，并在六盘水市六枝特区梭戛苗族彝族回族乡建立了我国第一座生态博物馆。2015 年，贵州省政府办公厅发布《省人民政府关于加强传统村落保护发展的指导意见》（黔府发〔2015〕14 号），指出要高度重视传统村落保护发展，要保护传统村落的完整性、真实性和延续性；实施文化遗产保护工程，保持传统村落空间的完整性、传统村落文化的完整性和传统村落价值的完整性。该文件重点关注了传统村落的生态美（村落空间）、形态美（建筑）以及文态美（文化遗产）。2017 年，贵州省第十二届人民代表大会常务委员会第二十九次会议通过《贵州省传统村落保护和发展条例》，明确保护和发展贵州传统村落的系列举措，确定保护对象和范围、要求高规格编制传统村落保护和发展规划、提出严格合理的传统村落保护措施，省政府参照国家政策，对列入中国传统村落名录的贵州传统村落给予 300 万元资金。这些文件有效推动了传统村落整体性保护，保障了贵州传统村落的传承和发展。2018 年，贵州省政府发展研究中心完成《贵州省传统村落保护传承发展调研报告》，摸清了全省传统村落的基本情况，提出全省传统村落保护传承要统筹推动，实现整体保护，形成风貌、风俗、风物的保护利用，推进“生活环境、生产环境、生态环境”协同新建设。这些文件都重点关注贵州传统村落的生态美、形态美、文态美。

近几年，贵州省住房城乡建设厅、省财政厅通过“贵州省传统村落示范村建设”推动全省传统村落的发展和保护，提升传统村落发展质量，并切实做好传统村落脱贫攻坚和乡村振兴的有效衔接。贵州省各市州中，黔东南尤其重视传统村落的保护，2008 年后，相继出台了《黔东南苗族侗族自治州民族文化村寨保护条例》《传统村落保护实施办法》等地方性法规，建立起了较为有效的传统村落保护制度。2015—2017 年，连续三届成功举办“中国传统村落·黔东南峰会”，使得黔东南甚至贵州在全国乃至世界传统村落保护发展中获得重要优势，成为全国各市(州)传统村落发展保护的标杆。

2.2.4 地方传统村落保护实践探索

贵州是我国传统村落数量最多的省份，位居榜首。因而以贵州为例探讨地方在传统村落保护与发展中的实践具有一定的借鉴意义。贵州在传统村落保护与发展的实践探索主要体现在三个方面。

一是历史文化名城保护。1999 年，遵义市老城纪念区改造建设中擅自拆除大面积历史建筑，破坏了传统历史名城风貌，国家文物局对此进行批评，表明了遵义市在老城纪念区改造时忽视了文物保护法，忽视了传统建筑风貌的重要性，既忽视了传统建筑的形态美，也表明了历史文化名城保护实践并不成功。

二是文物保护理念在村落旅游发展实践中的运用。贵州省从 20 世纪 80 年代开始对贵州民族村寨进行摸底调研，从文物保护的角度将传统村落看作立体的整体性文物，并分等级、有重点地保护民族村寨，使得传统村落文化遗产至今保存较好，并推动传统村落旅游的发展，如镇远古镇、青岩古镇、习水土城、丙安古镇等。青岩古镇在 21 世纪初，通过开展古镇整体保护规划，重点保护古镇的传统风貌和文化肌理，整合改造不适合发展需要的功能，尤其重视保护、挖掘、延续古镇的生态美、形态美、文态美，抢救濒危历史建筑，改善基础设施，修复民居，并结合业态美的建设，规划旅游发展功能，串联周边旅游资源，使得古镇旅游与民居生活有机结合，居民从中获利。2019 年底，镇远古镇被评为 5A 级景区，进一步推动了景区发展。据镇远县文体广电局负责人介绍，截至 2019 年底，镇远古镇有 798 家民宿，共有 22000 个床位，旅游接待能力较强，居民主要收入来源于旅游接待。镇远古镇成功的关键在于其发挥了旅游目的地和居民社区的双重功能，注重了"四态美"的建设。在保护生态美、形态美和文态美的同时，通过业态美——旅游开发，提升了人们的经济水平。贵州以村落保护促进旅游开发，以旅游开发收入反作用于村落的保护，形成了良性循环。当然，贵州有些传统村落的保护并不理想。如黔东南州从江县的大歹村，2019 年被列入中国传统村落，该村寨借助澳门永利关爱帮扶、农村老旧住房透风漏雨专项整治、各省厅单位及地方政府的大力帮扶，修缮了村寨建筑风貌，保存了较完整的生态美和形态美，因经济落后，村落非物质文化遗产保存完好。为助推村寨发展，省交通运输厅甚至投入 3000 万元帮助大歹村改扩建了入村道路，但大歹村至今仍脱贫极为困难，究其原因，该村缺乏业态美的建设，村民缺乏发展的内生动力。因传统村落越来越受关注，不少旅游投资公司转战传统村落项目打造，如遵义市播州区的乌江古村落及兴义市天下布依村落，两个项目的投资方采取修旧如旧的方式，建设了一批批"古"建筑，却都将该村寨的原住民搬迁至异地。虽然避免了建设后居民管理的种种矛盾，但随着居民的迁出，该古村落却丢失了自身的文态美，失去了村落赖以发展的灵魂。且投资过大，业态不够丰富，使得项目经营困难，如乌江古村落项目，投资 50 亿元，但至今未获得收益。因此，传统村落的保护和发展，四态美的建设缺一不可。

三是生态博物馆理念在村落旅游发展实践中的运用。1995 年，依托传统村落开始建设全国第一个生态博物馆——梭戛苗族生态博物馆，后来，贵州相继建立花溪镇山村生态博物馆、锦屏隆里古镇生态博物馆、黎平堂安侗寨生态博物馆及地扪生态博物馆。凭借生态博物馆建设之机，较好保存了贵州传统村落文化，反映了贵州在传统村落保护发展中的智慧和创造精神，但是，如今这些生态博物馆多呈现空心化现象，居民多依靠外出打工获得收入，表明生态博物馆理念在实践中的运用并没有取得成功，其核心问题在于贵州生态博物馆的建设缺乏活力，居民没有参与村落整体性活态传承的动力。

通过对传统村落理论和实践层面的梳理和分析，不难看出，美丽和活力是传统村落保护发展的两个重要维度，二者缺一不可，其中，美丽维度包括村落的生态美、形态美和文态美，活力维度主要指村落的业态美。

综上分析，本研究以现实观察为依据，以前期研究基础和不足为逻辑起点，基于跨学科的视野，从村落生命意义的视角重新审视传统村落保护发展的着力点。本研究认为美丽和活力是传统村落保护发展的两个重要着力点，基于此，运用整体性思维，建构传统村落美的整体性框架，以居民态度理论为基础建构居民态度模型，以居民态度模型研究假设验证为基础，对村落进行对比研究，进而提出传统村落美丽和活力建设的路径，因此，本研究是基于前沿理论和前沿观察的“验证假设”的实证研究，通过解读贵州典型案例村落，诠释传统村落保护的内生依据和发展的再生动力，是对前期研究的深入、整合，以及弥补前期研究的不足，具有研究的必要性和重要性。

第3章　传统村落保护发展研究的理论基础

3.1　旅游地生命周期理论

3.1.1　旅游地生命周期理论概述

3.1.1.1　旅游地生命周期理论的产生

旅游地生命周期(Tourism Area Life Cycle)理论是描述旅游地演进过程,研究旅游地发展成长的重要理论。生命周期最早是生物学领域中的术语,用来描述某种生物从出现、成长、成熟、衰退到灭亡的演化过程。后来,该词被广泛应用于政治、经济、社会、环境、技术领域的研究,许多学科用生命周期描述事物的变化过程,如在市场营销学中的产品生命周期,即指一种产品从投入市场到被淘汰退出市场的过程。关于旅游地生命周期理论的起源,一般认为最早由德国学者 W. Christaller 在 1963 年研究欧洲周边欠发达地区的旅游时提出①。1980 年,加拿大学者 Butler(巴特勒)②对旅游地周期理论作了系统阐述,该理论自巴特勒提出后,得到广泛关注和应用,成为当今旅游学最经典和应用最广泛的理论之一,在旅游学理论体系中具有极其重要的地位。

3.1.1.2　旅游地生命周期的概念和内容

Butler 用生命周期来描述旅游地的演进过程,提出旅游地从开始、发展、成熟到衰退阶段的生物界普遍规律,一般包括六个阶段,即探索阶段(exploration)、参与阶段(involvement)、发展阶段(development)、巩固阶段(consolida-

---

① Christaller, W. Some Considerations of Tourism Locations in Europe: The Peripheral Regions—Underdeveloped Countries—Recreation Areas[J]. Regional Science Association Papers 1963, 12:95 - 105.

② Butler, R. W. The Concept of a Tourism Area Cycle of Evolution: Implications for management of Resources [J]. Canadian Geographer 1980 24(1):5 - 12.

tion)、停滞阶段(stagnation)、衰落(decline)或复兴阶段(rejuvenation),且引入“S”形曲线(如图3-1)来加以表述。

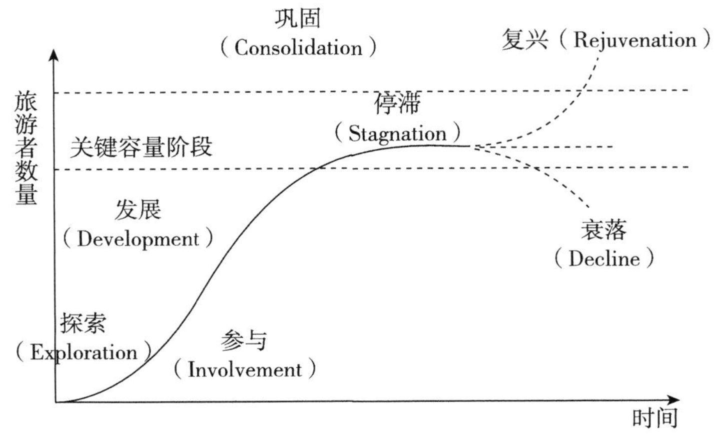

图3-1 Butler旅游地生命周期理论

表3-1 Butler旅游地生命周期理论阶段特征

阶段划分	特 征
探索阶段	只有零散的游客,没有专门的旅游设施,当地居民没有意识到要为游客提供接待,其自然、环境和经济未因旅游而发展变化
参与阶段	旅游者人数增多,本地居民自发为旅游者提供一些简单的服务和设施,开始为适应经济状况的改变而调整生活方式,地方政府被迫改善设施与交通状况
发展阶段	旅游市场扩大,吸引外来投资,当地接待设施逐渐被规模大、现代化的设施取代,本地对旅游的参与与控制下降,旅游地自然面貌的改变比较显著
巩固阶段	游客量持续增加但增长率下降,旅游者的总数超过当地常住人口的数量,旅游地功能分区明显,地方经济依赖旅游业的发展。常住居民中开始对旅游产生反感和不满
停滞阶段	旅游地的容量处于饱和或超饱和状态并引发了经济、社会与环境问题,旅游设施存在过剩现象。旅游地已不再时兴
复兴/衰落阶段	旅游市场衰落,旅游设施大量消失,旅游地变成“旅游贫民窟”或是完全没有了旅游活动,另外旅游地也可能采取开发新的旅游资源等措施,增强旅游地的吸引力从而进入复兴阶段

Butler以旅游者数量、游客增长速度和旅游接待设施等为依据划分旅游地不同发展阶段,并界定了每个阶段的特征。阶段特征的研究加强了周期理论

对旅游地演进现象的描述力(见表3-1)。因此,在旅游地周期理论应用中,首先要以旅游地连续多年的旅游者数量、旅游接待设施变化等为基础,明确旅游地各周期阶段的特征,然后判断旅游地所处的周期阶段。

3.1.1.3 影响旅游地生命周期的主要因素

旅游地生命周期的演变规律是复杂因素共同作用的结果。旅游地生命周期的影响因素不是单一的或单方面的,它是内、外因素共同构成的影响因素体系,而内因是影响旅游地生命周期的根本原因。结合国内外学者的研究成果[①②],影响旅游地生命周期的主要影响因素包括5个方面:①旅游地自身因素:环境质量与容量、旅游资源的丰富度、良好的区位、交通条件、基础设施、旅游形象、旅游地的竞争力、旅游发展速度;②旅游地居民:居民的支持度;③旅游地管理与经营者:过度商业化、规划与管理决策、外部投资;④旅游者:客源市场的改变、旅游者需求、期望与价格的敏感度;⑤外部环境因素:经济因素、竞争环境等。

3.1.2 旅游地生命周期阶段评判

产品生命周期多采用产值变化曲线来判定,旅游地生命周期多用游客数量的变化曲线来反映。目前,对于旅游地生命周期各阶段的确立是建立在容量水平和需求或游客数量上[③]。综合相关研究,对旅游地生命周期阶段的评判,应综合评估以下因素[④]:①旅游地旅游开发时长;②旅游目的地旅游结构、功能;③旅游目的地旅游产品类型;④旅游目的地旅游业态;⑤旅游目的地接待的游客人数总数;⑥游客年增长率;⑦外来投资者投资规模的变化;⑧旅游地居民就业状况的变化;⑨居民对投资者和游客态度;⑩旅游地社区环境改变状况;⑪旅游接待设施供求关系的变化;⑫旅游地经济对旅游的依赖度。其

---

① 杨效忠,陆林.旅游地生命周期研究的回顾和展望[J].人文地理,2004(5):5-10.

② 徐致云,陆林.旅游地生命周期研究进展[J].安徽师范大学学报(自然科学版),2006(6):599-603.

③ Debbage K. Oligopoly and the resort cycle in the Bahamas[J]. Annals of Tourism Research, 1990, 17:513-527.

④ 高林安.基于旅游地生命周期理论的陕西省乡村旅游适应性管理研究[D].哈尔滨:东北师范大学,2014.

中，旅游者数量及旅游者增长率则是 Butler 评判旅游地生命周期阶段的主要指标。当缺乏旅游者数量和增长率的统计时，需通过旅游地基础设施和接待设施的完善、旅游业态、外来投资者投资情况、旅游地居民就业情况等综合评判旅游地生命周期阶段。

3.1.3 旅游地生命周期理论实践运用

3.1.3.1 郎德上寨旅游发展概述

郎德上寨概况。郎德上寨位于黔东南州雷山县东北部的郎德镇，距雷山县 17 千米，距州府凯里市 29 千米、凯里南高铁站 39 千米，总面积约 5.5 平方千米，是集美丽的自然田园风光及丰富的民族文化于一体的中国传统村落，有着"中国民间艺术之乡""国家重点文物保护单位""第 1 个举行奥运火炬传递的村寨""中国历史文化名村"等美誉。郎德上寨所在地形为典型的河流谷地，望丰河穿寨而过，具有"群山环抱，一水穿寨，田园在侧"的自然格局，与自然山水水乳交融。古建筑群错落有致，鳞次栉比，层层叠叠地分布在山坡之上。十二道拦门酒、民族歌舞、招龙节、扫寨等民俗引人关注。整个郎德上寨与山水交融，天、地、人、村和谐共处，具有较高的美学价值。

郎德上寨旅游发展历程。郎德上寨自 1986 年起，旅游获得较快发展。旅游总收入、旅游总人次、游客增长率、旅游接待设施、旅游业态发展等都是判定旅游地生命周期的重要指标。本课题以郎德上寨村委会前主任吴剑提供的 1986—2016 年的旅游总人次数据及雷山县郎德文旅发展有限公司（以下简称郎德文旅公司）提供的 2017—2019 年旅游总人次数据为主要数据来源，采用定性和定量相结合的方式对郎德上寨进行旅游地生命周期分析，研究表明郎德上寨经历了旅游地生命周期的参与阶段、停滞阶段、重回参与阶段，开始步入发展阶段。

第一阶段：参与阶段（1986—2009 年）。郎德上寨自旅游开发伊始，得力于政府及各部门的资金投入和政策等方面的大力支持，其跨过了旅游地生命周期的自我探索阶段，直接进入旅游参与阶段。首先，此阶段，郎德上寨实行村落主导居民参与的模式，年接待游客数量增长较快，据数据统计结果显示，1998 年，游客数量为 5326 人，2008 年，游客数量为 141527 人，2008 年的游客数量比 1998 年的游客数量增长了近 27 倍,奥运火炬传递活动让郎德上寨的旅游年接待人数达到了历史峰值。1986—2008 年,旅游收入平均每年增长155.65% ,2007 年,郎德上寨实现的收入为 159.7 万元,由村委会提成和各类开支用去 27.5 万元外,村民从表演中提成 81.4 万元,工艺品销售收入为 32.8 万元,苗家乐收入 18 万余元,旅游收入占全寨经济收入的 48.9% 以上。不过因郎德上寨拒绝了 2008 年第三届贵州省旅游产业发展大会在此召开,各方对郎德上寨的支持渐少,郎德上寨渐受冷落,旅游接待人数骤减,如 2009 年全村旅游接待人数为 86251 人,较之 2008 年,游客接待数量减少了近 40%。其次,交通条件不断完善,1985 年,贵州省文化厅经雷山县财政局向村里划拨了 1 万元,帮助村落整修道路、铜鼓坪和寨门等;1986 年,省文物处拨款 2 万元,修建村寨巷道,全村巷道全部用鹅卵石铺砌。据郎德上寨村委会前主任吴剑介绍,19 世纪 60 年代,建成郎德上寨通往外界的大马路(泥土路)。后来,郎德上寨的主要道路(现为郎望公路)分别于 1985 年、1998 年、2008 年进行维修改造,尤其是 2008 年,为了迎接奥运圣火,修建了郎德下寨至郎德上寨的柏油路。再者,郎德上寨获得诸多名誉,市场知名度大大提升。1985 年,雷山县公布郎德上寨为“民族文物村”;1986 年,郎德上寨被贵州省文化厅列为省级首批重点保护民族文化村寨,被国家文物局列为全国第一座露天苗族风情博物馆;1993 年,被列入“中国百家特色博物馆”;1995 年,被贵州省文化厅授予“苗族歌舞之乡”;1997 年,被文化部授予“中国民间艺术之乡”;1998 年,被国家文物局列为“全国百座特色博物馆”之一;2001 年,被国务院列为“国家重点文物保护单位”;2007 年,被评为“中国景观村落”;2008 年,成为第 1 个举行奥运火炬传递的村寨。最后,初步拥有旅游接待设施。郎德上寨旅游接待设施开发较早,1987 年,村寨内就已经建了旅游公共厕所,此外,郎德上寨在 2008 年前,一直由老支书客栈一家经营民宿及餐饮。这一阶段,郎德上寨旅游者人数增多,村落思想活络的个别居民开始为旅游者提供一些简单的膳宿设施及旅游产品,居民开始为适应经济状况的改变而调整生活方式,地方政府开始重视改善设施与交通状况。

第二阶段:停滞阶段(2010—2011 年)。因郎德苗寨入口处的凯里至雷山公路的修建,使得郎德上寨无法通车,游客不能进入景区旅游,郎德上寨的旅游发展遭遇断崖式下坠。虽然2010年郎德上寨被列为“中国历史文化名村”，但因交通的不可进入性，郎德上寨未能活跃于旅游市场，旅游经济发展受损严重。

第三阶段是重回参与阶段（2012—2016年）。该阶段，郎德上寨景区通车，虽然景区于2012年下半年通车，并在2012年下半年实现了旅游接待人次达15000人，但因西江苗寨借第三届旅游产业发展大会之机，名声大噪，所有的资源向西江苗寨倾斜，郎德上寨旅游发展缓慢。如2013年，全村旅游接待人数为35200人，较之2008年，游客接待数量减少了300%；2012—2016年，郎德上寨的每年旅游接待人次不超过6万人，不及2008年的50%，年均增长率为19%。交通上，2015年，凯里南高铁站开通运行，但高铁站没有直达郎德上寨的汽车，需转车至凯里洗马河的凯里客运站，再乘坐凯里前往郎德的班车，约1小时一趟，耗时40—50分钟。旅游接待设施开始逐步改善，2014年，郎德上寨出现了第一家拥有独立卫生间的农家乐，随后，许多农家乐都将住宿设施改成独立卫生间。

第四阶段是发展阶段（2017年至今）。2016年下半年，郎德上寨接受外在力量的介入，政府和郎德文旅公司接管郎德上寨的旅游运营管理，投资建设资金1.18亿元用于郎德上寨的基础配套设施建设和改造，包括改造村落的道路、旅游接待中心、厕所等基础设施，对其进行再次旅游开发和市场推广，自2017年收取景区门票，并于年底评为国家4A景区，郎德上寨旅游人数有所增加。2017年，景区门票购买人数为61190人；2018年，景区门票购买人数为97727人；2019年，景区门票购买人数为86639人。2019年至今，由于疫情影响，景区游客接待量减少。政府和旅游公司对郎德上寨的二次开发，相对增加了景区旅游人数和收入。雷山县政府结合西江苗寨“政府＋公司＋居民”及郎德上寨“工分制”两种模式所长，兼顾效益与公平，在郎德上寨推行“政府＋公司＋合作社＋居民”的开发模式，延续郎德保持多年的“工分制”。旅游表演成员主要由居民组成，旅游接待小组统计工分，居民仍然通过“工分制”，按劳分配景区每个月发放的10万元表演收入。郎德文旅公司的进入，改善了郎德上寨景区的旅游基础设施状况，但尚未从根本上扭转景区旅游经营情况。随着社会发展的推进，郎德上寨旅游接待能力大幅度提升。据吴剑介绍，2017年，整个村寨总床位数为200多个，2020年，已经增加至500多个。到2019年底，据不完全统计，郎德上寨具有旅游接待能力的农家乐已增加到了 58 户。郎德上寨老区共有房屋约 110 栋，其中，有 60%—70% 的房屋用于农家乐、餐饮、手工艺品销售等旅游经营。2018 年，郎德上寨开始有外地人租房经营，如古井别院（民宿 + 餐饮）、银饰铺子等。至此，整个村落的旅游接待能力更强。此阶段，旅游公司介入郎德上寨、旅游外资投入进入景区、旅游接待设施渐趋完善，郎德上寨开始进入发展阶段。

3. 1. 3. 2　堂安侗寨旅游发展概述

堂安侗寨概况。堂安侗寨位于贵州省黔东南苗族侗族自治州的黎平县肇兴镇，距离黎平县城约 60 千米，距贵广高铁从江站约 15 千米，占地面积约 4. 84 平方千米。堂安侗寨拥有 700 多年的历史，是世界上第一座侗族生态博物馆，现有 209 户 960 人。堂安侗寨依山就势而建，坐落在山腰上，三面环山，梯田层叠，吊脚楼依山势悬空建造，拥有优美的自然田园风光，保存有较原生态的侗族文化，被世界著名的挪威生态博物馆学家约翰 · 杰斯特龙称为是"人类返璞归真的范例"。

堂安侗寨旅游发展历程。20 世纪 80 年代的堂安侗寨较为闭塞，只有零星散客。1999 年，堂安侗寨被评为国家生态博物馆后，由中国政府和挪威政府于 2005 年 6 月建成并对外开放。但是村寨发展一直未得到强有力的外在力量推动，至今，仅有少部分居民主要收入来源于旅游接待，多数居民的生计仍旧靠务农和外出打工（约 50% 的居民外出打工），村落旅游未得到有效开发。通过对堂安侗寨的调研，结合旅游地生命周期特征，课题组发现堂安侗寨经历了探索阶段，2004 年至今，处于旅游参与阶段。

第一阶段：探索阶段（2003 年以前）。堂安侗寨 1999 年被评为国家生态博物馆，是中国和挪威合作建立的世界上第一个侗族生态博物馆，受到各界的关注。但该阶段，堂安侗寨只有零散的游客，没有专门的旅游接待设施，当地居民没有意识到要为游客提供接待，其自然、环境和经济未因旅游而发展变化。此外，堂安侗寨的交通并未得到改善，从黎平县城通往堂安的重要通道为县道 X868，最早修建于 1951 年；入村的道路仍为 1994 年左右修建的泥马路。此阶段的堂安侗寨符合旅游地生命周期探索阶段的特征。

第二阶段：参与阶段（2004 年至今）。堂安侗寨历年游客量较少，旅游收入较低。一方面,少有游客以堂安侗寨为旅游目的地,多将堂安侗寨为旅游参观点;另一方面,前往堂安侗寨的游客消费少,少数会在堂安就餐,绝大多数游客不会选择在堂安侗寨过夜。据村主任陆泽刚介绍,至今,堂安侗寨共获得3年肇兴景区旅游保护费,实则是旅游分红。2015年,堂安侗寨获得肇兴景区旅游分红14万元;2016年,获得肇兴景区旅游分红18万元;2017年,获得肇兴景区旅游分红20万元左右。其他年份没有获得分红或补助。堂安侗寨由中国政府和挪威政府于2005年6月建成并对外开放。之后,香港明德公司介入堂安,地方政府与香港明德公司签署协议,由明德公司管理"中国贵州堂安侗族生态博物馆资料信息中心"。2007年,贵州世纪风华旅游投资有限责任公司与黎平县政府签署"八寨一山"开发协议,开发的范围包括堂安侗寨,香港明德公司随即退出。2013年,贵州世纪风华旅游投资有限责任公司因黎平县地方政府介入,退出"八寨一山"开发与经营。此后,组成黎平肇兴旅游发展有限责任公司,负责肇兴侗寨与堂安侗寨的旅游开发。但无论是世纪风华抑或是如今的黎平县肇兴旅游发展有限责任公司,都未对堂安侗寨进行实质性开发,也未曾有实质性的力量进入堂安侗寨。交通条件上,2008—2009年在泥土路的基础上,将堂安侗寨入村道路修建成水泥路;2013年,该道路被翻修成青石板路;2019年,肇兴旅游公司专门开通了从寨子的大门口到堂安侗寨停车场之间的观光车,5元一次。交通大环境上,2014年,从江高铁站开通,高铁站至堂安侗寨的车行时间约30分钟路程。高铁的开通为堂安侗寨带来了更多的游客,交通越加便利,使得堂安侗寨与外界的交流逐渐增加。旅游接待设施上,2004年,堂安侗寨居民开始为游客提供旅游住宿接待服务,如同福客栈、山水客栈。据不完全统计,目前,堂安有12家临主要街道的居民利用地理优势开设餐馆或旅社,间接性接待来访散客,接待设施和接待能力差,而实际上,也少有人在堂安住宿,多选择肇兴侗寨。因而,集体无法从堂安侗寨的资源中获得理想的旅游收入。2016年,开始有外地商人在堂安投资建设银饰店"银缘阁",是第一家外地商人落地堂安。至今已有星石屋、苗药店、服装店等外地人在堂安投资经营。但至今,堂安侗寨极度缺少旅游公共设施,没有旅游公共厕所,没有公共垃圾桶,所形成的旅游业态并不丰富,仅限于民宿、餐饮和些许小商铺经营,堂安侗寨的旅游接待设施和经营能力有待提升。该阶段,本地居民自发为旅游者提供一些简单的服务和设施，开始为适应堂安侗寨旅游经济的发展而调整生活方式，开始有外商投资，地方政府逐步改善村落的设施与交通状况，符合旅游地生命周期的参与阶段的特征。

表3-2 郎德上寨和堂安侗寨旅游发展情况

村落	郎德上寨	堂安侗寨
民族文化	苗族文化	侗族文化
知名度	国家重点文物保护单位;4A级景区	世界上第一座侗族生态博物馆
地理位置	黔东南州雷山县东北部的郎德镇	黔东南州黎平县南部的肇兴镇
交通情况	距凯里南高铁站39千米，约55分钟的路程（高铁站无直达郎德的汽车）;距雷山县17千米，约26分钟路程;距凯里市29千米，约46分钟路程	距贵广高铁从江站约15千米，约30分钟路程（高铁站无直达堂安的汽车）;距离黎平县城约60千米，约90分钟路程
村落情况	村域面积5.5平方千米，现有153户618人	村域面积约4.84平方千米，现有209户960人
村落变化的主要诱因	旅游发展	外出务工
旅游发展开始时间	20世纪80年代	21世纪初
旅游发展历程	1986—2009年，参与阶段 2010—2012年，停滞阶段 2013—2016年，重回参与阶段 2017年至今，发展阶段	2003年以前，探索阶段 2004年至今，参与阶段
旅游地生命周期阶段	发展阶段	参与阶段
旅游产品及项目	十二道拦门酒、苗族歌舞表演、民族陈列室及杨大六故居观光、村落自然人文景观等	村落自然景观、侗族建筑，无旅游表演项目
旅游接待设施	农家乐58户	约12家农家乐
现旅游发展水平	2019年，游客量86639人	2017—2019年，博物馆工作人员、保安、环卫工、经营客栈收入及村集体收入约200万元

续表

村落	郎德上寨	堂安侗寨
经济收入对旅游的依赖程度	主要来源于旅游	少部分来源于旅游业
经营模式	政府 + 公司 + 合作社 + 居民	尚未形成

3.1.3.3 郎德上寨和堂安侗寨旅游发展趋势

通过对郎德上寨和堂安侗寨30年发展的历时性和共时性的对比分析，如表3－2所示，两个村寨的旅游发展程度和发展现状有着较大差别，无论是村寨荣誉、交通条件的改善、外在力量的介入等，都推动着村落旅游发展，而旅游发展成了导致两个村落发展变化的最主要的诱因。

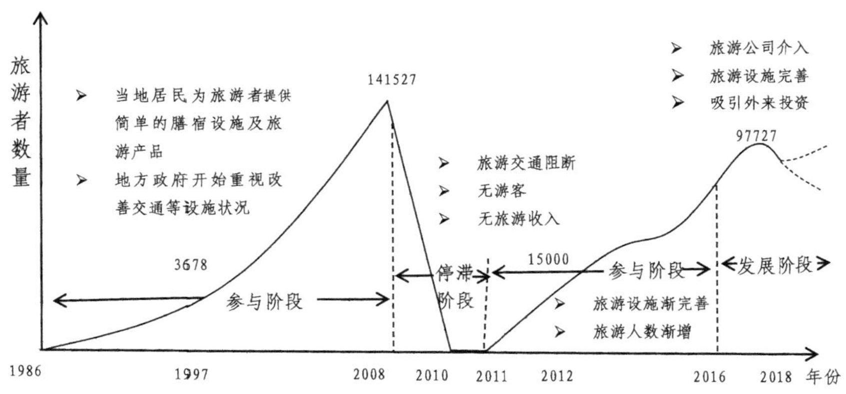

图3－2 郎德上寨旅游地生命周期图

根据Bulter的旅游地生命周期理论和旅游者数量，分别绘制了两个村寨的旅游生命周期图（图3－2、图3－3），试图对两个村寨的旅游发展趋势进行预测和分析。

如图3－2所示，20世纪80年代以来，郎德上寨经历了旅游地生命周期的参与阶段、停滞阶段、重回参与阶段和发展阶段，从2016年下半年至今，郎德上寨处于旅游发展的发展期，具体表现为游客数量渐渐增加，郎德上寨接待设施逐渐被规模大、现代化的设施取代，村落吸引外资投入，旅游公司介入，本地居民对旅游的参与与控制下降，当地经济依赖旅游业的发展。根据郎德上寨的旅游生命周期曲线对它后续的旅游发展趋势进行预测，要么出现由于当地的农家乐、民宿等旅游设施存在过剩现象，苗寨同质化旅游的影响使郎德上寨的影响力减弱，要么重新提升旅游影响力和旅游品质，进入持续发展期。

根据对郎德上寨发展趋势预测，本研究对郎德上寨正面临的三个问题进行分析，试图发现问题，寻求对策，使其能长期保持良好的旅游发展态势：一是郎德文旅公司作为重要力量却偏重村落生态美的开发，忽视村落文态美的延续和传承，它活态传承的土壤根植于居民的日常生活。郎德上寨的文态美还需要深度挖掘、保护和延续，对居民是非物质文化活态传承主体的重视程度有待提升。二是缺乏对郎德上寨的高质量运营和推广，郎德文旅公司注重基础设施建设，忽视品牌推广。三是郎德文旅公司与居民尚未结成利益共同体。课题组在调研中了解到，郎德文旅公司疏于与居民的沟通协调，不能深入居民了解民情，郎德文旅公司与居民关系稍显紧张。综上分析，以问题为导向，郎德上寨应延续政府领导的高效运营管理模式，应兼顾郎德上寨旅游目的地和居民生活社区的双重功能，重视旅游发展过程中居民的参与度与决策能力，逐步提升整个村落旅游品质，使村寨旅游在外部和内部动力的驱动下可持续发展。

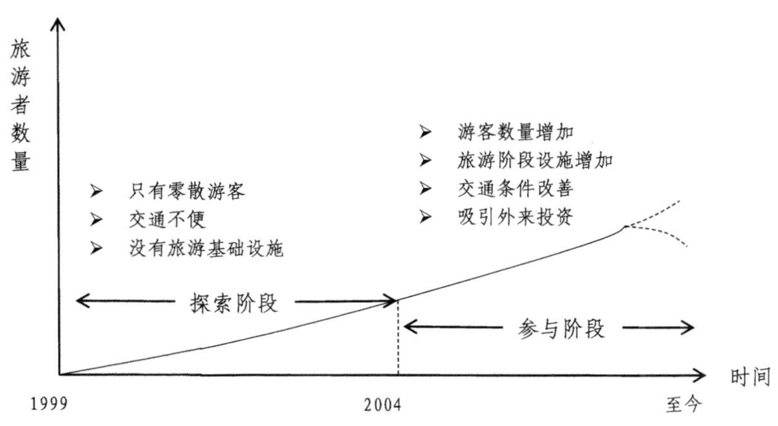

图 3－3　堂安侗寨旅游地生命周期图

如图 3 -3 所示,1999 年以来,堂安侗寨经历了旅游地生命周期的探索期和参与期。堂安侗寨自被评为国家生态博物馆以来,旅游发展一直都较缓慢,2014 年,从江高铁站开通及 2018 年肇兴侗寨春晚演出,都为堂安侗寨的旅游带来了一定程度的发展。但是,无论是外在力量还是堂安侗寨居民都缺乏对旅游人数和收入的统计,无法对其进行定量分析。根据课题组调研,堂安侗寨旅游不温不火的原因主要在于:一是缺乏外在力量的大力支持,管理者低效率的市场化运作。二是村落内部缺乏领军人物,缺乏群体性决策能力。根据堂安侗寨的旅游生命周期图对它后续的旅游发展趋势预测,它的旅游前景存在较大的不确定性,要么沿着发展轨迹继续发展,要么在不久的将来进入停滞期。

相较于郎德上寨,堂安侗寨有自身的优势和劣势:一是居民注重生态美和文态美的保护,日常生活延续情况良好,村寨间的行歌坐月、“月也”等活动经常开展,且举办频率越来越高,居民乐在其中。二是堂安侗寨的居民对村落的依恋度高于郎德上寨,说明处于参与期的堂安侗寨居民对村落的情感寄托和对村落的依赖性比处于发展期的旅游村落强,居民与村落的感情联结更深,地方依恋越强烈,对村落发展更有意愿和责任感。三是缺乏政府作为重要力量的高效组织和开发。堂安侗寨旅游开发过程中,缺乏政府强有力的推动,旅游发展缓慢,但也因此避免了村落发展过度商业化。四是具备高品质旅游开发的资源,如堂安侗寨被称为“人类返璞归真的范例”,拥有较高品质的田园风光和农耕文化,因此,如果在后续的旅游发展过程中,若能提升政府旅游开发运营管理能力、探索利益相关者的合作模式,重视村落生态美的维护,形态美和文态美的保护、延续和宣传力度,业态美的打造,将文化景观资源转化为文化资本,创造资源整合的机会,堂安侗寨旅游发展前景值得期待。

郎德上寨和堂安侗寨是贵州省黔东南苗族侗族自治州旅游发展的两个少数民族典型村落,旅游发展给两个村落带来了不同程度的影响。在旅游发展背景下,村落既是居民点也是旅游目的地,因此,本研究以旅游地生命周期理论为理论基础,以郎德上寨和堂安侗寨为研究对象,明确郎德上寨和堂安侗寨处于旅游地生命周期的不同阶段,对比研究两个村落在旅游发展中的嬗变,旨

向，主要包括认知（Cognitive）、情感（effective）和行为（Behavior）倾向三个维度[①]。三个维度结构模型具有相当广泛的影响，从态度的三维度成分到其成分之间相互关联的研究是态度研究中较为集中的论题。如罗森伯格和霍夫兰德认为态度是个体所受刺激（包括个体、情感、社会事件、社会群体及其他态度对象）与可观察反应（外显行为）之间的一种内在中介。刺激是独立变量，反应（情感、认知、行为等）是依从变量，态度为中介变量。在此关系中，认知、情感和行为意向共同影响态度。反过来，态度也影响个体的认知、情感和行为[②]。Zanna 和 Rempel 在此基础上构建态度的三成分模型，认为态度可来源于认知，即把知识作为评价的基础、情感性刺激，即把条件刺激看作与反射作用一样的过程、行为意向，即有先前行为的自我推论一样[③]。归纳起来，态度结构由认知、情感和行为意向三成分构成。其中，认知是由态度对象以及与各种资源相关的信息经直接经验组合而获得的知觉与知识，因此认知是构成态度的基石，决定着态度的方向；情感是个体对态度对象形成的较为主观的直接评价，可表现为"好"和"坏"或"喜欢""不喜欢"的程度，因此情感构成了态度的动力，它决定了态度的持久性、稳定性和强度；行为意向是个体对一定对象采取的特定行为或举动的倾向性，是构成态度的准备状态。

行为意向即行为倾向，可以表达为语言或非语言上的行为，也是个体对对象态度的外在表现和最终体现[④]。通常情况下，认知、情感和行为意向三者的作用方向是互相协调、相互统一的。然而在某些特殊情景中，这三种因素也可能产生背离和矛盾的状态，便会产生认知失调，而个体在行为与态度相违背时，会产生不愉快、不舒适的情绪体验，为了缓解这一情绪体验和冲突，个体便需要进行认知重构[⑤]，这便会涉及费斯汀格的认知失调理论和海德的认知平衡理论。态度发展的最终结果是要使个人的认知、情感和行为意向重新达到协

---

① [美]弗里德曼(J. L. Freedman)，等. 社会心理学[M]. 哈尔滨：黑龙江人民出版社，1984.

② Rosenberg, M. J. &Hovland, C. I. Cognitive, Affective, and Behavior Components of Attitudes. In Rosenberg, M. J. et al. (eds.), Attitude Organization and Change, New Haven: Yale UniversityPress, 1960, p. 3.

③ Zanna, M. P. and Rempel, J. K. Attitudes: A New Look at an Old Concept. Cambridge University Press, Cambridge, UK, 315 - 334.

④ 陆剑清. 消费行为学[M]. 北京：清华大学出版社，2015：100 - 101.

⑤ 李志飞. 旅游消费者行为[M]. 北京：华中科技大学出版社，2019：101 - 102.

调与平衡。因此在一定程度上,可以由个体的认知、情感反应推测出行为倾向。

3.2.1.3　态度的测量

态度是一种内隐的心理倾向,无法直接被观察到,但可以通过某些技术与方法间接推测出来。态度理论的发展受其测量评定研究方法和测量技术的限制。同时,态度测量的技术发展又反过来促进态度理论的革新。因此,社会心理学界非常重视态度的测量,自社会学家博加德斯(1925 年)公布的第一个著名的"社会距离量表"开始,到瑟斯顿(Thurstone)(1929 年)与 E. 蔡夫合作出版《态度测量》[①]一书面世以来,各种态度测量的技术和方法纷纷出现,到目前为止达上百种之多,包括量表测量和非量表测量两大类[②]。因而,态度可以由一定的行为呈现出来,也可以一种内隐的特性存在。随着学者们的深入研究,现今态度测量主要有外显(直接)测量和内隐(间接)测量两大类。

外显(直接)测量。测量态度的最一般测量方法,主要是自我报告法,即外显技术。具有代表性的量表有瑟斯顿(Thurstone)态度量表(1928 年),也称等距量表,此量表较为复杂,这种方法按等距间隔方式拟定题目,并赋予分值,根据被试选择来确定态度强度。又如李克特(Likert)量表(1932 年),是在瑟斯顿量表法基础上,使用陈述性语句陈述态度对象相关题目,问题选项采用肯定或否定两种陈述方式,让被试按照同意或不同意、满意或不满意、符合或不符合程度作出明确回答,并赋予不同的量表值[③]。此量表法具有设计和操作更容易、测量范围广、测量较为精确、信度较高等特点,因此被较为广泛地使用在态度测量中。因此本研究也采用了李克特量表法对居民态度进行问卷研究。还有诸如古特曼(Guttman)量表、奥斯古德(Osgood)的语义区分量表(Osgood. Suci&Tannenbaum.)、单项目评定量表、感觉温度量表等,都是较为通用的态度直接测量技术[④]。

关于内隐(间接)测量,主要是用于被试不愿意主动报告或没有意识到的

---

① Thurstone, L. L. & Chave, E. J. The Measurement of AtieChicago[M]. I11, University of Chicago Press, 1929, pp. 17 - 18.

② 周晓虹. 现代社会心理学[M]. 上海:上海人民出版社,2002:239.

③ Likert. R. A Technigue for the Measurement of AtillArchives of Psychology[M]. 1932, 140, pp. 26.

④ 张乐. 态度形成的理论与实验[D]. 上海:华东师范大学,2008.

态度,这种方法可避免外显测量时因被试的社会偏好性的回答①。本研究主要采用的是外显测量方法,不涉及内隐态度测量,在此不再赘述。

3.2.2 态度理论启示

3.2.2.1 居民态度是影响居民建设传统村落的重要因素

传统村落是居民赖以生存的精神和物质家园,居民既是传统村落建设的直接参与者,又是传统村落建设、旅游经济发展的利益群体,更是传统村落保护和发展的主体,居民对传统村落的态度,直接决定着其参与村落建设和保护的意愿与程度。关于居民态度的研究,学界多在旅游经济发展背景下探讨其对居民态度的影响,居民对村落建设和保护在很大程度上是他者主导的。他者主要有上级主管部门、旅游管理公司、村委会等,而居民作为真正的主体常常缺少话语权。而他者主导的保护发展机制可能因过于强调功利性,而导致保护和传承的内生动力不足,因而存在持续发展可能性的问题。

居民态度在学界讨论了近30年,20世纪60年代之前,主要集中在旅游给传统村落带来的积极影响方面。随着旅游业快速发展,在带动村落经济发展和社会发展的同时也诱发了一些社会问题,如居民传统生活方式发生异化、建筑遗产不能满足居民生活需求与保持建筑原貌保护之间的矛盾、居民利益与旅游开发部门利益之间的矛盾等,使得村落型文化遗产的保护和管理难度增加。居民是保护和发展的主要力量,村落的保护和发展,除了单纯地强调保护,更要关注传统村落原住居民的生存和发展需求,关注他们的生存权和发展权。因此,研究当地居民对传统村落建设发展的认知与态度,对于避免居民与村落建设相关规定与政策之间的冲突,避免居民利益与旅游开发部门之间利益的冲突具有重要意义②。居民对传统村落建设的认知、情感归属、建设意愿和态度,是居民建设和发展村落的内在力量,是促进、激活村落可持续发展的重要切入点之一,对保护、建设和发展传统村落具有十分重要的意义。

---

① 柳玉洁.诱惑性刺激的内隐态度对冲动行为预测作用的研究[D].上海:华东师范大学,2015.

② 陈慧,李鹏,王纯阳.村落型遗产地居民旅游感知与态度的空间差异分析[J].华南师范大学学报(自然科学版),2017,19(4):88-94.

3.2.2.2　外部力量介入对居民的态度的影响

本研究涉及的外部力量主要有两个方面，一方面指管理主体，一般有政府行政管理或旅游公司；另一方面来自消费者主体，主要是旅游者。这两种外界力量的频繁介入会打破村落原有的平衡状态。村落空间格局的地缘界线一旦被打破，居民的生活方式、民俗风情、生计模式、审美情趣、农耕文化也会随着发生改变，特别明显地表现在居民的生活方式、思想观念的变化。由于旅游者的介入，旅游经济发展改变了居民赖以生存的农业经济生计模式，居民对旅游发展的态度，对传统文化的传承，对建筑文化的保护态度等也逐步转变。如郎德上寨 1987 年整修后对外开放，文物专家、政要及游客要求观看民族文化表演，在当时引起了居民强烈反对。因苗族歌舞必然涉及芦笙吹奏，而郎德上寨的芦笙吹奏是有讲究的。一般在祭祀祖先、丰收年庆、“芦笙会”或“跳花坡”等场合才能吹奏。但为了迎合旅游发展需要，村民打破传统禁忌，并将芦笙表演作为日常游客观赏的必选节目之一展示给旅游者。如今有苗谚道：“苗家不吹笙，众人不安心。”“芦笙不响，五谷不长。”这些说法，是居民在传统习俗改变后，为了平衡认知而发展出来的，有朴实的心理补偿机制在其中。将“吹笙”一事转化为苗家人日常化祝福，有利于居民对“吹笙”新的态度的建构。其间可以看到，作为传统文化生活方式载体之一的“吹笙”行为已不再具有神圣感和仪式感了，居民对传统和文化的认知和态度也在外部力量介入进程中进一步服从、同化与内化。

一般来说，外部力量介入对居民态度建设有积极（正面）和消极（负面）影响，积极影响常常表现为居民的获益感知，消极影响则表现为成本感知[①]，具体表现为居民被异化感，其主体感的丧失等。外来力量的介入的积极影响和消极影响也体现在居民对经济发展、社会文化和环境保护等的态度上[②]。一方面，随着传统村落旅游经济发展的加速，基于收益与成本平衡的交换基础，居民可从旅游交换中获益，表现为支持政策及旅游发展，也更愿意参与建设和保

---

① 王纯阳，屈海林. 村落遗产地社区居民旅游发展态度的影响因素[J]. 地理学报，2014(2)：278－288.

② Chuang S, Residents'attitudes toward rural tourism in Taiwan: A comparativeviewpoint. International Journal of Tourism Research, 2013, 15(1): 152－170.

护;另一方面,如果外部力量的介入超过了居民获益时付出的成本,居民将停止支持行为,产生负面影响。因此,当外部力量介入村落建设和发展时,需要考虑到其对传统村落居民获益与成本的预期和认知,使得不同的利益主体之间获得相对平衡。

可见,居民态度随着时代变迁和经济发展而变化,居民态度变化往往经历了服从、同化、内化的过程。服从即居民为获得物质与精神报酬和避免惩罚而采取的表面上服从的行为,这与旅游发展初期很多顺势而为的经营者很像。同化即自愿地接受他人的观点、信念,使自己的态度与他人的要求相一致,在传统村落建设、保护和发展过程中,居民尝到了甜头,便会顺应相关的规范和要求。内化即为居民真正从内心深处相信,并接受他人的观点而彻底转变原有的态度,形成新的态度的过程。内化是从认知、情感到行为都全然相信和接受,呈现出自动化的过程。因此内化是一个形成较为稳固的态度的关键阶段①。如郎德上寨"文化保护管理"规约从颁布执行到深入民心的过程,也就是居民态度改变的过程。郎德上寨拥有苗族文化风情民俗博物馆、文物重点保护单位等荣誉称号,给居民带来集体荣誉感,逐渐实现服从。并因维护和建设村落文物形象而获得经济收益,态度发展到了同化顺应阶段。特别是2008年奥运会圣火传递经过郎德上寨,其知名度迅速提升,居民通过旅游发展,获得更多的经济收益,居民对建设传统村落的态度也发生了巨大变化,对建设传统村落的信心倍增,态度达到了自动遵守的内化阶段,村民保护和建设的自觉性和自发性就比较高。

3.2.2.3 居民态度研究是探索传统村落美丽激活路径的基础

随着乡村旅游的迅速发展,学者们越来越关注地方经济、社会文化、环境保护之间的关系。原住居民作为旅游目的地旅游影响的主要群体,逐渐成为旅游研究的关注对象,居民感知、态度逐渐成为村落研究的主流范式和新的视角。学者 Lee. T. H 等认为,居民态度受到居民感知的影响,居民的正面认知强于负面认知时,则会支持居住地发展,反之亦然。居民对旅游认知和态度还受

① 李志飞. 旅游消费者行为[M]. 武汉:华中科技大学出版社,2019:101-102.

经济水平、环境意识及文化偏见等因素影响①。史春云、韩宝平、刘泽华等以九寨沟、庐山和周庄为研究对象，对不同遗产地之间原住居民旅游感知差异的比较研究②。庄晓平、朱竑、邓素球对村落型遗产地居民旅游感知与态度的研究，逐渐由基于人口特征要素研究发展到对群体聚类的分析与比较③。陈慧、李鹏、王纯阳对村落型遗产地居民旅游感知与态度的空间差异分析进行探究等④。汲忠娟、蒋依依、谢婷研究发现，经济获益与社会支持之间存在正向关系，环境成本与居民态度支持存在负向关系，而社会成本和文化成本认知与支持之间不存在明显的负相关关系。当经济低迷发展时，居民对经济获益的关注度大于对社会和文化成本的关注度，但居民总是积极关注旅游发展引起的环境消极变化⑤。杨立国、喻媚、袁佳利以衡阳市中田村为例，对传统村落居民的景观基因认知及保护态度进行研究。呈现了不同学科背景学者对居民态度研究的角度及方法有所差别⑥。可见，随着学者居民旅游感知和态度研究的不断深入和细化，对居民态度的研究主要集中在积极和消极态度与旅游感知，积极居民态度及其影响因素等；对居民态度结构主要从认知、情感和行为意向三个维度的研究等。以上研究主要集中在旅游发展背景下去探讨居民旅游感知和居民态度，而作为原住居民自身生存空间和美丽村落居住建设背景的研究较少。

本研究立足于原住居民对传统村落建设和活力激活路径探究，使居民成为传统村落保护和可持续发展的内生动力。从居民对传统村落资源态度的新视角，还原原住居民的生存和发展的真实需要，在此基础上探讨传统村落美丽激活和建设路径。鉴于此，本研究在学者们关于态度三结构模型研究基础上，

---

① Lee. T. H. Jan, F. H. Yang, C. C. Environmentally responsible behavior of nature - based tourists: A review [J]. International Journal of Development and Sustainability, 2013(2): 100 - 115.

② 史春云，韩宝平，刘泽华，张兴华. 旅游地居民感知与态度的比较研究——以九寨沟、庐山和周庄为例[J]. 经济地理，2010(8): 1400 - 1407.

③ 庄晓平，朱竑，邓素球. 居民旅游感知实证比较研究之制度伦理分析：以世界遗产地开平碉楼与村落为例[J]. 旅游学刊，2012(3): 18 - 26.

④ 陈慧，李鹏，王纯阳. 村落型遗产地居民旅游感知与态度的空间差异分析[J]. 华南师范大学学报(自然科学版)，2017，19(4): 88 - 94.

⑤ 汲忠娟，蒋依依，谢婷. 旅游地居民感知和态度研究综述[J]. 资源科学，2017(3): 396 - 407.

⑥ 杨立国，喻媚，袁佳利. 传统村落居民的景观基因认知及保护态度——以衡阳市中田村为例[J]. 衡阳师范学院学报，2019(6).

结合课题组对传统村落的调研，以郎德上寨、堂安侗寨两个传统村落的自然生态环境、物质文化遗产和非物质文化遗产构建的生态美、形态美和文态美资源为依托，探索通过对传统村落美丽和活力的建设。改善形态美的村落居住环境，恢复文态美的村落情感记忆，通过村落美的资源核心价值的保护和利用，以增加居民的就业创业收入及旅游红利，改善居民生计，提高居民身份认同感和对传统村落保护价值的认知，增加对传统村落建设的归属感与自豪感，增强建设的意愿和行为意向，并在此基础上探索居民美丽村落建设路径。

第4章　传统村落美丽阐释

4.1　传统村落美的整体性框架

4.1.1　传统村落价值分析

文化景观,又称人文景观,是自然与人类创造力的共同结晶,并反映一定地域独特的文化内涵。村落是人类通过适应、利用和改造自然环境,并表达一定文化意蕴的物质载体,属于文化景观的范畴。2008年10月,在贵阳市召开的"村落文化景观保护和可持续利用国际学术研讨会"上首次提出"村落文化景观"概念,此次会议最终达成共识:"村落文化景观是自然与人类长期相互作用形成的共同作品,是人类活动创造的并包括人类活动在内的文化景观的重要类型,体现了乡村社会及族群所拥有的多样的生存智慧,折射了人类和自然之间的内在联系……是农业文明的结晶和见证。"①

村落文化景观的概念揭示出村落是在人类与自然长期相互作用的过程中逐渐形成并不断演变的生命体,具体体现为人与自然和谐共处的生存智慧和生活方式,这是传统村落的生命意义,亦即传统村落的生命力,是其保护发展的依据,也是解决传统村落诸多矛盾的支点。这为现代语境下传统村落保护发展研究提供了"基础的视角",或者称其为"绝对的视角",基于这个视角,传统村落的保护发展不仅仅是古建筑群、历史文物,或非物质文化遗产,抑或是它们组成的物理空间或者是文化空间,更是一种蕴含在生存智慧和生活方式里的富有生命力的生命形态。

按照黑格尔的美学思想"美是理念的感性显现",传统村落的生命意义通

① http://blog.sina.com.cn/s/blog_55f77cff0100b5s1.html.

过传统村落的美而彰显。传统村落作为一种特殊的生命形态，它的美与族群的历史更替、宗教信仰、生存智慧、文化变迁、民族技艺和审美意趣等紧紧联系，并深蕴于村落物质与非物质的文化肌理和生活方式里，传递着传统村落的生命价值，本研究以贵州传统村落为例，从以下几个维度诠释传统村落的生命价值。

4.1.1.1 情感价值

“传统村落维系着中华文化的根，寄托着中华各族儿女的乡愁。”①以贵州传统村落为例，724 个传统村落里有世居少数民族传统村落 608 个，占贵州传统村落的比例高达 84%，且在这些少数民族村落中，少数民族人口比例绝大部分超过 90%（除石阡 70%、黎平 87% 外），且绝大部分为单一少数民族，如苗族、侗族、布依族等，大多数少数民族没有文字，如苗族、侗族，他们全部的历史、文化与记忆都在他们世袭的村落里，传统村落是他们繁衍生息之地，更是他们民族文化的创作土壤，对于村落的各民族而言，村落意味着他们的民族身份，是他们身心归属的家园。同时，对于大量外出务工者，当他们身心疲惫之时，当他们被城市疏离之时，他们会选择暂时回到有着血脉温情滋养的村落，在那里他们获得身心的释放和认同，获得再次整装待发的动力，村落由此成为外出务工者的栖息地、避风港，成为他们情感寄托的家园，因此，传统村落具有赋予居民身心归属的情感价值。

4.1.1.2 历史文化价值

传统村落是各民族非物质文化遗产的缩影。非物质文化遗产源于村落居民生产生活的实践，自产生之日起就伴随着社会的发展而传承更替，它以村落空间和建筑空间为载体，并受空间的影响，同时这些非物质文化遗产所形成的独特思想理念、精神内涵又会不断影响和改变村落和建筑空间的形态，二者紧密联系、相辅相成、浑然一体，因此，传统村落是研究贵州各民族历史文化的一座活态立体宝库，具有鲜活的历史文化价值。

4.1.1.3 社会价值

著名的古建筑专家罗哲文曾指出：“古村落体量虽小但五脏俱全，是完完

① 冯骥才. 传统村落的困境与出路——兼谈传统村落是另一类文化遗产[J]. 民间文化论坛，2013(1):7－12.

整整的中国社会最基层的形态。"[①]传统村落大都聚族而居，除了生存和繁衍的考虑，一个深刻的原因便是深受封建社会宗法制度的影响，村落是以地缘为界线，以血缘关系为纽带，由众多家庭、家族、宗族连接为若干血缘族群而组成的独特的社会伦理组织，在村落内部有基于血缘基础的伦理关系、严明有效的等级秩序和无形的内在凝聚力，因此，它一般都有各自的乡规民约和自治、法治与德治相结合的治理智慧，尊老爱幼、睦邻友好相处，自给自足是它日常生活的写照，这些都构成了传统村落朴素的社会价值，即便在现代社会，其朴素的社会价值观仍是村落实行现代管理的历史之源，是值得借鉴的治理智慧。

4.1.1.4 艺术价值

传统村落是当地各族人民农耕文化的载体，村落的自然环境是村落居民自给自足生活的物质保障，可以说，他们的起居生活、生产劳作都依附于山水林木等自然资源，先民们在漫长的与自然环境共生的过程中逐渐养成尊重自然和善待自然的行为习惯，形成了"天人合一"和"万物有灵"的朴素的哲学思想，这种哲学思想指导着村落的选址、村落空间格局和建筑形制的营建过程，体现在村落与耕地、水资源和树林有机融合的田园风光、依山就势的村落空间格局和因地制宜、因材施用的建筑形态上，这些都构成了传统村落和谐美的艺术价值，成为美丽中国的重要组成部分。

4.1.1.5 经济价值

传统村落的历史文化价值与和谐的艺术价值，一方面，促进了其生态文化旅游的发展：由于拥有丰富的自然资源、历史遗存、文化资源和不可再生性成为村落所在地区潜在的特色旅游资源，整合这些资源，并结合当地社会经济发展的实际情况，因地制宜地对村落进行适度开发，发展生态文化旅游，这不仅给村落的经济发展带来了契机，提高居民的收入，而且带动了传统村落所处地区经济的发展。另一方面，推动了非物质文化遗产转变为文化资产，促进了非物质文化遗产可持续发展：由于过去经济落后、交通不便、保护意识薄弱等因素的影响，村落很多世代相传的特殊技艺，如营造技艺、织造技艺、食品加工等，往往因为技艺单一、传承方式保守或传承人转行等原因湮没在历史的长河

① 王锦强. 中国古村落家底盘点[N]. 人民日报(海外版)，2010－11－29.

中。在现代社会，可以结合现代的科学技术手段使这些特殊的、依然对人类社会发展有促进价值的技艺重新得到改良并进行推广，使之与工业化的生产相结合，生产出既有历史文化价值又符合现代社会生产生活需求的商品，必要时还可以申请专利保护。这样，不仅可以对村落的遗产进行开发，提高传统村落居民的收入，而且不失为传统村落历史文化遗产可持续保护与发展的一种方式，既造福个人，又利于社会，因此，传统村落具有经济价值。

4.1.1.6 科学价值

传统村落，或者依山就势，或者伴水而居，具有因势利导、就地取材的特点，如贵州传统村落的民居建筑多采用具有良好的"缘地性"的吊脚楼，人们通过架空底层，抬高居住面的方式达到通风、防潮、隔热、防寒、防水、防虫等目的，满足人们居住生活环境舒适的需求，实现人、居住建筑和自然环境的有机统一，无论是村落空间格局，还是民居建筑无不凝聚着与自然和谐共生的生存智慧、营造思想和工艺技术，在城市化开发建设中具有较高的借鉴意义，这对于生态环境日益恶化的社会而言，具有良好的科学价值。

4.1.2 传统村落美的整体性框架

根据《传统村落评价认定指标体系（试行）》，能够评为传统村落需要同时具备三个条件：

第一，选址和格局保持传统特色：村落选址具有传统特色和地方代表性，村落格局体现有代表性的传统文化，且整体格局保存良好。

第二，传统建筑风貌完整：历史建筑、乡土建筑、文物古迹建筑集中连片分布或总量超过村庄建筑总量的1/3。

第三，非物质文化遗产活态传承：拥有较为丰富的非物质文化遗产资源、民族地域特色鲜明。

综上，构成传统村落的三要素为"聚落、建筑和非遗"，因此，传统村落可以看作在聚落空间和建筑空间里承载了非物质文化遗产的文化空间，这种文化空间由于是人类在长期与自然相互作用的过程中逐渐形成并不断演变，因此，是一种富有鲜活生命力的生命体，各个组成部分相互联系，缺一不可，具有整体性的特征。传统村落作为生命体的生命意义通过美而体现，具体体现为由三要素蕴含着的生态美、形态美、文态美,以及由此产生的业态美,共同生成传统村落的整体美,亦即“四态美”。

生成整体论是研究人居环境重要的方法论,它要求“对整体观的回归,批判性地整合,运用生成整体的观念,有机地处理各方面的关系”①。生成整体论有两个重要观点:一是主张部分只是整体的显现、表达与展示,部分作为整体的具体表达而存在,而不仅仅是整体的组成成分,因此,整体连续不断地以部分的形式显现其自身;二是摒弃静止的时空观,强调时间的延续性与系统的动态性②,传统村落是人居环境的重要组成部分,且具有整体性的特征,因此,本研究运用生成整体论来阐释传统村落的整体美——生态美、形态美、文态美、业态美是传统村落整体美的显现、表达与展示,传统村落的整体美又以生态美、形态美、文态美、业态美的形式连续不断地显示其自身,“一即四,四即一”,并且这种美具有延续性和动态性的特征。

4.1.2.1 生态美的维度

传统村落的先民们根据各民族独有的生存智慧,通过对自然环境的选择、适应、改造和利用,营造出村落赖以生存的生态要素(水系统、耕地和树林)、村落空间,以及人、生态要素、村落空间三者和谐共生的关系里蕴含着的传统村落的生态美。

4.1.2.2 形态美的维度

建筑是时间和空间的结合物。传统村落的传统建筑是彼时彼地适应独特自然和地理环境与承载中华农耕文明和各民族文化的空间载体。传统建筑多姿多彩的建筑形式、地方材料和营造技艺体现了传统村落丰富的形态美。

4.1.2.3 文态美的维度

传统村落在漫长的岁月里,由于地理的阻隔,彼此信息交流不畅,各民族各自发展,造就了传统村落厚重的历史、民族语言、独特的民俗文化和建造技艺等非物质文化遗产资源,共同组成了传统村落绚丽多彩的文态美。

4.1.2.4 业态美的维度

在传统的农耕生计模式下,传统村落的业态主要体现为“日出而作,日落

① 吴良镛.中国城乡发展模式转型的思考[M].北京:清华大学出版社,2009.

② 张瑞,欧阳曦,金吾伦.用哲学的眼光看世界[J].创新科技(人物·学者素描),2009(3):39.

而息”的依附于土地的，以务农为主的形式。随着生计模式的变迁，慢节奏的农耕生活方式发生变化，在新的经济形势下，传统村落出现了适应时代发展和社会需求的新的业态形式，如参与旅游发展获得收入、经营建筑遗产获得收入、利用传统手工艺获得收入等，新的业态形式构成传统村落生机勃勃的业态美，是居民改善生计，村落充满活力的基本保障。

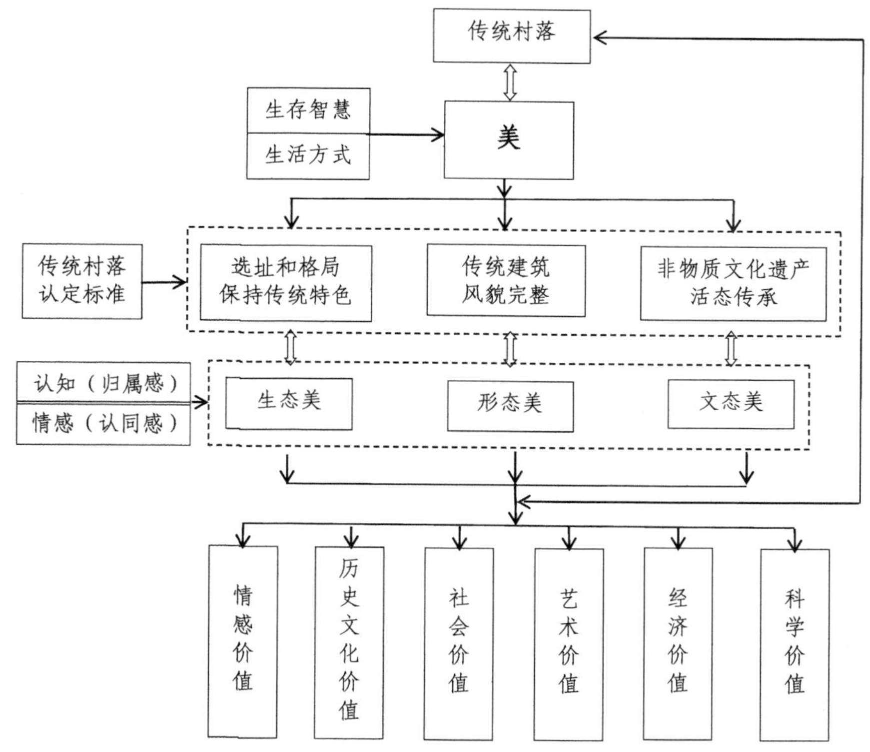

图 4－1　传统村落美的整体性框架

图片来源：课题组绘制

村落的生态美和形态美构成村落的外部识别，文态美构成村落的内部认同，业态美构成村落的生命活力，“四态美”彰显了村落的生命意义，传递了它的生命价值。因此，美丽和活力是传统村落保护发展的两个重要抓手，传统村落失去美丽和活力是其衰败的主要原因。

基于如上分析,传统村落保护发展共同的着力点在于使传统村落重新焕发美丽和活力,因此,本研究着重从美丽和活力两个维度展开研究,美丽维度主要包括对生态美、形态美和文态美的阐释、嬗变和建设路径的研究,主要在第4、第5、第7章进行论述,活力维度主要是指对于三种新的业态形式激活路径的研究,主要在第8章进行论述。据此,本研究绘制出贵州传统村落美的整体性框架,作为村落美丽建设和活力建设的基本结构脉络(如图4-1)。

4.2 传统村落的生态美阐释

吴良镛在《广义建筑学》中对聚落的范畴作了说明,"一个聚落的组成,固然要有人工的构筑物",还包括"构筑物之间组合的内部空间,以及它的外围经过改造的自然环境"①。可见,传统村落不仅包括建筑,还包括建筑围合的村落空间,以及经过人工改造的与村落生存繁衍、生产生活息息相关的生态要素,如水系统、耕地、树林等,而它的生态美就体现在人、生态要素、村落空间三者和谐共生的关系里,本研究从村落的选址、水系统、耕地、树林、村落空间5个维度,着重对贵州地区两个典型传统村落的生态美进行解读,进而阐释传统村落的生态美。

4.2.1 村落选址

村落选址是任何民族择地安居的首要之举。"最大限度上取自然之利,避自然之害,造就自己安居的乐土。"②对于贵州传统村落而言,为了生存繁衍的需要,村落选址一般有安全、水源和耕地三大考量,因此,"山、水、林、田"是村落选址必须要考虑的重要因素:山体为人的居住提供荫庇,趋吉避凶;有水就能保证农业生产,提供灌溉条件,以供饮用,满足生活之需;林木可以涵养水源,满足稻耕农作和渔业的生产需要,并保证建房起居;田地为人们提供最为基础的食品保障。在贵州民间广泛流传的俗语"无山就无树,无树就无水,无水不成田,无田不养人"正体现了贵州传统村落选址的思想内涵。

① 吴良镛.广义建筑学[M].北京:清华大学出版社,1989:8.

② 吴良镛.广义建筑学[M].北京:清华大学出版社,1989.

4.2.1.1 郎德上寨

苗族是一个苦难深重的民族，其定居之地由平原富饶之地到中部丘陵地带，再到高山贫瘠之地，共经历了五次大迁徙，可以说，苗族的历史就是一部从富饶到贫瘠、从中央到边缘、从平原到山地，不断被驱赶的历史。由于苗族是一个具有较多支的族群整体，其进入当前居住地西南地区的时间和路径也不尽相同，按照石朝江先生的《苗族历史上的五次迁徙》一文和岑应奎等的《蚩尤魂系的家园》一书记载，贵州黔东南雷公山周围的苗族主要形成于苗族五次大迁徙的后三次①②。雷公山由于地形崎岖破碎，山高林密，平地极为罕见，交通极为不便，长期以来成为中央政权所不及的区域。郎德上寨的先民们在后三次迁徙途中最终选择在这片崇山峻岭定居下来。据郎德上寨村委会前主任吴剑介绍，郎德先民为了安全需要，最早是在现古战壕位置处安居下来，但因人丁不兴旺，后从山上迁至山下，近水而居(具体详见郎德上寨建寨历史)，随着人口增长，慢慢形成现在郎德上寨的村落形态，具体而言，郎德上寨位于雷公山麓的巴拉河的支流望丰河河畔，整个寨子坐南朝北，坐落于一片向阳的坡地上，民居依山就势而建，属于河谷坝子型村落，南面背靠主峰，即有“护寨山”之称的报吉山，山上林木葱茏，是一片枫树林组成的护佑村寨的风水林，东西两侧倚靠稍低矮一些的养干山和干容炸当山，正面朝向如同案桌的干育山，望丰河从山脚绕寨缓缓流淌，先民们在河畔的缓坡和平地上开垦耕田进行农耕劳作，山体、树林、河流和耕地世世代代为这里的居民提供生产生活的物质供给和安全保障(见图4-2)。郎德上寨的选址思想除了体现适应农耕生计模式的需求，还体现了中国传统择地安居的风水思想。风水思想认为天、地、人是统一的整体，视《老子》的“万物负阴而抱阳，冲气以为和”为经典，把“生乎于万物”之气作为人居环境首要考虑的因素，将寻求“生气”、回避“邪气”作为风水活动的宗旨，从而形成了村落选址特有的风水型模式——“左青龙，右白

① 石朝江.苗族历史上的五次迁徙[J].贵州民族研究，1995(1):119-128.

② 岑应奎，等.蚩尤魂系的家园[M].贵阳:贵州人民出版社，2005:15-17.

虎，前朱雀，后玄武”①的风水格局（见图4－3）。郎德上寨的选址正是营造了这种理想的风水格局：背后有高大的玄武山（报吉山）作倚靠，左右有青龙白虎山（养干山和干容炸当山）簇拥，前有开阔的望丰河和平缓之地为朱雀，远处有低矮的案山（干育山）。从理论层面而言，郎德上寨这种“负阴抱阳、背山面水、山环水抱”的风水格局具有藏风聚气、利于繁衍生息的功能；从实践层面而言，则是年老的郎德居民那一句朴实的话语：“寨子里冬暖夏凉，住着舒服。”

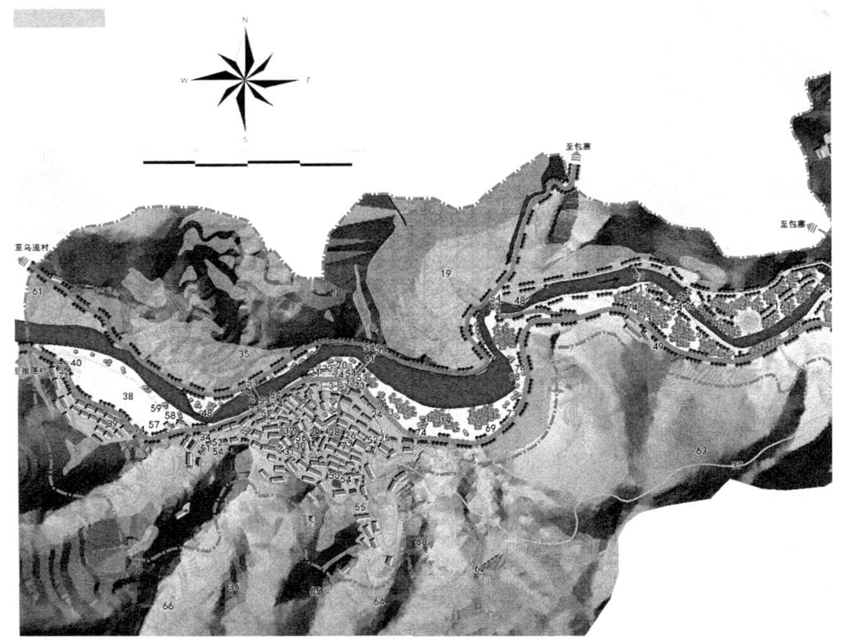

图4－2　郎德上寨规划总平面图

图片来源：贵州省城乡规划研究院提供

① 青龙、白虎、朱雀、玄武是道教中的四个灵兽，用来表示东、西、南、北方位。其条件是“玄武垂头，朱雀翔舞，青龙蜿蜒，白虎驯俯”。即玄武方向的山峰垂头下顾，朱雀方向的山脉要来朝歌舞，左之青龙的山势要起伏连绵，右之白虎的山形要卧俯柔顺，这样的环境就是“风水宝地”。又《阳宅十书》曰：“凡宅左有流水，谓之青龙；右有长道，谓之白虎；前有汙池，谓之朱雀；后有丘陵，谓之玄武，为最贵地。”

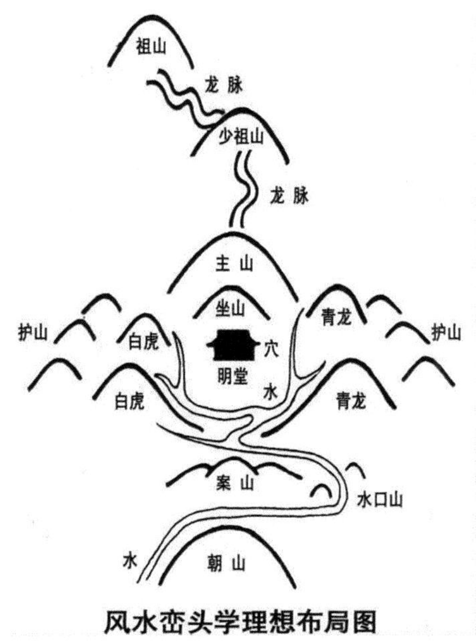

图 4－3　理想的风水格局

图片来源：https://baike.baidu.com/item/风水峦头

4.2.1.2　堂安侗寨

侗族一般认为是由“百越”的一支发展而来。据国家民委《民族问题五种丛书》记载，南侗地区的侗族祖先在远古时期的初始居住点，是在珠江水系中下游地区的河网平原地带，他们沿着浔江—黔江—柳江—都柳江一线溯流而上，沿途经过丘陵地区，最终在云贵高原东缘的河谷和山间定居下来。与苗族不同，侗族迁徙的最主要原因是人口增加导致田地紧缺。南侗先民们在迁徙途中，最初选择利于耕作的河谷地带营建村落，随着人口繁衍超过田地的承载力时，先民们则向山谷地和山腰坡地迁徙。堂安侗寨，地处贵州黔东南黎平县东南部边缘的斜坡地带，坐落在肇兴侗寨东边的“关对”山坳上，背靠“弄报”山，村落依山就势营建，属于山腰坡地型村落，周边树木环绕，植被覆盖率约57%，主要树种为松树、杉木和枫树。据调研，堂安侗寨的建寨历史存在两种说法，一说是由位于山脚处河谷地带的肇兴侗寨的部分支系迁徙形成，一说是从江西吉安一路迁徙到黎平洛香镇，随后迁徙到上地坪侗寨，后又迁徙到厦格中寨,最后迁徙至此地(具体详见堂安侗寨建寨历史部分),但不管是哪种说法,先民迁徙至此的过程都具有一致性,即寻找水源,置地安居,运用周边的树林建筑房屋,建立山地灌溉系统,对坡地进行改造建设梯田,可见,"山、水、林、梯田"是堂安侗寨先民安居此地的决定因素(见图4-4)。

图4-4 堂安侗寨全景

图片来源:从侗寨后山上拍摄

4.2.2 水系统

水,是万物生长的基本条件,对于农耕生计模式的村落而言,有水便能建立水系统,理水营田和饮水之用,满足生存所需,因此,选择有水源的地方安营扎寨是先民们择地安居的首要之举。对于大多数贵州传统村落而言,由于地处偏远的山地环境,地势陡峭,自然条件险恶,对当地居民而言,最大的压力是生存压力,"有水的地方才有村庄"这是流传于贵州众多村落的谚语。

4.2.2.1 郎德上寨

郎德上寨内部的水系统主要由三口水井、三个水池(用作蓄水、消防)组成。据郎德上寨村村委会前主任吴剑介绍,形成时间最早的水井是位于中寨的水井,该水井实为山泉,水从山穴处涌出,建寨时即有此泉眼,先民们于泉眼上修建拱形井盖,形同拱桥,其上为路,井壁、井面以石板铺砌,井口宽2米、进深2.5米、井盖拱高1.64米，该井水冬暖夏凉，从未曾干枯过，先民围绕水池修建吊脚楼粮仓。形成时间第二的水井是位于寨之西侧后寨门南端，始建于明代，清代重加修葺。咸丰起义失败后，先民重砌此井，该水井也是山泉，水从山穴处涌出，先民们同样地在泉眼上修建拱形井盖，形同拱桥，其上为路，井壁、井面以石板铺砌，其水分为三级：头级饮用，二级洗菜，末级洗衣，头级口宽2.9米、进深2.1米、井盖拱高1.75米。形成时间最晚的水井位于后寨水井上方的高位水井，具体的建成时间不详，附近居民就近取水而用。1992年9月，村委会在电子振华集团的援助下，在该水井上部建设了封闭式的圆柱体建筑作为蓄水池（是位置最高的水池），该工程1992年12月竣工，包括消防用水管道铺设、人畜用水管道等四个工程，至今仍然发挥着重要的作用，是上寨的人畜饮水及消防用水工程；中部的水池位于寨子中心略微偏东的位置，建于2010年，主要供周边住户的生活用水以及作为寨中的消防蓄水池使用；低处的水池位于寨中的铜鼓坪下，是第三个水池，建于2016年，主要用作消防之用（图4－5a至图4－5e）。

图4－5a　中寨古井

图片来源：课题组拍摄

图4－5b　后寨古井

图片来源：课题组拍摄

据吴主任介绍，1989年，郎德上寨家家户户引入自来水，在这之前，居民都是以三口古井为饮用与生活及消防用水。郎德上寨，属于河谷平坝型村落，大部分的耕地位于望丰河两岸的平坡和缓坡地带，少部分的位于村寨四周的山坡地带。对于前者，理水营田方面，将望丰河水由上游水口处引水进入沟渠进行灌溉，或者利用水车进行灌溉，据调研，以前在望丰河共有10余架水车用于灌溉，水车的基础部分以卵石砌成，竹木结构部分屡架屡毁，年年均需维修或重架。最早的一处水车始建于明代，现存水车始建于清代，此架水车灌溉田地50余亩，迄今仍在使用中(图4－6a)，这架水车在课题组2017年初调研郎德上寨时所拍摄，2020年初，课题组再次到郎德上寨调研时已不见该水车的踪影。对于后者，则主要是顺着坡度挖引水沟，或者设置竹质的引水渠将水引入田地进行灌溉(图4－6b)。

图4－5c　高位古井及高位蓄水池

图片来源：课题组拍摄

图4－5d　中位水池

图片来源：郎德上寨吴剑提供

图4－5e　低位水池

图片来源：郎德上寨吴剑提供

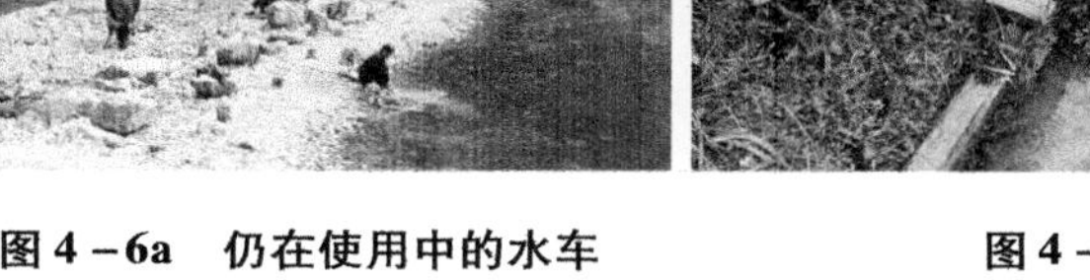

图 4 -6a　仍在使用中的水车

图片来源:课题组拍摄于 2017 年

图 4 -6b　竹质引水渠

图片来源:课题组拍摄

4.2.2.2　堂安侗寨

堂安侗寨的饮水和生活用水主要来自瓢井和寨内大大小小的水塘。瓢井是用来盛泉水的石斗,由青石打造,由于其左右各有一凹槽,形似木瓢而得名(见图 4 -7a)。在侗寨歌师陆跃刚的协助下,课题组访谈了昔日的鬼师兼寨老,91 岁的潘正才老人,据老人介绍,瓢井已有 200 多年的历史,泉眼在瓢井上方 10 米左右的地方,如今被石块覆盖着,200 多年来,泉眼一直生生不息地冒着泉水,孕育着这里的居民。据老人介绍,当初瓢井的石头是从一座名为"jin xi sui ɑn"(侗音)的山上开采后搬运而来,一直沿用至今。当地居民采用分层设立水塘的生活智慧解决居民不同的用水要求。瓢井为饮用水,春夏季水大一些,秋冬略小,但从未干枯,该水源供全村人使用,瓢井下面,顺应山势设立了四层从小到大的水塘,从瓢井流出的水顺地势流入四个水塘:第一层为洗菜之用;第二层为洗衣之用;第三层水塘正对鼓楼和戏楼,因离鼓楼较近,居民很少在此用水;第四层水塘最大,经常会有居民在此洗衣、洗鞋、洗拖把等,这四个水塘还兼有消防水池的功能,并在一定程度上起到了调节侗寨内部气候的作用(图 4 -7b、图 4 -7c)。除了瓢井较为集中的水塘区域,寨内常常能见到大小不一的水塘,一般都作为消防水池之用。由于侗寨所处的山地多由石块组成,地下水丰富,整个寨内水源充足,山泉水、地表水顺应山势流淌不息,当地居民运用竹质引水槽或塑料软管引水以改变水流的方向,使其流到所需要的位置,满足生活使用之需(图 4 -7d)。据村委会主任陆泽刚介绍,2004 年,侗寨内家家户户引入自来水,在此之前,居民饮用、生活用水和消防用水主要由瓢井和寨内大大小小的水塘供应。

图 4 –7a　瓢井

图片来源:课题组拍摄

图 4 –7b　饮用及第一、二层水塘

图片来源:课题组拍摄

图 4－7c　第三、四层水塘

图片来源：课题组拍摄

图 4－7d　寨内引水渠

图片来源：课题组拍摄

堂安侗寨，属于山腰坡地型村落，梯田是田地的主要形式，理水营田工程较为复杂，需要构建山地灌溉系统。首先，侗寨所处的雷公山地区，由于独特的水文地质条件与植被条件，形成了丰富的、流向多变的小型地表径流与较为稳定的浅表层地下含水层①，且这里的山坡地层多为石块，蓄水性小，水流充足，这为梯田的建设创造了基础保障；其次，先民借助由山顶流下的山溪水、地下涌出的山泉水和雨水，通过建立高位水塘、竹质的引水槽、沟渠，引导改变水流方向，在适宜地段通过设置水塘以迟滞并缓冲水流，设置水平向的水渠与垂直向的水流控制调节设施；最后，建设深水稻田，发挥稻田本身具有的储存、调

① 王红，潘兴忠，顾永堂．生态环境与苗族干阑建筑形态研究［J］．环境科学与技术，2006（7）：94－96．

节、输送等灌溉的功用。综上，由水源、水塘、水渠、水槽、水田等共同作用构成的山地灌溉系统将平地上的稻田立体化处理，构建出适应山地环境的梯田（图4－8a、图4－8b）。

图4－8a　竹质引水槽引水灌溉

图片来源：课题组拍摄

图4－8b　稻田蓄水

图片来源：课题组拍摄

4.2.3　耕地

耕地，是农耕文明的载体。对于具有山地特征的贵州传统村落而言，为了顺应山地地形，这里的耕地一般有三种情况：一是河谷平坝型（又称为“坝子田”），这类耕地数量较少，如郎德上寨的耕地，由于上寨属于河谷平坝型村落，据村委会前主任吴剑介绍，2016年，上寨共有耕地约260亩，主要分布于望丰河沿岸的平坡和缓坡地带（图4－9）；二是沿河两岸的水冲台地，如乌东苗寨的耕地（因不属于本课题的研究对象，不作详述），这类耕地数量也较少；三是顺应山坡的耕地，这类耕地数量较多，多形成梯田，如堂安梯田。

图 4－9　望丰河沿岸的耕地

图片来源：课题组拍摄

堂安侗寨，位于海拔 935 米的高坡地带，围绕村寨四周的山坡上为层层叠叠的梯田，形成立体连片的梯田区，借助独特的山地灌溉系统，保障世世代代堂安侗人的生存繁衍（图 4－10）。堂安先民综合采用“筑坝、填埋土石；将缓坡拉平；在山间水口筑田埂”①三种修筑梯田的方式建设梯田。由于这里山形较陡，山中石头较多，难以平整土地，因此，先民们因势利导，就地取材，用山中的石块垒砌田坎，用泥土铺成田埂，填土为田，缓坡地带，田坎较矮，挖填土方量较小，田地面积较大；陡坡地带，田坎较高，挖填土方量较大，田地面积较小，保证挖土填土的土方量基本相当（图 4－11a、图 4－11b）。堂安侗寨素来就有利用耕田养殖鱼的生存智慧，形成饭稻羹鱼的生计方式和鱼稻共生的生态系统：稻田为鱼提供了环境和饵料，田里的各种昆虫和稻花更是成了它的美餐，鱼儿在觅食游动过程中搅动翻松泥土，同时增加了水中的氧气，而产生的粪便化作了地里最好的有机肥料，滋养着水中稻谷的生长，增加了土壤的肥力。课题组看见在许多稻田中央有由树枝和稻草搭建的小棚，在星石屋民宿老板娟娟的介绍下才知道其中的奥秘，

① 罗康隆，杨曾辉．生计资源配置与生态环境保护——以贵州黎平黄岗侗族社区为例[J]．民族研究，2011(5)：33－39．

原来这个小棚的名字为“鱼窝”，在鱼稻共生的生态系统中占据了重要的地位。在每次收割完稻谷的田地里，人们会先挪走稻根，腾出一个宽大的水域，用砍来的树枝和成把的稻草搭建一个鱼窝，供鱼儿们在此休息产卵，然后从这块梯田灌溉源头整理出一条水渠，便于鱼儿的游动和嬉戏，鱼儿在这样的环境里能长得肥美，稻谷也就能获得好的收成(图4－12a、图4－12b)。

图4－10　堂安梯田

图片来源:侗族文化迷张庆巍提供

图4－11a　石块垒砌的田坎

图片来源:课题组拍摄

图4－11b　泥土铺成的田埂

图片来源:课题组拍摄

图 4－12a　正在搭建的鱼窝

图片来源：课题组拍摄

图 4－12b　搭建好的鱼窝

图片来源：课题组拍摄

4.2.4　树林

树林，为传统村落木质民居建筑提供物质保障。在贵州山地浅山区，富含丰富的小规模地表径流以及浅表地下水，对开垦荒地十分有益，但山地浅表地下水与地表水具有不稳定性的特点，“一遇雨水稍缺，山水来源断绝，则无法灌溉，易成旱灾……（又）常因山水暴涨，易于冲塌梯田，破坏田身”①。因此，在村寨的四周，特别是上方，一般必定保留郁郁葱葱的树林，它对于调蓄径流，涵蓄地下水可以起到关键性作用。树林繁茂意味着水源充足，且不易受到山洪暴发、泥石流来袭等影响。反之，一旦树林被破坏，其下的村寨则容易受到旱涝的影响。因此，当地居民一般也将四周茂密的树林视为“风水林”或“护寨林”而严加保护。如，郎德上寨群山环抱，植被密集分布，这些树木不仅可以涵养水源，而且保护山体，有效防止滑坡、泥石流等地质灾害发生，也为顺山势向下而建的村寨阻挡一定的风寒，枝繁叶茂的树林，许多植物不仅可供采集食用，更有部分草木对医治疾病起到特定功效（图 4－13）。相比而言，堂安侗寨

① 凌纯声，芮逸夫.湘西苗族调查报告[M].北京：民族出版社，2003.

的树林植被就没有郎德上寨的好，究其原因，主要在于梯田建设占用了许多树林的面积（图 4 –4）。

图 4 –13　郎德上寨后山茂密的树林

图片来源：课题组拍摄

4.2.5　村落空间

贵州传统村落的选址体现了“天地与我共生，而万物与我为一”的哲学思想，“山、水、林、田”构成了村落生存的生态要素，先民们根据生态要素不同的组合方式，遵循“因地制宜”和“聚族而居”的营建思想，建造了与自然环境不同融合方式和体现不同社会结构的村落空间。

4.2.5.1　郎德上寨

郎德村民迄今仍然沿用“父子连名制”，按苗族“子父连名”推算，迄今已有 30 多代，因此，郎德上寨建寨于元末明初应当有一定的准确性[①]。整个寨子

① 吴正光. 郎德上寨博物馆[M]. 北京：文物出版社，2004：8.

坐南朝北,倚山临水,坐落在一片向阳的坡地上,山上林木葱茏,进寨公路(现名为“郎望公路”)在山脚通过,连接着寨子以西十几个村落,路外侧是一片旖旎的田园风光,清澈的望丰河在田间缓缓流淌,两座风雨桥连接着望丰河两岸,一为杨大六风雨桥,一为寨门风雨桥(图4-14a、图4-14b)。整个寨子依山就势而建,形成独特的空间格局:3个寨门作为村寨与周边环境间的界线,分别位于寨之东北隅(前寨门)、西北隅(中寨门)和西侧(后寨门)(图4-15a、图4-15b、图4-15c),从3个寨门均可以到达位于寨子中部的铜鼓坪(又称为表演场)(图4-16a、图4-16b),由铜鼓坪衍生出5条由当地的青石板砌筑的小巷,每条小巷宽约70厘米,当地人又称为“花街”,5条小巷可通向村寨中的各个角落,小巷顺着或垂直等高线铺设,组成了富有特色的自由匀质的略有向心性的街巷系统(图4-17)。由于村寨位于山坡之上,落差较大,巷道通过台阶、坡地、坡地与台阶三种方式连接(图4-18a、图4-18b、图4-18c),木质吊脚楼平行或垂直等高线顺应街巷格局进行布置,形成错落有致的建筑风貌(图4-19),建筑山墙围合出宜人的街巷尺度。据村委会主任陈尚福介绍,全寨仅有陈、吴两个姓,主要指男性,其中,陈姓人家占绝大多数,吴姓只有几户人家,上寨只有一个铜鼓,同鼓同宗,郎德寨人将他们看作同一宗族,至今仍有“同寨不开亲”的风俗,宗族内部又分为4个家族。

图4-14a 杨大六风雨桥

图片来源:课题组拍摄

图4-14b 寨门风雨桥

图片来源:课题组拍摄

图4-15a　前寨门(主寨门)

图片来源:课题组拍摄

图4-15b　中寨门

图片来源:课题组拍摄

图4-15c　后寨门

图片来源:村主任陈尚福提供

图4-16a　铜鼓坪(表演场)入口

图片来源:课题组拍摄

图4-16b　铜鼓坪(表演场)

图片来源:课题组拍摄

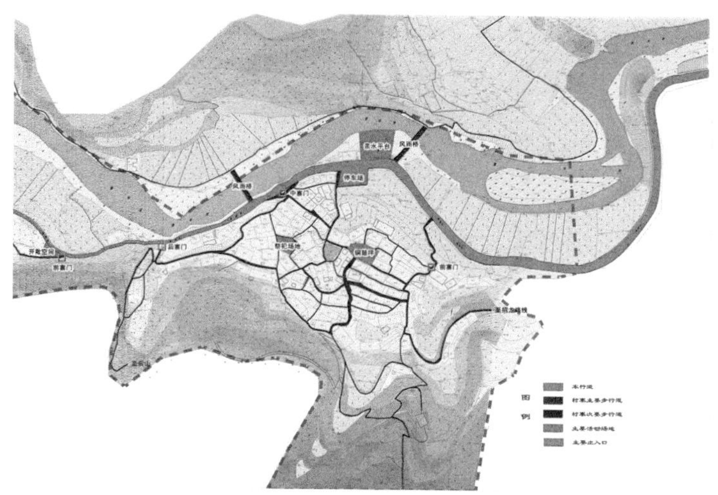

图 4－17　郎德上寨街巷平面图

图片来源：贵州省城乡规划研究院提供

图 4－18a　台阶式小巷

图片来源：课题组拍摄

图 4－18b　坡地式小巷

图片来源：课题组拍摄

图 4－18c　坡地与台阶结合的小巷

图片来源：课题组拍摄

图 4 – 19　郎德上寨整体建筑风貌

图片来源:课题组拍摄

4.2.5.2　堂安侗寨

据 91 岁的潘正才老人介绍,堂安侗寨有 300—400 年的建寨历史。整个寨子坐落于关对山山腰,周边有层层跌落的梯田围绕。侗寨现有风雨桥 1 座,2002 年修建,位于村寨西北部海拔较低的入口部位,一面采用吊脚形式跨于梯田溪流之上(图 4 – 20)。据侗族文化迷张庆巍介绍,侗寨原有 8 个寨门,其中最大的一个寨门于 2014 年倒塌,现存 5 个寨门中最大的一个于 2008 年重新修建,位于村寨西侧,其余的 4 个寨门大致于 20 世纪 60 年代重新修建(图 4 – 21)。鼓楼是村寨的制高点,吊脚楼建筑以鼓楼为中心顺应山势走向形成多个台地,在各台地分别沿各等高线向两侧扩展布置,与地形结合成锯齿形状。

堂安侗寨的道路系统由进寨的主干道和四通八达的次干道组成。主干道为青石板铺砌(图 4 – 22a),从村寨中部穿过,后向北折,连接着寨中主要的空间节点,如鼓楼、戏楼、萨坛等。次干道包括 7 个寨门通向鼓楼的小路和连接家家户户的小巷,次干道大都由石块铺设,顺应地势而修建,由于台地的不同高度,采用不同层级的石板连接(图 4 – 22b)。由于次干道相对狭窄,加之两侧的建筑较为高耸,加大空气流通的同时,也为道路起到一定遮阳作用(图 4 – 22c)。据村委会主任陆泽刚介绍,全寨陆姓为大姓,人数最多,其余有潘姓、嬴姓等,全寨人口以鼓楼为中心,分别按照东南西北中 5 个方向划分为 5 个小组。

图 4－20　堂安风雨桥

图片来源:课题组拍摄

图 4－21　西侧寨门

图片来源:张庆巍提供

图 4－22a　用青石板铺砌的主干道

图片来源:课题组拍摄

图 4－22b　用石块铺砌的次干道

图片来源:课题组拍摄

图 4－22c　被两旁建筑屋檐遮阳的巷道

图片来源:课题组拍摄

4.3　传统村落的形态美阐释

“建筑之始,产生于实际需要,受制于自然物理,非着意创制形式,更无所谓派别。其结构之系统,及形式之派别,乃其材料环境所形成。”[①]由此,建筑将人的存在和天、地相结合,而天地组成了自然,因此,建筑的要旨在于人的存在与自然的融合,亦即建筑与自然的融合。影响和决定这种融合关系的自然因素包括地域的地形特征、气候条件和地方材料等。同时,建筑又是文化的载体,它除了为人类的公共活动和起居生活提供空间和场所,也是使用者文化的外化和再现,并寄托着使用者的精神需求和审美情趣,因此,建筑具有丰富多彩的形态美。

建筑包括建筑物和构筑物,“风”有民风、民俗的含义,“貌”是指建筑的样貌、模样,因此,“建筑风貌”不仅包含“建筑样貌”,而且注重“文化延续”,因此,“建筑风貌”是从文化进化的高度来审视建筑的内在价值和意义,避免只关注建筑的风格样式,而忽略其承载的文化内涵。对于传统村落而言,标志性公共建筑最能反映和代表村落的历史沿革、文化特征和建造技艺,民居建筑则偏重反映和代表村落的生活方式、风土人情和民风民俗,本研究通过从标志性公共建筑风貌和民居建筑风貌两个维度,着重对贵州地区两个典型村落的形态美进行解读,进而阐释传统村落的形态美。

---

① 梁思成. 中国建筑史[M]. 天津:百花文艺出版社,1998.

4.3.1 标志性公共建筑风貌

4.3.1.1 郎德上寨

郎德上寨始建于元末明初，历史悠久，是“全国重点文物保护单位”“中国历史文化名镇名村”，第一批入选“中国传统村落”，更因有民族英雄杨大六而闻名。因此，它拥有许多标志性公共建筑，彰显着村寨的历史故事和民族文化，如古战壕、古城墙、古井、杨大六风雨桥等。

——古战壕、古城墙。古战壕、古城墙始建于清代，当年杨大六率众坚守郎德、九门、舟溪一线，在郎德东南后山上夯筑寨墙，挖掘战壕，与来犯的清军作殊死斗争。据文献资料记载，战壕深0.5—1.4米，长500余米，古城墙现存残高0.8—1.2米，长500余米，课题组在美哈乐客栈老板梁凤的带领下，来到古战壕遗址，在松叶的覆盖下依稀露出已经斑驳的一小截古战壕，如果没有梁凤的指引，几乎无法辨认得出古战壕遗址(图4-23)，据梁凤介绍，现在连当地人也不能完全找到古城墙的位置。“那个地方草长得很高，路也难走，即便去了也看不到什么了。”她说，课题组便没有坚持让她带领前去参观。

图4-23 古战壕遗址

图片来源：课题组拍摄

——古寨门。郎德上寨的3个寨门中，最早修建的是后寨门，其次是中寨门，前寨门则最后修建。1985年，文物部门对3个寨门统一进行了修复。中寨门，苗语称“阿丢旺奥丢提”，是3个寨门中最大的一个，也是最有特色的一个。它的特殊之处在于它建于两岔路口处，实为组合式寨门。西门面阔4.5米、进深2.8米、高5米许。东南门面阔2.7米、进深1.9米、高5米许。两门均为穿斗式木结构，西门重檐悬山灰瓦顶、东南门单檐悬山青瓦顶，下设“斗安息”美人靠(图4-15b)。

——杨大六风雨桥。据村委会前主任吴剑介绍，杨大六风雨桥始建于清代，是最早修建的风雨桥。当年，为了运输战争物资，杨大六率众进行修建，当时是全木质结构。该桥修建后，下游一些村寨里出现人丁不旺的情况，他们认为是这座桥挡住了上游好的风水，这些村寨的人就经常暗地里来烧桥，后双方经过协商，只保留桥廊，不在上面盖瓦。1985 年，文物部门对老的风雨桥进行翻修，由于考虑到木桥经常会被河水冲毁，而且每年都需要木材进行维修，就改为水泥桥梁，但当时只修建了三根桥梁，结构不稳固，后来就成了危桥。大约在 1997 年，由文物局、民政局等共同提供 60 万元资金重新进行建设，下部为混凝土拱桥，长 36 米、宽 4. 34 米，在拱桥面上加建木结构长廊，廊之两侧各安九条“斗安息”美人靠。重建的风雨桥不仅成为连接两岸通行的交通要道，也是人们休息纳凉的最佳场所，夜间还是青年男女交友寻偶的“游方”之地。课题组试图在郎德上寨博物馆和村委会找到 1985 年以前风雨桥的老照片，未果，只能凭吴剑的介绍和文献资料了解该桥当年的一些情况。

4. 3. 1. 2　堂安侗寨

堂安侗寨的标志性公共建筑主要有萨坛、鼓楼、戏楼、风雨桥等，这些公共建筑具有祭祀、议事、公共活动及娱乐等功能，既是功能空间也是侗族文化空间，不仅具有美观的造型，也具有较高的研究价值。

——鼓楼。文献资料中多有“侗寨建寨必先建鼓楼”的说法。据调研，当地居民持有的两种观点否定了这一说法：其一，他们表示侗族先民凡迁徙一处，必然会先试着居住一段时间，如果居住后人们平安康泰，人丁兴旺，才会选择长居此地，反之，则会选择再次迁徙；其二，鼓楼是村寨的公共空间，由全体居民共同出资出力建造，因此，堂安侗寨的鼓楼应该是先民们定居之后一段时间才开始建立，至于始建于何年，据调研和文献研究，都没有得到确切的时间。据 91 岁的前任鬼师兼寨老潘正才老人回忆，1930 年，侗寨就有鼓楼，当时的鼓楼仅为 5 层，形态与现在的鼓楼相似，但是，当时鼓楼的位置与现在鼓楼的位置不在同一处，至于具体在何处，以及当时“谁担任掌墨师傅”，老人也不能明确指出，只说鼓楼是由全寨人集体出资建设，后因火灾被毁（堂安侗寨共发生 4 次火灾，最近的 2 次发生于 2007 年和 2011 年，前 2 次火灾的具体时间不详），引发火灾的居民由于经济能力有限，不能按原样建设鼓楼，只能在原址上立 4 根柱子并盖上简易的屋顶，作为鼓楼使用，当地人称这段时间的鼓楼为“gong”（侗音），属于鼓楼的过渡时期。1980 年，村委会用土地置换的方式，将原鼓楼迁至现在鼓楼的位置（原为一户潘姓人家的宅基地），新的鼓楼位置更靠近瓢井，且位于村寨中心，当时新建的鼓楼为7层，占地60平方米，由本寨的陆春江担任掌墨师傅。1986—1989年（具体时间众说纷纭），堂安人觉得鼓楼的体量和高度不够协调，于是在原有鼓楼的基础上加盖了2层，即总高度为9层，约20米，由本寨陆继贤担任掌墨师傅。1999年，在省文物局的主持下，对鼓楼进行过一次原样修缮，最终呈现出鼓楼现在的样貌：九层密平檐，四角攒尖顶，穿斗式结构，构架是以4根粗大的杉圆木做筒柱齐升至第五层，穿枋架构，在筒柱上架梁，竖1根中柱直达冠顶，再用逐层向内收缩的梁、枋、檐柱、瓜柱支撑层层挑出的屋檐。底层有12根檐柱，用穿枋以杆杠式穿榫连接筒柱，构成鼓楼的外柱环，柱础为青石凿就。鼓楼内地坪用石板铺垫，中间有一个圆形火塘，在火塘边的柱间穿斗有4根长木凳。鼓楼檐面用小青瓦层层覆盖，檐角泥塑脊吻，有鲤鱼、鹤的头颈等形象。正面檐上塑有二虎。正面第二层中间部位安有一块立板，板上塑有二龙戏珠，冠顶用五对瓷钵叠串着，直指云天。鼓楼抱柱上分别有对联：联建金楼千秋强盛，安兴玉阁万代荣昌；塘坊坛塔址地埫，安享寰宇窘宗骞。堂安曾于1958年改称“联安”，故联头藏“联安”二字（图4-24a至图4-24c）。

图4-24a　鼓楼外部风貌

图片来源：课题组拍摄

图4-24b　鼓楼内部构架

图片来源：课题组拍摄

图 4－24c　鼓楼内部的对联

图片来源:课题组拍摄

——萨坛。萨坛,侗语叫“堂萨”或“萨并”,是侗寨最神圣而又神秘的地方。堂安萨坛的始建时间不详,据潘正才老人介绍,萨母是侗族的护佑神,据此推算,萨坛建立的时间应该与建寨时间一致,或相去不远。萨坛的位置一直未曾改变,但是安放萨坛的萨堂有变化,老人回忆,以前的萨堂是一间简易的坡屋顶的木质小屋,在 2011 年左右进行过修缮,加大了萨堂的高度和宽度,现在的萨堂是一间平面方形的穿斗式木柱架小屋,宽约 2 米,两层飞檐重叠,高约 4 米,顶层为蜜蜂窝结构,门楼高约 3 米,一层檐下有垂花柱悬挂于门两侧,萨堂中间放置萨坛,萨坛用石板堆砌成八方形的外围,中间覆土露天,上插有一把纸伞,石砌约 1 米高,鹅卵石包边,萨坛前有一小型圆柱土台,用于祭“萨”(图 4－25a、图 4－25b)。

图 4－25a　2007 年拍摄的萨堂

图片来源:侗族文化迷张庆巍提供

图 4－25b　2011 年修缮后的萨堂

图片来源:课题组拍摄

——戏楼。据潘正才老人介绍，现有的戏楼大概建于 1989 年，是从原来的位置（现在鼓楼前三个水塘中间水塘的位置）搬迁至此，具体建设时间不详。新的戏楼和鼓楼基本正对，隔一方水塘相望，相距 20 米，便于人们在鼓楼内观看表演。戏楼与鼓楼两者的地理位置相互作用，鼓楼为戏楼提供观看的场地，戏楼丰富了鼓楼里人们的闲暇生活。戏楼整体结构为两列一间木质建筑，一层用于放置道具等物品，柱间穿枋，向外挑出，加强戏台稳定性的同时也加大了二层戏台的面积，二层挑出外檐柱为一楼垂花柱，增加了其美观性（图 4－26a、图 4－26b）。

图 4－26a　中间水塘为原戏楼位置

图片来源：课题组拍摄

图 4－26b　戏楼

图片来源：课题组拍摄

——风雨桥。风雨桥建于 2002 年，全长 9 米，宽 5 米，共 7 个开间。风雨桥为亭楼式，除桥墩为石砌外，以杉木为主要建筑材料，不用一钉一铆，横穿竖插，以木料凿榫衔接，长廊顶部竖起三个宝塔式楼阁，中间一个为三层楼阁飞檐重叠，边上两个为二层楼阁飞檐重叠，桥面两侧有精致的栏杆和座位，可供田间劳作的人们在此遮风挡雨或是憩息，风雨桥建成后一直未修缮过，目前，风雨桥的柱子均有所倾斜（图

图 4－27　堂安风雨桥近景

图片来源：课题组拍摄

4－27)。堂安人把风雨桥称为“福桥”,在他们看来,将风雨桥建在村头,起着“堵风水,拦村寨”的重要作用。

4.3.2 民居建筑风貌

刘敦桢先生在《中国住宅概说》一书中按平面形式把民居分为9类:圆形住宅,纵曲尺长方形住宅,横长方形住宅,曲尺形住宅,三合院住宅,四合院住宅,三合院与四合院的混合,环形住宅,窑洞式穴居[①]。其中,横长方形住宅是中国民居的基本形式,贵州苗族和侗族民居就属此种类型。在建筑形式上,为了适应贵州山地地形和当地潮湿多雨的气候,苗族和侗族民居均采用具有良好“缘地性”和通风功能的吊脚楼建筑形式,屋顶多采用悬山顶,少数采用歇山顶,并且就地取材,均采用当地盛产的木材为主要建筑材料,常用小青瓦盖顶或杉木皮盖顶。贵州的苗族村寨和侗族村寨,由于数量众多的木质吊脚楼与地形有机结合,依山就势而建,参差错落,形成井然有序、蔚为壮观的建筑风貌。

4.3.2.1 郎德上寨

图4－28 纵横交错的吊脚楼

图片来源:课题组拍摄

① 刘敦桢.中国住宅概说[M].天津:百花文艺出版社,2004.

郎德上寨，明清苗族古建筑群，寨内清一色穿斗式木质吊脚楼（有部分内部为砖混结构，外部用木材进行外包装饰），建筑层数为2—3层，虽然同为吊脚楼，却又因地制宜，建成不同的体量和形制，一般为4柱2骑或5柱4骑，平面布局依山势渐升，形成纵横交错的建筑布局（图4－28）。当地吊脚楼巧妙地将石材和木材并用，一般是斜坡上用石材砌筑堡坎，增强牢固性能，上面则用木材搭建主体框架，一般在2层或3层的两面或三面都有外廊，在建筑表现上虚实结合，富有层次感。为了增加美观，常常在美人靠、走廊、窗棂、隔扇、门楣、雀替、前檐等部位运用精致而栩栩如生的木雕，为朴素的吊脚楼增添了几分精美和雅致，反映了郎德苗族对美好生活（尤其是对子孙）的良好祝愿和热切期盼，展示了中华民族民俗文化的深厚底蕴（图4－29a、图4－29b）。

图4－29a　吊脚楼精美的木雕

图片来源：课题组拍摄

图4－29b　美人靠细部木雕图案

图片来源：课题组拍摄

据上寨村委会前主任吴剑提供的数据，2015年郎德上寨共有110栋吊脚楼民居建筑。在众多的吊脚楼中，有两栋尤为重要：杨大六故居和民俗博物馆。杨大六故居位于老铜鼓坪南侧，据吴剑介绍，杨大六故居并非杨大六家最初居住的房屋。当年，杨大六的父亲是一个杀匪，被追杀逃难到现在的老铜鼓坪附近，那时仅有两三户人家在此居住，其中一户人家收留了他，并让他在自己的田地上搭了一个简单的棚屋居住（大致在老铜鼓坪下面的位置），后在一位地理先生的指引下搬到现在老铜鼓坪刺绣点位置重新建房屋居住，杨大六释放后，才在现杨大六故居的位置重新修建房屋居住，后来起义失败，村寨被清军烧毁，仅剩下几户人家，该故居被烧至仅剩下房架，后来在大家的帮助下进行修缮，曾经作为小学使用，1985 年，才改为杨大六故居，向游客和居民开放。按此推算，该故居建筑始建于明代，现存建筑为清代所建，它坐南朝北，采取侧面走廊入口的方式，通过外走廊进入大门，保证建筑中轴线对称，外部走廊设置美人靠，相对于铜鼓坪的周边建筑，该建筑地势较高，视野开阔。1998 年以来陆续经过维修，建筑外部保留着明清时代的印记，屋顶采用了坡屋顶中级别较高的庑殿式，建筑内部进行了适当的改造（图 4 - 30a、图 4 - 30b）。

图 4 - 30a　杨大六故居

图片来源：课题组拍摄

图 4 - 30b　杨大六故居外部走廊

图片来源：课题组拍摄

民俗博物馆，位于新铜鼓坪南面，位置较高，据吴剑介绍，该栋建筑以前为寨内公共的粮仓，底层储藏劳动工具，二层储存粮食，1985 年经过改造为博物馆。它为 1 栋 2 层吊脚楼，有 3 开间，中轴线对称，面向新铜鼓坪，视野开阔，位置非常显眼，一层入口位于博物馆北立面正中，强化了建筑整体的轴对称效果，给人一种庄严敬畏之感，二层入口位于建筑西侧的山墙面，与道路相邻，视野开阔(图4－31)。

图4－31　民俗博物馆

图片来源：课题组拍摄

4.3.2.2　堂安侗寨

据村委会主任陆泽刚介绍，20世纪90年代以前，堂安侗寨民居建筑全部为吊脚木楼，大多数为2层加阁楼层，由于侗寨地处地势陡峭的山腰，吊脚木楼顺应山势而建，高低错落，交错连接，吊脚楼底层圈养牲口，2层以上供人居住。吊脚木楼多数取南向北，建筑体量均较小，一般以2开间3柱7瓜居多，全为穿斗式木柱架，悬空吊脚，屋顶为悬山顶或歇山顶，两边带偏厦，基本没有厢房，屋面盖小青瓦，少数屋面用杉木皮覆盖。2007年，堂安侗寨遭遇了一次严重的火灾，当时烧毁房屋53栋，集中分布在现卫生所下部片区，火灾过后，在主干道两侧新建了许多吊脚楼，新建的吊脚楼多为3层，体量比之前的普遍大一些。根据房屋建筑的现状，本研究将寨内大致可以分为4个区域：第1区域为鼓楼上部区域，房屋建筑基本为木质吊脚楼建筑(图4－32a、图4－32b)；第2区域为从鼓楼往厦格侗寨沿途区域，房屋建筑多为3层砖房(图4－33a至图4－33c)；第3区域为进寨主干道沿线上部，博物馆以下区域，房屋建筑多为木质吊脚楼建筑，有少许粮仓间或其中(图4－34)；第4区域为主干道下部区域，部分仍为木质吊脚楼建筑，部分则为砖混结构并以木材进行外装饰。据陆主任介绍，当年他家老屋也遭遇火灾，2008 年，通过置换宅基地的方式在现在的位置（位于第 4 区域）重新建造了一栋 3 层吊脚楼。该栋房屋底层为砖混结构，二、三层为木质结构，底层设有卫生间，一间大厅和几间房屋，厨房设于房屋后院右侧，底层不再设置猪舍等，而是将其设于房屋前院子的右侧，猪舍和鸡舍去年已经拆除；二层前半部为堂屋，后半部为房间，作储藏谷物和卧室之用；三层前半部为走廊，走廊后是几间卧室，楼梯设于偏厦，2007 年火灾后新建的吊脚楼多为这种形式（图 4－35a 至图 4－35d）。目前，侗寨内大部分人家已经不在寨内饲养牲口，仅有少量人家仍然养猪或牛，但猪圈和牛圈已经不设于底层，而是设于房屋一侧，这类人家多位于第 3 区域内。

图 4－32a　第 1 区域吊脚楼建筑整体风貌

图片来源：课题组拍摄

图 4－32b　第 1 区域吊脚楼建筑

图片来源：课题组拍摄

图 4－33a　第 2 区域房屋建筑

图片来源：课题组拍摄

图 4－33b　第 2 区域房屋建筑

图片来源：课题组拍摄

图 4－33c 第 2 区域房屋建筑

图片来源:课题组拍摄

图 4－34 第 3 区域吊脚楼建筑

图片来源:课题组拍摄

图 4－35a 第 4 区域主干道两侧吊脚楼建筑

图片来源:课题组拍摄

图 4－35b 第 4 区域吊脚楼建筑

图片来源:课题组拍摄

图 4－35c 第 4 区域吊脚楼建筑内部外走廊

图片来源:课题组拍摄

图 4－35d 第 4 区域吊脚楼建筑偏厦设置楼梯

图片来源:课题组拍摄

4.4 传统村落的文态美阐释

传统村落的形成和发展经历了千百年的历史，与自然和人文环境密切相关，是农耕社会的载体和农耕文明的鲜活见证，拥有深刻的传统文化内涵，事关中华文脉的传承。非物质文化遗产则是传统村落的血液和灵魂，是传统村落存在和发展的根基，它以非物质形态承载着传统村落最深层的文化基因，活态传承于千百年来居民日常生产生活之中，反映了传统村落居民的价值取向、思维方式、生活智慧和审美情趣。传统村落中的劳动人民在生产生活中创造了极具地域性和民族性的传统文化，千百年沉淀下来的历史人文、价值观念、生活方式、民俗节庆、传统手工技艺等内在的非物质文化，正是传统村落传承至今并区别其他村落的关键所在，使得传统村落真正地由内至外美丽起来，构成了传统村落独一无二的“文态美”。本研究从价值观、历史人文、民俗节庆、传统手工艺四个维度，着重对贵州地区的两个典型村落的文态美进行解读，进而阐释传统村落的文态美。

4.4.1 价值观

人类学家克利福德·格尔茨强调，文化“具有深厚意蕴，它指一个社会的全部生活方式，包括它的价值观、习俗、象征、体制及人际关系等等”[①]。价值观是基于人的一定的思维感官之上而作出的认知、理解、判断或抉择，是人们关于价值的基本看法，亦即关于什么是“有价值的”的态度倾向、评判尺度及信仰追求。在人们的内心深处究竟相信什么、需要什么、坚持和追求什么，这些构成了价值观所特有的内容[②]。在特定的时间、地点、条件下，人们的价值观总是相对稳定和持久的，因为价值观是村落民族文化最深层次的体现。

4.4.1.1 郎德上寨——团结公平的价值观

在相对闭塞的传统村落中，民众靠天吃饭，个人及单个家庭的风险抵御能

---

① ［美］塞缪尔·亨廷顿. 文化的重要作用——价值观如何影响人类进步［M］. 北京：新华出版社，2019：8.

② 梁跃民. 论中国特色社会主义核心价值观建设［D］. 保定：河北大学，2011.

力有限，难以克服天灾人祸带来的生存危险，为了更好地生存，不仅家庭内部需要联合起来共同劳作，村落族群与族群之间也需要团结起来互帮互助。苗族是一个不断被迫迁徙的民族，面对“生存是第一要义”的艰难困境，团结互助、公平是事关族群存亡和繁衍的生存理念，这样的价值观也深深地根植于郎德上寨，不仅体现在民众对公共财产的维护，也体现在村落集体利益的分配中。苗族认为，天地间的各种资源都应该是共有的，在村规民约中对维护公共财产有严格的规定，侵犯者要受到重罚；在族群内部，倡导团结互助，协调合作。“工分制”既是郎德上寨村落集体利益分配的特有方式，也是寨内民众崇尚团结与公平理念最有力的体现。

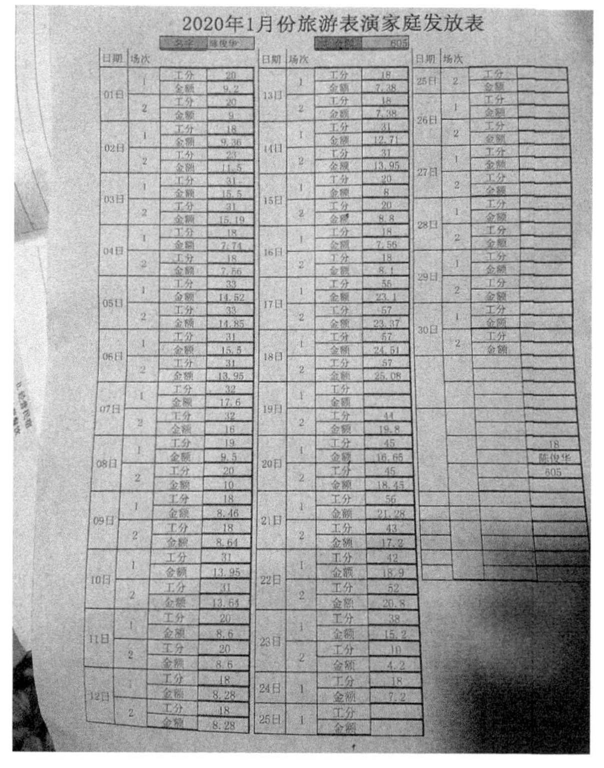

2020年1月份旅游表演家庭发放表

[illegible] 陈俊华　　[illegible] 605

日期	场次		
01日	1	工分	20
		金额	9.2
	2	工分	20
		金额	9
02日	1	工分	18
		金额	9.36
	2	工分	23
		金额	11.5
03日	1	工分	31
		金额	15.5
	2	工分	31
		金额	15.19
04日	1	工分	18
		金额	7.74
	2	工分	18
		金额	7.56
05日	1	工分	33
		金额	14.52
	2	工分	33
		金额	14.85
06日	1	工分	31
		金额	15.5
	2	工分	31
		金额	13.95
07日	1	工分	32
		金额	17.6
	2	工分	32
		金额	16
08日	1	工分	19
		金额	9.5
	2	工分	20
		金额	10
09日	1	工分	18
		金额	8.46
	2	工分	18
		金额	8.64
10日	1	工分	31
		金额	13.95
	2	工分	31
		金额	13.64
11日	1	工分	20
		金额	8.6
	2	工分	20
		金额	8.6
12日	1	工分	18
		金额	8.28
	2	工分	18
		金额	8.28

日期	场次		
13日	1	工分	18
		金额	7.38
	2	工分	18
		金额	7.38
14日	1	工分	31
		金额	12.71
	2	工分	31
		金额	13.95
15日	1	工分	20
		金额	8
	2	工分	20
		金额	8.8
16日	1	工分	18
		金额	7.56
	2	工分	18
		金额	8.1
17日	1	工分	55
		金额	23.1
	2	工分	57
		金额	23.37
18日	1	工分	57
		金额	24.51
	2	工分	57
		金额	25.08
19日	1	工分	
		金额	
	2	工分	44
		金额	19.8
20日	1	工分	45
		金额	16.65
	2	工分	45
		金额	18.45
21日	1	工分	56
		金额	21.28
	2	工分	43
		金额	17.2
22日	1	工分	42
		金额	18.9
	2	工分	52
		金额	20.8
23日	1	工分	38
		金额	15.2
	2	工分	10
		金额	4.2
24日	1	工分	18
		金额	7.2
25日	1	工分	
		金额	

日期	场次		
25日	2	工分	
		金额	
26日	1	工分	
		金额	
	2	工分	
		金额	
27日	1	工分	
		金额	
	2	工分	
		金额	
28日	1	工分	
		金额	
	2	工分	
		金额	
29日	1	工分	
		金额	
	2	工分	
		金额	
30日	1	工分	
		金额	
	2	工分	
		金额	
			18
			陈俊华
			605

图4-36　家庭工分表

图片来源：课题组拍摄

工分制，是郎德上寨在发展旅游过程中不断创设、使用和完善的资源管理和收益分配规则[①]。郎德上寨按照居民广泛认同的规定，根据每个参与旅游接待的居民的分工，认定一定的工分。以家庭为单位，每户凭借自家的工分本，在月末、年末获取一定的旅游分红，若觉得工分记录有出入，还可去村委会打印工分表（图4-36）。无论老弱少幼，都可以参加旅游接待获取工分。郎德上寨的居民认为苗寨属于每个人，每家每户构成了集体，每栋建筑的组合构成了村落整体建筑风貌，每个人都为村落的建设贡献过力量，因而村落每位成员都可以参与旅游接待，每个人都应该共享权益。既体现了郎德居民对公平的追求，也体现了郎德居民对团结的珍视。村落在讨论某个规矩或旅游方案是否可行时，通常首先考虑会不会影响寨子团结，能否体现公平。因而郎德上寨曾拒绝行政力量和市场力量进入村落进行旅游开发，认为政府主导或者公司承包村落旅游开发，会破坏村落团结，有失公平，因为市场化会使得特殊群体被排斥在旅游开发之外，拉大村寨贫富差距，不利于寨子团结和公平。

4.4.1.2 堂安侗寨——互帮互助的价值观

文化是生产力发展的产物。为适应生产生活环境、农耕生产力和“日出而作，日落而息”的生产生活方式，产生了农耕经济文化及其所包含的价值观，即基于农耕生产力水平下的互帮互助观念。

贵州多山地，世居于此的侗族迫于生计压力，顺应自然，顺着山势，建造了从山脚到山顶层层叠叠的梯田。梯田是堂安居民谋生的根基，凝结了人们心中的生存价值观，只有实现对梯田有效的耕种和经营，才能确保自己及家人的生存无忧。堂安梯田蔚为壮观，是堂安美景之一，是侗族勤劳勇敢、适应恶劣生存环境的智慧和能力的重要体现。如今的堂安侗寨梯田不仅是山地梯田农耕文化遗产，更体现其自古以来互帮互助的价值观。山区梯田稻作艰辛，因而堂安侗寨农业生产和收割时，都邀请亲朋好友邻居共同帮忙劳作，通过互帮互助提高了劳作效率。现在，随着农耕生计方式转变，堂安侗寨多数人外出打工，每年有200—300人，每户都有青壮年劳动力的流出，使得农耕生产缺乏劳动力，许多祖辈们辛苦开垦的梯田面临着被荒废，而梯田复垦难度大。在堂安侗寨，互帮互助的价值观深入人心，为了保证梯田持续实现稻作，居民间有了

---

① 李丽. 郎德工分制中的道义、理性与惯习[D]. 贵阳：贵州师范大学，2008.

新型土地合作关系，大家共同实现最优效益。如梯田承包者请留守村落的亲朋好友或者邻居帮忙耕种梯田，到了稻谷收割季节，两家人共同邀请各自亲朋好友一起收割稻谷，按照两家人最初商量好的方式，以五五分、二一分等方式分摊收割的稻谷。调研组在 2019 年 10 月调研时，发现陆跃刚家帮助其亲戚种植梯田，秋季时，两家人共同收割稻谷，所得稻谷由两家人平分（图 4 -37a、图 4 -37b）。既解决了梯田承包者梯田荒废的问题，也提高了留守村落的居民收入，还保护了梯田景观与农耕文化，传承了互帮互助价值观的基因。

图 4 -37a　共同收割稻谷

图片来源：课题组拍摄

图 4 -37b　平分稻谷挑回家

图片来源：课题组拍摄

课题组在堂安山上开展调研时，遇见一对中年夫妻（夫妻 A）在田间收拾梯田，准备春垦；随即又遇上一对中年夫妻（夫妻 B）在整理田坎，铲除杂草，砍下山间细竹准备回家用来围成鸡圈。傍晚回家时，调研组发现，夫妻 B 两人的肩上各扛着 2 大捆 2 米多长、每捆 80—90 斤的细竹，行至一处，2 人放下肩上细竹稍作歇息后，每人只扛了 1 捆竹子回家，剩下 2 捆竹子在路边。调研组正感疑惑，却见夫妻 A 两人分别扛起这 2 捆竹子（图 4 -38）。访谈时才知，夫妻 A 忙完田间的农事，回家路上顺便帮忙给夫妻 B 扛竹子回家。“一粥一饭，当思来之不易；半丝半缕，恒念物力维艰。”而这劳累的农作之余，举手之劳的“顺便”更显温情。生活中的平常之举更能深深体现出堂安侗寨居民亘古有之的互帮互助理念。

4.4.2 历史人文

吴文藻先生曾言："文化可以说是一个民族应付环境——物质的、概念的、社会的和精神的环境的总成绩。"①传统村落拥有千百年历史，承载着生产文化、生活文化和精神文化，传递着历史文化、地域文化与民族文化②。历史人文是传统村落文化构成的基本元素。本研究从历史、故事、语言探讨传统村落的历史人文之美。

图 4－38　夫妻 A 帮忙扛竹子

图片来源：课题组拍摄

4.4.2.1 建寨历史

600 多年前，由于战争和被驱赶的原因，郎德上寨苗族的先民们从最初居住的平原富饶之地到中部丘陵地带，再到高山贫瘠之地不断迁徙，最终选择在山高林密，不仅人迹罕至，且中央政权力量所不达的贵州黔东南的雷公山地区定居下来，这一地区也成为历经追逐迁徙的苗族历史中一个重要的"避难所"。郎德上寨始建于元末明初③，至今已有 600 多年的历史，迄今沿用"父子连名制"，按照苗族子父联名推算，至今已有 30 多代。据郎德上寨村委会前主任吴剑介绍，郎德上寨最早居住于现古战壕的位置，后来才搬迁至如今所在之处。居民定居于山上时，缺乏水源，人丁不旺。而后来，杨大六家族为躲避追捕，从山上古战壕的位置搬迁至如今的郎德上寨处，人们发现杨大六家族居住于此后，人丁非常兴旺，因而整个寨子的居民都从山上搬迁至山麓，近水而居。到清末咸丰年间，郎德上寨已有 70 多户 200 多人，但在"咸丰起义"失败后，惨遭清军血洗，仅幸存 15 人，组成 4 个家庭，后从凯里舟溪迁来几户吴姓居民，与郎德上寨的陈姓以兄弟相称，被视为同宗，互不通婚。经过几百年的发展，郎德上寨方形成如今的规模，据村委会统计，

---

① 吴文藻. 吴文藻人类学社会学研究文集[M]. 北京：民族出版社，1990.

② 季诚迁. 古村落非物质文化遗产保护研究[D]. 北京：中央民族大学，2011.

③ 吴正光. 带你走进博物馆：郎德上寨博物馆[M]. 北京：文物出版社，2007.

2019 年底，郎德上寨共 153 户，户籍人口 618 人。全村为陈、吴两姓，陈是大姓，仅有 9 户吴姓。

相传由于生存繁衍的原因，堂安侗寨的先民们从珠江水系中下游地区的河网平原地带的初始居住点，沿着浔江—黔江—柳江—都柳江一线溯流而上，沿途经过丘陵地区，最终在云贵高原东缘黔东南黎平县的山间河谷地带定居下来。据堂安侗寨潘正才老人介绍，堂安建寨有 300—400 年的历史，祖籍为江西吉安，后迁徙到黎平洛香镇，再迁徙到上地坪侗寨，后又迁徙到厦格中寨，最后迁徙至堂安。调研时发现，无论是哪个姓氏，人们都认为自己家族从厦格中寨搬迁至堂安。目前，全寨主要姓氏为陆、嬴两姓，还有潘、蓝、吴、杨、石几种姓氏。现全村有 209 户 890 人，其中贫困户 37 户。

4.4.2.2 选址故事与名称由来

苗族和侗族信仰万物有灵，村寨的建立历史多与动物有关联，相传，郎德上寨的祖先是从凯里舟溪过来的，为了生存，不断迁徙。有一天，两只白狗跑到郎德村寨现在水井处，钻入水井洗澡，并将浮萍带出挂在身上，祖先们看到白狗身上的浮萍，知道附近有优质的水源，适合居住，因而跟随白狗找到了水源处，郎德上寨的祖先查看水源后，认为此地适宜居住，因而选址于此。郎德，苗语为“NanglDeif”，意为欧德河下游的寨子，因郎德上寨位于望丰河下游，而望丰河的发源地是羊卡（苗语称“欧德”）村，郎德因此而得名。

据 91 岁的潘正才老人介绍，堂安侗寨建寨之初选址并未在现在居住之处，而是在如今堂安主寨门进入寨子的中间地段的那片梯田处，因为那时候堂安古瓢井所在之处为古森林，野兽众多，有野猪、老虎、蛇等生猛动物，村民不敢接近。那时，大家也都分散居住，每家都养狗(1—3 条)，狗从家附近跑到了现在古瓢井的地方，浑身沾满了浮萍回家，村民看到此景象，认为让狗浑身沾满浮萍的地方是个上好之地，跟着狗找到了现在古瓢井所在之处，看到了此处水源丰富，地形像个鸟窝，深觉此处是个好地方，于是砍倒大树，将居住在此周边的民众集中起来，在此落户，并发展至今。村主任陆泽刚介绍，堂安，侗话称“dāng an”（音译）。据称，鼓楼附近那块地的形状像“dāng”（壶或瓶的意思），鼓楼烧火的地方叫“dāng tu”，而古瓢井附近有大片的菜叫“an”，因而此地取名为“dāng an”。

4.4.2.3 民族语言

语言是民族文化遗产的重要组成部分，是传播、记录本民族文化的重要工具,也体现出一个民族的民俗文化心理结构。

郎德上寨全都是苗族,都说苗语。20 世纪 80 年代,郎德上寨被列入全国首批村寨博物馆、全国文物保护单位,被贵州省旅游局选为乡村旅游开发的试点,是贵州东线旅游的重要景点。由于旅游开发早、开发时间长,郎德上寨与外界接触交流多,因而无论男女老少都听得懂普通话,少数老年人不会说普通话。由于有接待国外游客的需要,郎德上寨的年轻人还会用简单的英语沟通交流。

生活在堂安侗寨的居民都会侗语,日常生活中都用侗语交流。堂安侗语语调下沉,多四声,属于南侗侗语第二土语区。作为国家生态博物馆,堂安开发力度小,与外界沟通交流较少的老年人,尤其是妇女,基本都不会也听不懂普通话。目前,堂安侗寨 20 世纪 80 年代后出生的人,都会讲普通话,但 50 岁以上的男性,多数还不会讲普通话,50 岁以下的男性,则都会讲普通话。自小生活在堂安侗寨中,5 岁以下的小孩,多不会说普通话,只会说侗语,而 5 岁以上小孩,则普通话和侗语两者都会说。据调研,一则因为堂安侗寨侗语语境营造,留在村落里的居民多为留守老人和小孩,都说侗语,且堂安旅游发展并不理想,与非侗族人沟通少,普通话使用率较低;二则堂安侗寨只有幼儿园,幼儿园教学语言为侗语。上小学则需离开堂安侗寨,前往厦格侗寨就学,该学校使用双语教学,主要为普通话,因此年龄稍大的小孩才会讲普通话。在堂安侗寨,少数非侗族人嫁或娶了堂安人,多数会慢慢掌握侗语。如张庆巍,因热爱侗族文化,天津人张庆巍与堂安的潘幸芝结缘,长期于堂安侗寨居住,如今,已能用流利的侗语与侗族人沟通交流。

4.4.3 民俗节庆

民俗节庆是人与地理环境、人与人文环境互动的综合产物,以群体性的方式呈现出来,既是民众的娱乐方式,也是一种生产生活方式。而歌舞、乐器演奏等表演艺术多依托于民俗节庆展示,民俗节庆活动的举办少不了表演艺术,两者有机统一。较为封闭的自然地理环境孕育出苗族、侗族丰富的民俗节庆文化及表演艺术。

4.4.3.1 郎德上寨

苗族的苗年、牯藏节(招龙节)、姑妈节等节日以及苗族飞歌、《仰阿莎》、苗族芦笙舞等表演艺术都是国家非物质文化遗产，扫寨是郎德上寨的重要民俗，而节日是苗族歌舞得以展现的重要平台。

——牯藏节与招龙节。郎德上寨的招龙节，实则就是牯藏节的一部分仪式，因郎德上寨的牯藏节连过3年，每年都会举行招龙形式，故而有招龙节一说。郎德上寨的牯藏节是祭祖祈福的重大活动（图4－39），每隔12年举办一次，每次连续过3年，分别选择马年、羊年、猴年的农历二月举行，每年都会举行招龙仪式，以第三年猴年猴月猴日举行的招龙仪式最为隆重[①]。该活动由地方寨老、鬼师、鼓藏头主要负责组织。郎德上寨的鼓藏头非世袭制，而是由村民在蛇年推选出三代同堂、儿女双全（第一个子女须为儿子）、德高望重的男性担当；由村民选出招龙小组执行具体事务（小组成员必须是全福人，即三代同堂、儿女双全、德行服众），先由鬼师和鼓藏头带领招龙小组的成员及芦笙队到郎德最高的山去招山龙（图4－40），还要派人从周边的山头分别取土，混在每家每户都出的一点米中，然后每家都分一些，其意为带回祥瑞，保护各家风调雨顺。把山龙招入村寨以及家户后，在铜鼓坪杀最好的猪，大家分食，最后还要"铜鼓闹寨"，招龙小组要抬着铜鼓到每一家去敲铜鼓、吹芦笙，寓意为把龙招到每一家，送福到家。每一家都会有仪式性的接待，送点小礼物。牯藏节是以血缘宗亲为单位的重大的祭祀祖先的活动，村民们认为招龙是牯藏节的一项最重大的仪式，既有祭祀祖先之意，也有招龙祈福之心，但两者不能混为一谈。牯藏节期间，还会邀请周边村寨的年轻姑娘来郎德上寨跳芦笙，也是男女交友相亲的重要场合和机会。

图4－39　郎德上寨牯藏节

图片来源：来自网络

---

① 盖媛瑾，陈志永. 传统村落公共文化空间与景区化发展中的资源凭借——以黔东南郎德上寨"招龙节"为例［J］. 黑龙江民族丛刊，2019（1）：48－57.

图 4-40　招龙仪式

图片来源:课题组拍摄于博物馆

——扫寨。扫寨是郎德上寨驱逐不祥、祈求平安吉祥、祭祀火神的重要习俗,包括灭旧火、接新火的仪式,实则是因为苗族村寨都是木质结构,用火不慎就会引发火灾,扫寨相当于全寨消防安全检查与警示,警示居民安全用火。扫寨之前,使用村里的资金购买黄牛、香纸、米酒等扫寨用品。郎德上寨的扫寨,一般会选择在农历十一月的第一个龙日举行,因为全村 100 多户,鬼师需从凌晨 3 点左右,开始进入寨中每家每户灭旧火,未迎接新火前,不可以在家做饭,且村寨中不能有任何外来人员。灭掉每家每户旧火后,鬼师要作请旧火神行走祭,然后送到村寨的隔河对岸,杀牲畜祭祀火神。再花钱去周边的苗寨买新火回来,各家各户接新火回家。每户分一份"扫寨肉"(图 4-41),在隔河岸边,以家庭为单位架锅生火,吃"扫寨饭",回家前,必须把一切用具洗刷干净,且必须洗手漱口后方能过河回家,意为不带旧火神回家。

——苗歌与芦笙舞。苗族善于用歌舞表意传情。苗族歌曲中,种类多样,有苗族古歌、苗族飞歌、情歌、酒歌、丧葬歌、儿歌、说理歌等。苗族古歌庄严肃穆,多为苗族老人们在重大节庆或者日常生活中,用来讲述苗族历史、说理;苗族飞歌,高亢嘹亮,多为日常生活中传递感情、沟通交流;苗族情歌,婉转悠

图 4-41　扫寨

图片来源:课题组拍摄于博物馆

扬，多为以前苗族未婚青年男女以歌为媒，缔结感情的交流方式。郎德上寨的芦笙舞和铜鼓舞实则是同种舞蹈，根据芦笙吹奏的歌曲，变化队形，但舞蹈动作简单。牯藏节时，女性所跳的铜鼓舞也多是芦笙舞，但需要鼓藏头的女儿先在最早的芦笙场先起舞，然后其他人才能在芦笙场跳舞。郎德上寨很欢迎别的村寨女孩在牯藏节时来郎德跳芦笙，郎德上寨的年轻小伙还可以趁此机会，找到心仪的女生向其吹奏芦笙，女生则可用银饰、毛巾等物品回赠。

4.4.3.2 堂安侗寨

侗族的民俗节庆，涉及民族信仰崇拜、生老病死、婚丧嫁娶、日常生活、重大节庆等多方面。祭萨是堂安侗寨最隆重的信仰形式，不落夫家、满月陪嫁的婚嫁习俗在堂安保存至今，春节和中秋节是堂安侗寨最隆重的节日之一，月也、侗族大歌等都是国家非物质文化遗产，也是堂安侗寨农闲之余重要的娱乐方式和内容。

——祭萨。萨是堂安侗寨的祖母神。根据潘正才、吴坤州等老人们的口述，侗歌中唱道，萨岁坛供奉的是萨母，萨母其实是嫦娥下凡。据说，嫦娥在仙界有位追求者叫王树（音同），嫦娥不接受其追求，于是，下凡投胎到 shùn lòu（侗音，地名），名叫仙娥。王树在天庭找不到嫦娥，用镜子一照，发现嫦娥已经下凡投胎到凡间，负责管理少数民族民众了，成为侗族人们的萨母。

堂安侗寨，每个月的初一、十五都会由管理祭萨的人，用小竹篓装上一碗茶水、一块猪肉、一些香、纸，进入萨坛，供奉萨母。侗语汉译过来，管理萨坛的人其实就叫给萨送茶。

每年正月初八，堂安侗寨会举行全年最为隆重，也是唯一一次全村祭萨仪式。正月初八下午 2 点左右，先由管理萨坛的人进入萨坛祭萨、迎萨，然后管理祭萨的人会手挟红伞和葫芦从萨坛出来，意为已经迎接萨母出来和大家一起庆祝；接着有 2 个人吹着芦笙走在管理萨坛的人前面引路，意为给萨岁开路，后面依次跟着寨老、年轻姑娘、小伙等全村参加祭萨仪式的人（孕妇不可参加祭萨），先向左边绕着鼓楼顺时针转 3 圈，再逆时针转 3 圈，如龙盘旋鼓楼，然后，管理萨坛的人起歌，带领所有参加祭萨仪式的男性唱 3 首多耶歌，唱完后，由参加祭萨的女性唱 3 首相同的多耶歌。此后，寨老们坐在鼓楼火塘边，参加祭萨的人们可以自由选唱侗歌。该活动结束后，由一位寨老说总结词（图

4 -42),为在家务农、外出打工等村寨所有的人给予美好祝愿。此后,由两名年轻人抬着箩筐来收每户给去年管理萨坛的人的报偿,以前每户给1筒米或2筒米不等,现在每户要给米,也给点钱,比如2块、5块不等。无论何时,每户给多少,不限。每年正月初八还会公选出一位本年管理萨坛的德高望重的人,管理萨坛的人也可以多年连任(管理萨坛的人可以不是鬼师,但要懂点鬼师会做的事情)。祭萨当天晚上,全村各组(共5组)请老人家和姑娘,一般3个老人、5个姑娘,去各组吃饭热闹,经费由村里年轻的腊汉(男性年轻人)负责。

图4 -42　潘正才与祭萨

图片来源:侗族文化迷张庆巍提供

——婚嫁习俗。侗族多有不落夫家、满月陪嫁的习俗。堂安侗寨有近50%的人与本村寨的人结成姻缘,少部分外出打工、求学的人嫁娶外地,因而堂安侗寨20世纪90年代前出生的人,在婚嫁习俗上仍沿用不落夫家和满月出嫁的习俗。其婚恋习俗过程:先请媒人介绍,双方家长同意后,选个如意的日子,由媒人半夜将女方送到男方家中,女方身上仅戴少数寓意吉祥的物件且尽量不要让任何人看到自己,入男方家后,按照习俗和要求坐在指定的椅子上,根据双方生辰八字,女性必须坐着朝向一定方位,完成习俗后,女方在天明的时候就回自己家,不留在男方家。此后,女方仍在自己家生活,男方在农忙或者节日的时候，将女方接到家中帮忙或过节，而在此期间，双方可以孕育后代，但也可以去参加行歌坐月，寻觅意中人。此间，双方父母也会在此共同商量一个好日子，由男方挑上千斤糯米到女方家，女方父母会给家中每个亲戚包上5—6斤糯米、月饼还有糖果，告诉亲朋好友，自己的女儿已经定亲了。女方一般2年左右才会落夫家，在夫家居住，直到女方生了小孩，小孩满月，才会在女方举办陪嫁仪式及在男方家举办迎嫁仪式。小孩满月当天，早上由夫妻双方带一块肉、一斤米等回外婆家，在外婆家简单地吃饭后，就回自己家。当天下午，女方亲戚就会带上红包和嫁礼来到男方家吃酒，意为女方陪嫁。

——月也。“月也”，侗音为“Weex Heek”，因此也称“为嘿”或“寨客”，汉译意为“吃相思”“吃乡食”，是堂安侗寨与其他侗寨间集体走访最为隆重的社交活动，实际上是村寨之间集体做客，它是侗族传承民族文化、展示民族文化风采、延续民族历史、加深侗寨之间友谊的重要方式，是侗寨特有的民族风俗，交往礼仪独特，民族风情浓郁，颇具自身魅力。2011年，月也入选为国家级非物质文化遗产(民俗类)。月也活动的时间多在秋后或正月，月也期间有多种活动，唱敬酒歌、吹芦笙、唱侗戏、鼓楼对歌、踩歌堂、行歌坐月(现已为老年人活动，年轻人不会)等，活动时间一般为2—5天，由月也活动的内容决定时间的长短。完整的月也应为两次活动，一次是堂安侗寨为主寨，邀请客寨来月也，一次是堂安侗寨为客寨，前往别的侗寨。堂安侗寨前往主寨做客时，先收到主寨请柬邀请，收到邀请后召开群众大会，将请柬张贴于鼓楼中柱广而告之，定下前往主寨的时间，并组织歌队、芦笙队、侗戏班子等一同前往。到了月也活动那天，堂安侗寨寨客队伍出发前，先须在本寨萨坛前吹奏3曲芦笙，出发后到达主寨寨门口，堂安侗寨需吹奏3曲芦笙为礼，主寨放炮放礼花相迎，曲罢，进入主寨鼓楼，再吹3曲芦笙，主寨回奏3曲，此后，芦笙吹奏轮番上阵。到了晚上，主寨会抢走堂安侗寨最大的那把芦笙，这是侗族传统的留客习俗。此后主客双方在鼓楼下，吹芦笙、进行侗族大歌对歌、唱侗戏，最后一起踩歌堂。离别时，主寨还要以猪羊馈赠。一般情况下，堂安侗寨会另约时间邀请此次的主寨前往堂安做寨客，时间可以为今年内，也可为次年或若干年后。而堂安侗寨和上地坪侗寨世代以姻缘结好，渊源颇深，因此与上地坪侗寨集体做客的频率较高。如2019年，先是9月3日，上地坪侗寨来堂安侗寨月也，9月14

日，堂安侗寨前往上地坪侗寨月也。只有在堂安侗寨作为主寨开展月也活动时，堂安侗寨全寨居民才会都聚集在鼓楼下用餐（图4－43a、图4－43b）。

图4－43a “月也”时吹奏芦笙

图片来源：侗族文化迷张庆巍提供

图4－43b 鼓楼下用餐

图片来源：课题组拍摄

——春节与中秋节。堂安侗寨主要节日有：春节、清明节、六月六、八月十五（中秋节）等。春节是堂安侗寨一年最盛大的节日，家家户户都要打年粑、酿酒、贴春联，农历正月初三开始唱侗戏，一直到正月十五，也会进行侗戏月也；正月初八，早上举行隆重的祭萨活动（非本寨人不能进萨坛），晚上全寨人在鼓楼下吃饭喝酒，参加踩歌堂、吹芦笙、唱侗歌、听侗戏等活动。堂安侗寨的中秋节，民族风情浓郁。每年中秋节时，堂安人会邀请亲朋好友共同来堂安过节，节日中有打花脸、抓鱼、斗牛、唱大歌等活动，有人称其为“泥人节”，当天下午2点左右，村里会通过广播告诉大家在鼓楼集合，过泥人节。首先，用泥、灰、颜料等将扮演各种角色的村民（都为男性）抹脸装扮，完全认不出原型，形象搞怪好笑（图4－44），重在逗得大家一乐，扛着一些农作工具，如犁、耙等，然后从寨尾出发走向鼓楼，再绕鼓楼一圈，说一些惹人捧腹大笑的词，做一些滑稽动作，该活动相当于泥人节暖场，随后在鼓楼旁的水塘里，开展捉鱼活动，全寨男女老少甚至游客都可以参与捉鱼、打闹、嬉戏（图4－45），捉到鱼王的人，还会请全寨的人当晚去他家吃饭玩乐；有时还有斗牛活动，但因为现在耕牛较少，堂安的斗牛活动已经无法举办，2019年就没有斗牛活动，泥人节当晚大家会去各组吃饭，也会在鼓楼下相聚唱歌跳舞。

图 4-44　泥人节——打花脸

图片来源：侗族文化迷张庆巍提供

图 4-45　捉鱼

图片来源：侗族文化迷张庆巍提供

图 4-46　侗歌

图片来源：侗族文化迷张庆巍提供

——侗族大歌。侗族民间谚语云："饭养身歌养心。""汉人有文传书本，侗家无字传歌声。"自古以来，作为一个没有文字的民族，侗族人民就用"以歌代文"的方式来传承历史、传播文化、教育后代。侗族歌曲有着十分重要的艺术价值和学术价值，它是侗族文化的见证。侗歌涉及的题材十分广泛，有讲述侗族历史和故事的古歌、叙事歌；用于祭祀的祭典歌；用于人际交往的礼俗歌、拦路歌、敬酒歌;模仿大自然声音的大歌;用于男女对唱的情歌;还有小孩子的儿歌,如《蝉歌》等。这些侗歌承载着民族历史、民族价值观、社会知识、生产生活经验、伦理道德等内容,侗族大歌是对侗族历史的真实记载,是侗族文化的直接表现。堂安侗寨的侗族大歌常见于4个歌队练习及各种民俗节庆中(图4-46),如月也。

4.4.4 传统手工艺

传统手工艺,是少数民族在农耕生产方式中实现自给自足的重要技能,体现当地社会发展水平下的民族文化、地域文化和风土人情。

4.4.4.1 郎德上寨

图4-47 堆绣

图片来源:课题组拍摄

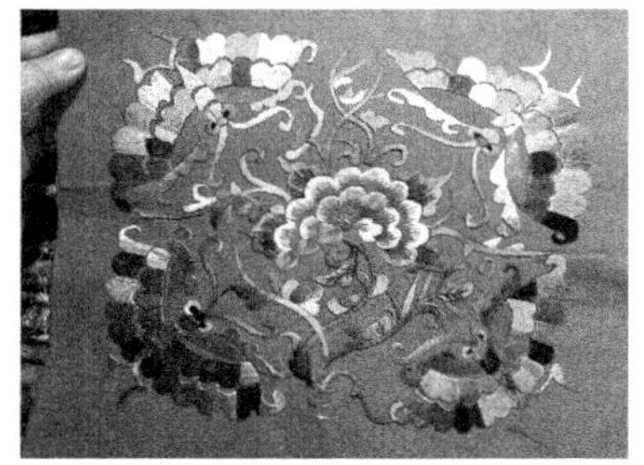

图4-48 平绣

图片来源:课题组拍摄

——苗绣。郎德上寨的传统手工艺主要体现在民族服饰上。郎德上寨女性所穿盛装与西江苗寨的女性盛装一致,上装有贯首服、无领服、高领服等形式,下装有百褶裙、带裙、片裙等款式,各种各样的精美银饰、刺绣图案与工艺等共同构成了郎德上寨服饰文化。苗族妇女的刺绣工艺远近闻名,郎德上寨刺绣的材料有丝线、辫带、马尾、棉线、亮片、三角彩绸等各种材料。刺绣工艺中,主要有辫绣、平绣、堆绣、双面绣，使用最多最广的是平绣。刺绣图案中，常有蝴蝶、蜈蚣、蚕龙、蜘蛛等图案。刺绣工艺主要通过“母传女，姑传嫂”实现家族传承。据调研，郎德上寨25岁以上已成家女性都会苗绣，且一般都有自己擅长的绣法，如堆绣（图4－47）、平绣（图4－48）、双针绣（图4－49）等。

图4－49　双针绣

图片来源：课题组拍摄

——蜡染。苗族蜡染工艺的关键在于点蜡和蓝靛靛染。首先，要种植蓝靛草，经过采摘、浸泡蓝靛、滤汁、典汁等程序，获得蓝靛靛泥，放入染缸用于染色。其次，点蜡，即用蜡刀蘸取溶解的蜂蜡在白布上作画，一般不需要草稿。接着，染色，即用画好之后的蜡片放入蓝靛染缸浸染，一般需5—6天，但也可根据颜色需要，选择浸泡时间和次数，浸泡次数多，蓝色则越深。最后，去蜡，即将染好的布料清洗后，放入水中煮沸去蜡，蜡溶化后，布上就会显现出想要的花纹。

4.4.4.2　堂安侗寨

传统手工艺是侗族的民族民间传统文化表现形式，堂安侗寨的衣食住行上都体现出浓郁的传统手工艺，如木楼建造工艺（住）、蓝靛靛染工艺（衣）、油茶工艺（食）等。

——木楼建造工艺。侗族的木楼建造工艺是国家非物质文化遗产，是堂安侗寨木匠保障生存、提高生活质量的重要倚仗。堂安侗寨全村男人都会一些木工工艺（图 4 －50），木匠手工艺技术高超。侗族有三宝，即侗族大歌、鼓楼和花桥。鼓楼正是侗族木楼建造工艺技能高超的代表作。肇兴侗寨的信团鼓楼、义团鼓楼、仁团鼓楼都是堂安人陆继贤（已去世）掌墨修建，堂安侗寨鼓楼即为堂安本寨鼓楼师傅自己修建的。侗族木楼建筑不用一钉一铆，全以榫卯连接，结构牢固，有极高的工艺和艺术价值。堂安侗寨木匠不需用图纸，不需仔细丈量长度、高度，通常只使用锯子、斧头、刨子、凿子、墨斗和竹签等工具，就能建造令人惊叹的鼓楼、风雨桥和民居建筑。如今，堂安侗寨有 9 名掌墨师傅，以陆安银师傅最为知名，主要承接鼓楼和风雨桥的修建。目前，陆安银、陆邦明、潘现凡为堂安侗寨仅有的 3 名县级非物质文化遗产传承人。据调研，堂安现有 20—30 人在外面做木匠工艺，以此为家庭收入主要来源。

图 4 －50　木工

图片来源：课题组拍摄

——蓝靛靛染工艺。侗族蓝靛靛染工艺，是贵州省级非物质文化遗产。侗族靛染以亮布为特色，需要经过多次染色、捶打而成紫红色、闪闪发亮的布料。至今，堂安侗寨的妇女仍然通过这种传统的手工艺制作“侗布”（也称亮布）加工成衣裙（图 4 －51a、图 4 －51b）。亮布的制作包括制作蓝靛靛染的靛泥和用靛泥染布。其主要工序：第一，先种植蓝靛草，然后采摘、浸泡蓝靛、滤汁、典汁（用生石灰和白酒等兑到蓝靛液里）、翻打、沉淀，最后得蓝靛靛泥。第二，先将白布染成蓝布，再用柿子皮、猴栗皮、朱砂根捣烂浸泡合成染汁，将蓝布染成青布。第三，再用蓝靛将青布染成青紫带红的紫布，再用牛皮胶水和蛋清浆染紫布，通过 4—5 次清洗、靛染、蒸晒，最后用木槌反复捶打至发光发亮即为侗布。这种侗布经久耐用，布质坚挺，常用于制作侗族盛装。通过亮布加工而成的侗族服饰凸显了侗族厚重朴实、凝重深沉的民族特点以及与自然环境和谐共生共存的生态意识。至今仍可见堂安侗族妇女在家制作、印染、捶打、晾晒侗布的场景。

图 4 –51a　蓝靛靛染

图片来源：课题组拍摄

图 4 –51b　侗布

图片来源：课题组拍摄

图 4 –52　给糯米染色所用的花

图片来源：课题组拍摄

图 4 –53　染色后经晒干的糯米

图片来源：课题组拍摄

——油茶工艺。喜食油茶是侗族典型的饮食文化特色，油茶在堂安侗寨的饮食中占据重要地位。堂安侗寨的油茶由炸糯米花、茶叶等配制而成。为制作黄色、黑色的炸糯米花，首先，需用植物的花（图 4 – 52）或叶子滤成的汁与糯米浸泡一晚，然后将染成黄色或黑色的糯米蒸熟，再晒干（图 4 – 53）。晒干后的熟糯米经过热油一炸，则可成糯米花；再放入专门配做油茶的茶叶，烧开水，浇在糯米花上，则可成为一碗简单但足以饱腹的油茶。

综上所述，郎德上寨和堂安侗寨的价值观、历史人文、民俗节庆、传统手工艺是人与环境互动的产物，是苗族和侗族在历史长河中，在农耕生计模式下不断适应不同自然生态环境而创造的灿烂多样的非物质文化，共同体现出传统村落的文态美，是凝聚村落民众，维护村落内部团结、加深民族感情、实现民族认同的根本，是传统村落之美的灵魂和骨血。

第 5 章　传统村落美丽嬗变

5.1　传统村落美丽嬗变的依据

传统村落作为人类与自然长期互动过程中逐渐形成并不断嬗变的生命体，体现了人类与自然长期互动过程中的逻辑关系，以及由此产生的生存智慧和生活方式，这是传统村落的生命意义，这种生命意义通过它的美而体现，可以说，传统村落的生存智慧和生活方式是其美的依据，亦是传统村落美丽嬗变的依据，“嬗变”出于贾谊《鹏鸟赋》“形气转续兮，变化而嬗”，是指“蜕变、更替、演变”。

5.1.1　生计模式

智慧是生命所具有的基于生理和心理器官的一种高级创造思维能力，包含对自然与人文的感知、记忆、理解、分析、判断、升华等所有能力。

因此，生存智慧可以概括为“解决生存压力的所有能力”，“生计模式”是这种“所有能力”最直接的体现方式。“生计模式是指特定族群在与周围自然环境长期互动的过程中，逐步构建和完善的各种谋生手段和谋生方式的总和。”[①]如，对于生活在崇山峻岭中的贵州各民族而言，面临的最大压力是“生存压力”，择地、营建和安居，首要考虑的均是满足“生存逻辑”的需要，先民们经过漫长的适应、利用和改造自然环境的过程，最终建立了适应山地环境的农耕劳作的生计模式。“房屋和聚落是特定生存模式在物质上的体现，并借此获

---

① 赵文娟，崔明昆，沙建. 工程移民的生计变迁与文化适应——以泸沽湖机场移民为例[J]. 云南地理环境研究，2011，23(3)：7－12.

得其象征意义。”①贵州传统村落可以解释为农耕生计模式在山地环境上的体现,并借此获得各民族的文化象征意义。长期以来,农耕劳作是郎德上寨、堂安侗寨这两个村寨先民赖以生存的生计模式,他们在此生存、繁衍,过着自给自足的生活,孕育了村寨独特的美。随着交通条件的改善和城镇化的发展,郎德上寨和堂安侗寨农耕劳作的生计模式亦发生改变,据调研访谈,目前,两个村寨家庭经济收入来源主要为5个类别:务农收入、务工收入、其他收入、与旅游发展相关的收入和旅游红利。其中,务农收入指通过农耕劳作获得的收入,务工收入指离开村寨外出务工获得的收入,其他收入包括工资收入、政府补贴收入等,与旅游发展相关的收入包括经营农家乐、客栈、经营手工艺品、房屋租赁等的收入,旅游红利指门票收入和演出收入。郎德上寨家庭收入来源中与旅游发展相关的收入的比例为44.4%,旅游红利的比例为19.0%,工资、补贴等其他收入的比例为16.9%,务农收入仅为12.7%,务工收入为7%;堂安侗寨家庭收入来源中务工收入的比例为49.8%,工资、补贴等其他收入的比例为27.6%,与旅游发展相关的收入的比例为13.4%,务农收入为9.2%,旅游红利的比例为0。这些调研数据显示,郎德上寨和堂安侗寨农耕劳作的生计模式均发生改变,前者主要体现为以旅游为主导的多元共存的生计模式,后者则主要体现为以外出务工为主导的多元共存的生计模式。在新的生计模式下,传统村落的美也必然发生嬗变。

5.1.2 生活方式

生活方式指不同的个人、群体或全体社会成员在一定的社会条件制约和价值观念指导下所形成的满足自身生活需要的全部活动形式与行为特征的体系。“生活方式由生产方式所决定,生产方式不仅是生活必需资料的生产,而且在更大程度上是这些个人的一定的活动方式,是他们表现自己生活的一定方式,即他们的一定的生活方式。”②由此可见,生活方式由生产方式和价值观决定,随着生产方式和价值观的改变,生活方式亦随之变化,在新的生活方式下,传统村落的美亦发生着嬗变。

---

① 佘巍.住屋形式与文化分析[J].住宅与房地产,2019(8):237.

② 朱贻庭.伦理学大辞典[M].上海:上海辞书出版社,2010.

5.1.2.1 生产方式

传统山地农耕生计模式下，农业劳动以人力、畜力为主，生产力水平较低，劳动活动较分散，劳动强度大，人们必须把大部分时间用于耕作才能满足生存的需要，闲暇时间少，且受季节支配。因此，人们的娱乐活动常常和农耕劳作结合起来，形成了许多以农耕劳作为主题的节日庆典，如郎德上寨以祭祀祖先、祈祷风调雨顺、庆祝丰收为主题的牯藏节和芦笙节。概括而言，传统农耕生产方式下，人们的生活依赖于土地，附着于土地，消费水平低下，过着“日出而作，日落而息，凿井而饮，耕田而食”的简单生活。随着农耕生产方式的改变，或者参与旅游发展，或者外出务工，人们对土地的依赖性越来越小，以农耕劳作为主题的娱乐项目逐渐减少，以前那种简单的生活亦发生变化。

据郎德上寨村委会前主任吴剑介绍，1986 年村寨开始参与旅游发展，1987 年实行旅游表演“工分制”，全寨居民都可以参与演出，从 2017 年 5 月至今，每天在固定的时间里表演两场，之前则是根据旅游团队或是游客需要，在表演场进行包场演出，每场演出 500—800 元不等（根据游客数量而定，如 5 人、10 人、20 人不等），参与表演者按“工分制”计算演出费，每场演出时间为 1 小时至 1 个半小时，2008 年，曾经出现过 1 天 10 场的纪录，一般而言，平均一天为 2—3 场，据“阿珍客栈”的阿珍介绍，居民对演出都很积极，2008 年时，她家六口人均参与演出，1 个月大概可分得 3000 元的演出费，因此，旅游演出成为村寨居民日常生活的重要内容，很多时候，当演出的喇叭响起，他们穿上演出服来到表演场进行演出，演出结束，脱下演出服，又恢复他们日常的生活。村寨里的妇女几乎都会刺绣等苗族手工艺，旅游业发展后，80% 的妇女参与手工艺品的销售，刺绣等手工艺品的制作成为妇女们日常生活的内容之一。

随着生产技术工业化发展，部分人工劳作的农业劳动已经被机械所取代，如翻土、播种等，人工劳动强度降低，劳动效率得到提高，以前必须由男性劳动力承担的工作现在可以由女性或老年人承担，因此，堂安侗寨男性青壮年得以有机会外出务工，部分外出务工者会在农忙时节返乡务农。据调研，目前，堂安侗寨日常的娱乐项目并不多，侗寨有居民自发组织的侗歌队，闲暇时，他们会聚在鼓楼或是家里一起唱歌娱乐，随着电视、手机等的普及，人们的闲暇生活则多被电视、手机等占用，随着手机、微信等现代化交流方式的普遍使用，以前通过歌舞传情达意的交流方式逐渐被新的快节奏的交流方式所取代，如堂安侗寨的青年男女现在已经很少通过“行歌坐月”交流感情表达爱意了。

5.1.2.2 价值观

价值观是基于人的一定的思维感官之上而作出的认知、理解、判断或抉择，也就是人认定事物、辨别是非的一种思维或取向，从而体现出人、事、物一定的价值或作用。在特定的时间、地点、条件下，人们的价值观总是相对稳定和持久，而且在不同时代、不同社会生活环境中形成的价值观是不同的，按照费孝通的观点：“人类行为是被人类所接受的价值观念所推动。”①传统农耕社会，传统村落属于以血缘为纽带的血缘型社会组织。“血缘是指人和人的权利和义务根据亲属关系来决定，而亲属关系是由生育和婚姻所构成的稳定关系。”②这种稳定关系决定了人们的价值观是一种基于血缘基础上的感性的尊重、信任和服从，这种价值观不仅决定人们的身份、职业、财富和权力的更迭，也成为人们生活方式的基础。同时，生产力水平低下的农耕经济催生了人们互助与平均的价值观，同样成为人们生活方式的基础。概括而言，传统村落里人们的生活范围狭小，生活交往以基于感性的血缘关系为主，直接而密切；生活环境稳定，社会流动缓慢，传统习俗浓厚，婚、丧、嫁、娶、节日庆典、礼尚往来等深受传统习俗的制约和影响，总的来说，人们基本过着紧密、互助、缓慢、富有地方传统风俗的生活。正是在这种生活的土壤里，不论是郎德上寨，还是堂安侗寨，不仅培育了“一人有事，全村帮忙”的良好的民风民俗，更孕育了丰富多彩的民族歌舞和口传心授的传统手工制作工艺。在田间劳作、闲暇聚会、走亲访友、节日习俗等各种和谐的生活场景中，淳朴的郎德苗族和堂安侗族，都会情之所至，率性而为，以歌舞表达心意，交流感情，歌舞便成为他们生活的重要内容之一。由于苗族和侗族都没有文字，苗族古歌和侗族大歌还成为郎德苗族和堂安侗族记录历史和传说故事的载体，成为对苗族和侗族历史文化研究的重要媒介。不论是郎德上寨，还是堂安侗寨，一家建屋，全村人都会帮忙，或是送去木材以示庆贺，或是帮助主人搭建房屋，这种互助的风俗使人们能在生产力和技术水平较低的情况下就地取材运用传统手工制作工艺营建居所，

① 费孝通. 乡土中国　生育制度　乡土重建[M]. 北京：商务印书馆，2011：339.

② 费孝通. 乡土中国　生育制度　乡土重建[M]. 北京：商务印书馆，2011：72.

如鼓楼、风雨桥等，均是人们集体劳动智慧的结晶。

据吴剑介绍，2016 年郎德文旅公司接管郎德上寨旅游发展管理，2017 年 5 月 1 日，郎德上寨作为景区正式开放，同年 11 月成为“国家 4A 级景区”，这大大促进了上寨客栈数量大幅度提升，如 2017 年上寨总的床位数为 200 多张，截至 2020 年 4 月已经增加至 500 多张，但还是远远不能满足游客的需求。据郎德文旅公司提供的数据，2017 年，上寨的游客人数为 61190 人，2018 年，游客人数达到了 97727 人，村寨逐渐从血缘型社会组织转变为地缘型社会组织，“地缘是指人和人之间的权利和义务根据法律关系来决定，它可以理解为是从商业里发展出来的社会关系”①。这种社会关系里包含着的理性的秩序，决定了传统村落里人们的身份、职业、财富和权力的更迭，也决定了基于这种社会关系的社会价值观，是一种基于地缘基础上的理性的公正、信用和公平的价值观，人们基于这种价值观进行生活。以旅游经济为主导的多元经济产生了适应多元经济文化的竞争和致富的价值观，同样，这种价值观也指导着人们的生活。如，生活范围扩大，社会流动加快，生活环境不如以前稳定，人们的社会关系松散而开放；又如，传统习俗逐渐淡化，婚、丧、嫁、娶、节日庆典、礼尚往来等深受城市生活的影响，受传统习俗的制约和影响逐渐减小。相较于郎德上寨，堂安侗寨则表现为以外出务工为主导的多元经济模式，同样也产生了适应多元经济文化的竞争和致富的价值观，这种价值观也指导着人们的生活，如一些外出务工的人家，在农忙时，如果外出务工者不能返乡劳作，通常会雇用村里的其他劳动力帮忙，由于有了打工的参照对比，他们会按照劳作时间支付被雇佣者经济报酬，而不是像以前一样纯粹是出于互助性质的帮忙。郎德上寨和堂安侗寨那种紧密、互助、缓慢、富有传统风俗的生活逐渐变得松散、竞争、快速和多元。

5.2 传统村落的生态美嬗变

山、水、林是贵州传统村落农耕劳作生计模式的物质要素，通过对这些物

---

① 费孝通. 乡土中国　生育制度　乡土重建[M]. 北京：商务印书馆，2011：78.

质要素的适应、改造和利用形成了耕地、水系统、树林等生态要素，以及由此而形成的村落空间，反映了先民的生存智慧和生活方式，体现了人、村落空间与生态要素和谐的生态美。随着生计模式的改变，人对生态要素、村落空间的依存关系发生变化，村落的生态美也发生着不同程度的嬗变。本研究从水系统、耕地、树林、村落空间四个维度，着重对贵州地区两个典型传统村落近30年生态美的嬗变进行论述。

5.2.1 水系统

5.2.1.1 郎德上寨

数百年来，郎德上寨居民的饮水、生活用水，以及消防用水以三口古井为主，根据所处的位置，居民采用就近原则进行取用。1989年，家家户户引入自来水后，逐渐改变了居民饮水的传统和习惯，据调研，目前，已经很少有居民再去古井挑水喝，再去井边洗衣洗菜，只有形成时间最早的中寨古井仍在使用。该水井邻近表演场，而且冬暖夏凉，从未干枯，在表演场表演的间隙，居民会用瓶子在此水井装水饮用，而且，即便是在冬天，附近的居民还会在此水井边取水洗头之用。更为重要的是，每遇到寨内老人过世，居民们必定会取此水井的水为老人擦洗身体，体现了居民对此古井的敬畏和怀念。至于位于后寨门的古井，如今已经成为旅游路线上的一个重要景点，鲜明的标识牌提醒着游客驻足参观（3口古井中唯此水井有标识牌）。而高位水井，若不是对村寨的历史有所了解，或是出于对村寨的研究，几乎很少有游客会去参观，课题组也是在导游梁凤的带领下才找到它的位置。1992年建成的高位蓄水池为人畜饮水及消防用水，分别建于2000年和2016年的蓄水池主要为寨内消防用水。据上寨村委会前主任吴剑介绍，居民按照村里的相关规定缴纳水费，水费刚开始时按每吨0.5元计费，后按照每家一个季度3元计费，现在则按照每吨1元进行计费，当收取费用和用水费用出现收支不平时，则是用寨内的公益基金进行补贴或是补充公益基金。目前，尽管自来水成为村寨最主要的饮用及生活用水，但居民仍然自觉保护古井，他们认为“有水的地方才有村庄”，对于极少数不自觉的居民，如在井边洗拖把、乱扔垃圾等，居民都会进行劝说，或是揭发。

2016年，在村委会领导的努力下，在雷山县政府的统筹安排下，郎德上寨与西江旅游开发公司郎德文旅公司签订旅游发展协议，村寨前望丰河沿岸的大部分田地被征用作为旅游发展建设用地(图 5 - 1a、图 5 - 1b)，昔日用于灌溉的水车由于不再需要灌溉田地，也由于旅游发展的统一规划而被拆掉。村寨周边山坡上的田地则仍然沿用引水沟，或者竹质引水槽引水灌溉的方式。旅游公司按照两种方式对于被征用田地的居民进行补偿：一是一次性经济补偿；二是每年按照粮食产量进行补偿，至今尚没有发生补偿纠纷。

图 5 - 1a　被征用的正在进行建设的田地

图片来源：课题组 2017 年拍摄

图 5 - 1b　被征用的田地被建设成植物园

图片来源：课题组 2020 年拍摄

5.2.1.2　堂安侗寨

堂安侗寨历史上曾发生过四次火灾，均对寨内的建筑造成很大的毁坏，故对寨内的消防设施极为重视。2004 年在村后山坡两个高度不同的位置分别建立了低位消防水池和高位消防水池，消防水池的水分别由塑料软管从侗寨后的后龙山上和后龙山之右上侧的水源引入，这两个水池与村庄 4 个消火栓相连，平时供居民饮用水，分别为寨内主干道以下 40 余户居民提供自来水和为主干道以上居民提供自来水，这两处位置的水源一年四季不间断，秋冬季节略小，但不明显，从未干枯。目前，寨内的消防设施有消防泵 1 台，大小不一的消防水塘(公共水塘)5 个，2 个消防水池和 4 个消火栓，并且还在村委会所在的那栋二层吊脚楼的底层用一间房专门堆放消防器材(图 5 - 2a、图 5 - 2b)。

据村委会主任陆泽刚介绍，2004 年，家家户户引入自来水，自来水的引入一定程度上改变了居民的饮用及生活用水习惯，特别是居住于主干道下部沿线经营农家乐和客栈的一些住户，由于居住位置离瓢井较远，更由于农家乐和客栈经营用水量大，他们大都偏向于使用自来水。而对于居住于鼓楼附近区域的居民，或者是没有参与旅游发展经营的人家，则仍然习惯于在瓢井挑水喝，在水塘洗菜、洗衣，他们觉得井水甘甜，在水塘洗菜、洗衣可以互相唠唠家常，说说话。侗族文化迷张庆巍家位于博物馆下部的第3区域，离鼓楼不算近，据他介绍，他每天清早都会去瓢井挑水供一家人饮用。可见，侗寨的居民普遍对古井怀有很深的情感，会自觉保护古井及水塘，他们对于一些游客在水井水塘边乱扔垃圾的行为会主动制止。

图5-2a 低位消防水池

图片来源：课题组拍摄

图5-2b 堆放消防器材的房间

图片来源：课题组拍摄

堂安侗寨的山地灌溉系统变化不大，仍然使用高位水塘、竹质的引水槽、沟渠、水田构建的山地灌溉系统，课题组在歌师陆跃刚的带领下，实地考察了侗寨后山的梯田区域，一路上随处可见地上石块缝隙间流淌的水流，竹质的引水槽、沟渠等则将水流引向梯田。

5.2.2 耕地

5.2.2.1 郎德上寨

据调研，2016年，郎德上寨共有260多亩耕地，由于旅游开发，望丰河沿岸100多亩耕地被征用，其余的耕地仍继续在耕种。据旅游公司新近上任的总经理江吉介绍，被征用的耕地主要用于打造“奥运步道综合体——悠然郎德”项目的开发建设，从旅游公司提供的规划总平面图可知，在被征用的耕地上将开发建设田园观光区、风光打卡点等区域，着力打造农耕体验项目，如农场项目、垂钓项目、浅滩项目等，目前，该项目正在建设中（图5-3），预计2020年6月投入使用。

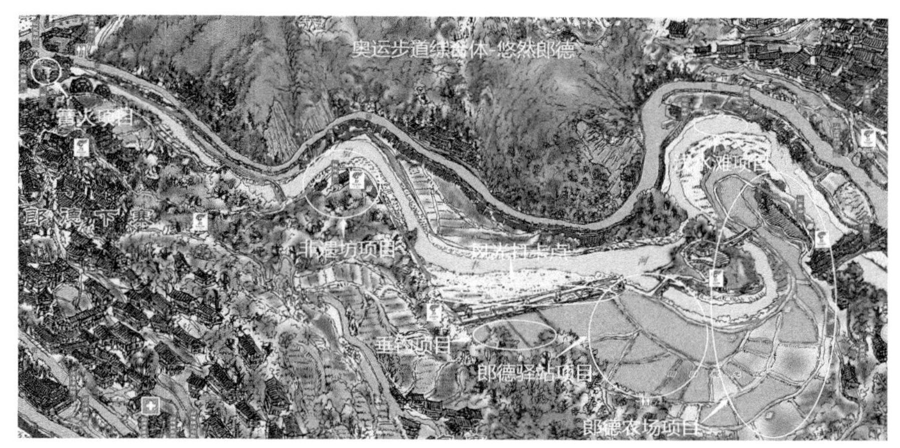

图 5 – 3　奥运步道综合体——悠然郎德规划总平面图

图片来源：课题组拍摄

5.2.2.2　堂安侗寨

据堂安侗寨村委会主任陆泽刚介绍，目前，全寨共有梯田 450 余亩。从 2007 年火灾至今，侗寨共增加房屋 30 余栋，主要集中在主干道下部两侧，包括观景台附近区域，这部分区域以前有部分是梯田，但没有确切的梯田减少的数据。人民公社解体后，村委会将田地划片并进行分组，第 1 组至第 3 组居民所分配的梯田主要位于村寨倚靠的关对山和弄报山，第 4 组、第 5 组居民所分配的梯田主要位于村寨对面的山坡上。现有的 450 亩梯田基本保留了原来的样貌，家家户户基本都保留着耕地的耕种，荒芜的耕田很少（荒芜的田地一般位于较偏远的位置，种植的庄稼常常被野猪等动物破坏），即便是在外务工无暇耕种的人家，也会雇用寨内的其他劳动力进行耕作（只有很少的人家因外出务工出现田地荒芜的情况），目前，进行耕种的大多数是老人（年轻人多外出务工，离家较近的会在农忙时节回家耕种）。田地里种植的绝大多数是水稻，少量的种有蔬菜，家家户户基本能保证自给自足。目前，壮观的梯田风光、饭稻羹鱼的农耕方式和鱼稻共生的生态系统已经成为侗寨重要的旅游资源。

5.2.3 树林

5.2.3.1 郎德上寨

郎德上寨处于层峦叠嶂的环抱之中，层林翻涌，气韵生动，仿佛万马奔腾，归势如飞，素有“万马归槽”之说。据调研，2016 年，上寨共有林地 1500 多亩，分给每家每户进行管理。木材是上寨居民建房的主要建筑材料，但由于有“砍一棵树，必须种三棵”的村规民约，这里的树林植被一直很好地保留了下来，居民需要砍伐树木时，需要与村委会签订合约，合约中会涉及需要砍伐树木的数量，村委会按照此数量向林业部门申请树苗，由村委会分配给居民自行栽种，人们一般会自觉遵守，若遇到不愿自行种植的情况，则由村委会安排其他人进行种植，但需要由该居民出钱。由于这项村规民约的有效执行，随着栽种树苗的成长，再加上国家退耕还林政策，上寨周围山体的植被不但没有被破坏，反而有更加茂盛的趋势。茂密的植被不仅为这里的居民提供了丰富的草药，也为一些体验式旅游项目的开展提供便利，如识别苗药项目。

5.2.3.2 堂安侗寨

据堂安村委会主任陆泽刚介绍，在 20 世纪 80 年代末 90 年代初期，为了全寨能够通电，堂安居民曾砍伐部分树木。分林到户以后，居民砍伐的情况日益频繁，随着砍伐数量的增加，侗寨的自然环境受到一定程度的破坏，导致水流量减少。90 年代以后，村规民约加强了对砍伐行为的约束，肆意砍伐树林的情况得到遏制。据黎平县林业局提供的数据资料，2011 年，侗寨范围内，通往堂安侗寨主要公路干线、河流沿岸、村寨周围可视范围内划定了大约 800 亩的林地作为村寨的公益林，除了公益林，居民自留地以外的人工种植的林地属于商品林，大约有 2400 亩，林业站专门聘请本村 2 名居民为生态护林员，他们分别来自两个贫困家庭，由林业站每月发放 800 元的薪水。对于被划入公益林范围的树木，禁止砍伐；对于商品林的树木，可以进行商品交易，但需要向林业站申请办理砍伐证后方能进行砍伐。对于需要建房的居民，可以在自家的土地上或者自家房屋的房前屋后砍伐树木，不需要办理砍伐证（古树、珍稀品种的树木除外）。在林业部门的监督管理下，目前，侗寨周边的树林较好地保留了下来。

5.2.4 村落空间

5.2.4.1 郎德上寨

郎德上寨周边层林围绕，其间更有一水绕寨流淌，以村寨为中心，山体和河水呈现环抱之态势，这种山环水抱的外部空间藏风聚气，使寨内生气涌动，居住起来冬暖夏凉，舒适宜人，美中不足之处在于村寨北面如同案桌的干育山被炸了一个口，理想的风水格局被破坏，冬天北向的冷风会侵入村寨，年老一些的居民会说，现在的冬天比以前感觉冷了。据调研，大概是在20世纪50年代，当时，村寨很贫穷，为了获得更多的田地，引导河水进行灌溉，便把干育山炸开，将望丰河进行改道（图5－4）用于灌溉。

图5－4 被炸了个口的干育山

图片来源：课题组拍摄

据调研，2001年，上寨有104户约430人，2014年为120户约500人，2019年底为153户618人。随着人口数量的增长，一些头脑灵活又有经济条件的人家便见缝插针地在村寨内新建房屋，或者在村寨外围自家的宅基地或是田地上新建房屋，1986年全寨吊脚楼民居约86栋，2015年增长为110栋。图5－5a为课题组在民俗博物馆翻拍的大约拍摄于1989年的照片，图5－5b为课题组在 2020 年 4 月大致在同一视角拍摄的照片，对比照片可知，村寨房屋建筑的密度和高度都增大，村寨内部已几乎没有空地。上寨属于全国重点文物保护单位，东至古战壕，南至报吉山山脊，西至后寨门，北抵杨大六风雨桥，面积 5.69 公顷的范围被划定为核心保护区域，不能随意改变村寨空间规模和形态，为了解决人口增加而导致的居住面积拮据和私密性的问题，为了维护村寨的风貌，2016 年，在村寨西侧规划建设安置新村，2017 年新村建成，规划布置了村委会、停车场、篮球场和房屋建筑（图 5－6），目前已经解决 20 多家几兄弟均已成家但共同居住 1 栋房屋的情况，但仍然还有约 20 家住房困难户没有得到解决。

图 5－5a　1989 年的郎德上寨

图片来源：课题组翻拍于民俗博物馆

图 5－5b　2020 年的郎德上寨

图片来源：课题组 2020 年实地拍摄

图 5－6　安置新村

图片来源：课题组拍摄

1986 年,郎德上寨开始旅游发展,老的铜鼓坪由于面积小,周边房屋围合紧密,不能满足旅游发展的需要,于是在村寨中部新建了现在的铜鼓坪(表演场),铜鼓坪以青褐色鹅卵石铺成十二道光芒的图案,坪面中心呈圆形,半径约7 米,正中埋一巨石,圆心凿孔,作插铜鼓柱用,铜鼓坪周围放置石凳、卵石之类的坐凳,在铜鼓坪的两侧,为了纪念民族英雄杨大六,特意用鹅卵石和水泥镶嵌而成郎德上寨独有的骏马图案。铜鼓坪平时主要作为旅游表演和游客穿着民族服饰拍照留念之地,每遇到村寨的重大节日,如牯藏节,居民会身着节日盛装,先在老铜鼓坪举行招龙仪式,然后,便会来到这里踏着铜鼓、芦笙的节拍,围绕铜鼓跳舞以示庆贺(图 5 -7a、图 5 -7b)。

图 5 -7a　老铜鼓坪

图片来源:课题组拍摄

图 5 -7b　正在表演芦笙舞的铜鼓坪

图片来源:郎德上寨吴剑提供

图 5 -8a　1986 年的池塘

图片来源:课题组翻拍于民俗博物馆

图 5 -8b　2017 年初建设中的池塘

图片来源:课题组拍摄

2016 年，在文物部门的主持下，位于铜鼓坪下方的水塘得到了修缮，2017 年初和 2020 年初，课题组两次到上寨调研，刚好见证了池塘的修缮，如今的池塘周围加设了木质栏杆、坐凳，用木板进行地面铺装，池塘里新建了水牛塑像，取代了以前的假山小品，既增加了美观性、安全性，也为游客和居民提供了小坐休憩的场地（图 5 －8a 至图 5 －8c）。

图 5 －8c　2020 年初经过修缮后的池塘

图片来源：课题组拍摄

由于铜鼓坪的修建，上寨形成了以此为中心的向心性街巷系统。据陈农客栈老板娘介绍，以前许多巷道用大块的石头垒砌成台阶，1985 年旅游发展后，村委会发动居民到河边捡拾鹅卵石或小块石头重新改造台阶，如今，寨内仅有少量高差较大的地方仍然是大块石头垒砌的台阶（图 5 －9a）。不论是台阶式还是坡道式的巷道表面的鹅卵石铺装仍然沿用富有特色的“人”字形，当地人称为“鱼骨头”，他们认为鲤鱼是祖先的象征，因母鱼多子，繁殖力强，象征人丁兴旺，生活年年有余（图 5 －9b）。如今，许多人家购买了摩托车等机动车辆，为了方便车辆通行，人们便用水泥将一些台阶之间的高差填成坡道（图 5 －9c）。

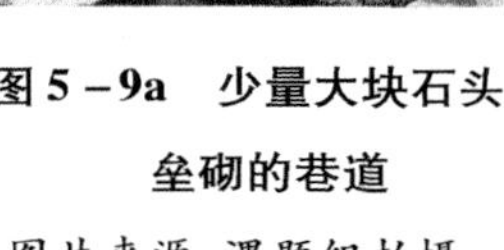

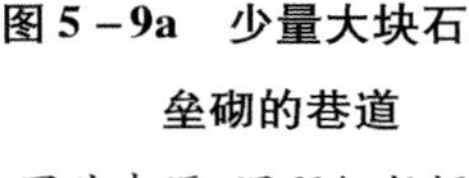

图 5－9a　少量大块石头垒砌的巷道

图片来源:课题组拍摄

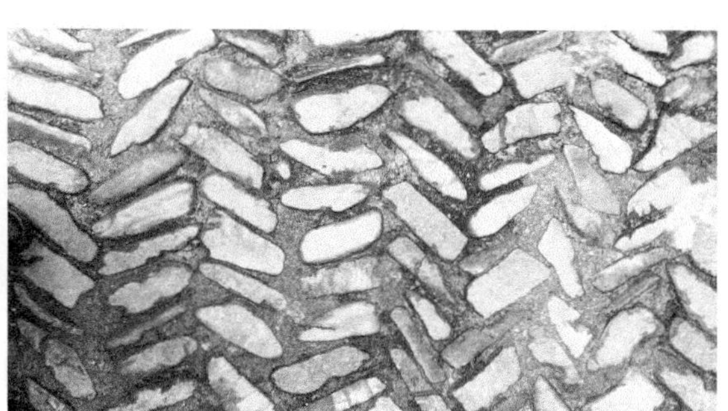

图 5－9b　巷道表面的人字形图案

图片来源:课题组拍摄

除此之外,街巷系统的走向和形态均未有变化,巷道旁的排水沟依然保留下来,只是有些变成了暗沟,使得巷道的宽度变宽一些,形成寨内纵横交错的排水系统(图 5－9d),此外,部分房屋由于增加木柱,或者悬挑以增加房间面积,在房屋山墙之间形成一些特殊的街巷空间(图 5－9e)。2017 年,郎德文旅公司对上寨进行统一的建设管理,在街巷变化的位置增加了寨内主要景点的指示牌,组织安排保洁员每天清扫寨内街巷,包括通往后山的旅游景点的巷道,以前保洁员的工资由村委会发放,每月 800 元,每天清扫 1 次,现在由旅游公司发放,每月 1600 元,每天清扫 2 次,保洁员一般由贫困户担任,据居民反映,现在寨内街巷的卫生条件比以前好了(图 5－10)。旅游发展后,许多客栈都在入口处,或是门前供游客小坐休憩的石凳旁增加了许多精致的绿化小品,为街巷空间平添了几分生机(图 5－11a、图 5－11b)。

图 5－9c　用水泥将台阶高差填平成坡道
图片来源：课题组拍摄

图 5－9d　巷道旁纵横交错的排水系统
图片来源：课题组拍摄

图 5－9e　特殊的街巷空间
图片来源：课题组拍摄

图 5－10　正在清扫街巷的保洁员
图片来源：课题组拍摄

图 5－11a　客栈巷道旁的绿化小品
图片来源：课题组拍摄

图 5－11b　石凳旁的绿化小品

图片来源:课题组拍摄

5.2.4.2　堂安侗寨

据潘正才老人回忆,民国时期,侗寨约有 80 户人家,集中居住在鼓楼附近区域。据调研,2005 年全寨有 168 户约 800 人,2019 年全寨有 209 户约 960 人。2007 年至今,全寨共增加了房屋 30 栋,现有房屋 205 栋。贵州省建筑设计研究院根据《黎平县肇兴镇总体规划(2013—2030)》编制了《肇兴——堂安村保护整治与建设规划》,该规划文本显示,在距堂安侗寨 1.5 千米的务广队设置安置区以缓解人口增长的压力,然而,迄今为止,该安置区一直未建设,增加的人口则是通过新建、扩建、改建房屋得以缓解,新建的房屋较多沿着主干道两侧布置,一些

图 5－12a　2007 年村口停车场视角的堂安侗寨

图片来源:侗族文化迷张庆巍提供

图 5－12b　2020 年村口停车场视角的堂安侗寨

图片来源:侗族文化迷张庆巍提供

新建的房屋也在原有房屋之间见缝插针地建设，扩建、改建的房屋多数都增加了层高，有些房屋的高度十分突兀，破坏了建筑群整体的统一性。侗族文化迷张庆巍提供了数张在2007年拍摄的照片，2020年3月，课题组根据这些照片的视角也拍摄了数张照片以示对比，对比照片可以看出，村寨空间规模扩大，建筑密度增加，建筑高度参差不齐，少数建筑高度突出，村落空间与自然环境之间的和谐尺度受到一定的破坏（图5－12a至图5－12i）。

图5－12c　2007年博物馆视角的堂安侗寨

图片来源：侗族文化迷张庆巍提供

图5－12d　2020年博物馆视角的堂安侗寨

图片来源：课题组拍摄

图5－12e　2007年拍摄的主干道

图片来源：侗族文化迷张庆巍提供

图5－12f　2020年同一位置拍摄的主干道

图片来源：课题组拍摄

图5-12g　2007年观景台视角的堂安侗寨

图片来源:侗族文化迷张庆巍提供

图5-12h　2020年观景台视角的堂安侗寨

图片来源:课题组拍摄

图5-12i　观景台区域增加的建筑

图片来源:课题组2020年拍摄

图5-13　悬挑的巷道

图片来源:课题组2020年拍摄

堂安侗寨街巷系统变化最显著之处在于进寨主干道的改变。20世纪80年代,当地居民修建了这条主干道,当时为土路,2009年铺设为青石板路。据调研,居民对于这条主干道的修建颇有微词,原因在于,这条主干道的修建由外来的承包商完成,寨内仅有一小部分人参加劳动获取收益,是否参与由承包商确定,对于道路修建的信息、决策、监督与管理,居民完全被边缘化。在2007年火灾过后,部分居民搬迁至主干道左上方的山坡上居住,为方便运输物资,经居民协商,共同出资修建了一条通往山上的泥石路,此外,在这些新增的房屋之间,出现了一种新的巷道形式将这些房屋有机地连接起来,这种巷道在坡面上悬挑出一块宽度1米多的钢筋混凝土板,可供人或者摩托车通行(图5-13)。至于用石块铺设的次干道则变化不大,基本保持了原来的样貌。

5.3 传统村落的形态美嬗变

标志性公共建筑和民居建筑构成传统村落形态美的重要内容，由于标志性公共建筑和民居建筑在传统村落里承载的使用功能和文化功能各不相同，随着生计模式和生活方式的变化，它们的嬗变呈现出不同的内容，本研究着重对贵州地区两个典型传统村落形态美的嬗变进行论述。

5.3.1 标志性公共建筑功能

村寨的标志性公共建筑具有三种功能：第一，防御功能，如郎德上寨的古战壕、古城墙；第二，是举行民族宗教信仰祭祀活动的场所，如堂安侗寨的萨坛、郎德上寨的老铜鼓坪；第三，是村寨处理公共事务和居民休息娱乐的空间，如堂安侗寨的鼓楼、郎德上寨的铜鼓坪(表演场)。标志性公共建筑属于村落里的公共财产，一般由居民共同出资建设和共同管理，它的形态蕴含着一定的象征意义，因而，具有较高的稳定性，不容易发生嬗变。如鼓楼的形态来源于杉树的造型，杉树是侗族居住地区生长最好、数量最多的树种，而且杉树砍掉以后，埋在地下的根不会死，还可以长出更多的小树，具备“砍不完”的特点，砍了又发，发了又砍，永不间断，因此，侗族人认为杉树是“树仙”，把它视为吉祥树。侗族认为，人们居其下，在它的下面活动就能得到好处。以物拟人，以物寄情，人们就把鼓楼建造成杉树的造型，如堂安侗寨的鼓楼，经过了重建和修缮，层数从5层至7层至9层，但鼓楼的风貌基本保持不变。因此，除了作为村寨祭祀活动的公共建筑的使用功能基本保持不变，如堂安侗寨的萨坛、郎德上寨的老铜鼓坪，标志性公共建筑的嬗变主要体现为其使用功能的变化。

5.3.1.1 功能丧失

郎德上寨因有民族英雄杨大六而闻名于贵州的其他苗寨，这里曾经是杨大六带领民众顽强抵抗清军的古战场。同治十年(1871 年)至十一年(1872 年)，在郎德东南后山上，杨大六率众夯筑寨墙，挖掘战壕，与来犯清军作殊死搏斗，最后惨遭杀戮，村寨被烧毁，仅存 15 人，勉强组成 4 个家庭，顽强生存，繁衍下来。如今，硝烟战火早已寂灭，昔日的古战壕、古城墙亦已丧失防御的功能，历经风雨的侵蚀，现在在草丛里仅留下部分残缺的遗址，提醒着人们这里曾经发生的战争和故事。旅游发展后，古战壕—郎德上寨历史发展的重要载体，成为游览路线上的重要景点，旅游公司沿用寨内巷道的铺砌材料和图案，修建了通往古战壕的小路，并设置标识牌，尽管如此，课题组还是在美哈乐客栈老板梁凤的带领下才找到了古战壕遗址。

5.3.1.2 功能变化

随着生计模式的变化，村寨一些公共建筑的功能发生变化，如郎德上寨的铜鼓坪，它最初建设的目的就是满足旅游发展的需要，为游客提供一个可以观看表演的场所。如今，这个铜鼓坪和每天在这里上演的歌舞表演已经成为上寨重要的旅游资源。1986—2017 年 5 月 1 日，上寨的居民根据游客的包场要求进行表演，场次不限，2017 年 5 月 1 日至今，表演则改为每天固定 2 场。除了观看表演，游客们也会在此驻足，穿上在周边店家租用的苗族

图 5 – 14a 铜鼓坪上热闹的表演

图片来源：郎德上寨吴剑提供

图 5 – 14b 在铜鼓坪拍照的游客

图片来源：课题组拍摄

服饰，在此拍照留念（图 5 – 14a、图 5 – 14b）。又如，堂安侗寨的鼓楼，由于青壮年大多外出务工挣钱，鼓楼逐渐成为留守老人安度晚年、休闲聊天以及张贴告示、传播重要信息的重要场所，他们主要聚集在鼓楼下或鼓楼前方的空地下象棋、打扑克、聊天，部分未外出打工的年轻人也经常加入老年人队伍中，与老年人共同娱乐，娱乐的同时，老人们还会给青年人讲述历史和传授生产技术技能（图 5 – 14c）。如今，鼓楼内已经安装电灯，为留守寨内较

年长的居民晚间来鼓楼对歌交流提供便利,寨里的歌师除了在家里教授村寨里的孩子们唱侗歌,也常到鼓楼里进行教授,寨内的侗歌队经常会在鼓楼进行侗歌的学唱、排练等。

图 5 – 14c　鼓楼的日常活动

图片来源:课题组拍摄

5.3.1.3　功能弱化

随着生活方式的改变,村寨一些公共建筑的功能弱化,如郎德上寨和堂安侗寨现在家家户户都引入了自来水,古井、瓢井、水塘等为村寨居民提供饮水和生活用水的功能减弱。堂安侗寨瓢井附近区域的居民依然喜欢来瓢井挑水,来水塘洗菜洗衣,郎德上寨的居民依然会用中寨古井的水为过世的老人擦洗身体,更多的是出于他们对古井生活的情感依恋和对古井的敬畏之心。又如,不管是杨大六风雨桥,还是堂安的风雨桥,除了通行、遮蔽风雨的功能,以前还是村寨的年轻人夜晚对歌交流感情的地方。如今,由于手机、微信等现代交流工具的使用,年轻人已经很少去风雨桥了,这些功能显而易见被弱化了。

5.3.2　民居建筑风貌

民居建筑由居民建造,是居民生活起居的空间,与居民的生活息息相关,具有较大的不稳定性。由于郎德上寨和堂安侗寨的历史背景、生计模式和文化特征的不同,两个村寨的民居建筑风貌出现不同程度的嬗变。

5.3.2.1 郎德上寨

——建筑高度和材料的控制。2002 年,郎德上寨因悠久的历史,保存较好的清代吊脚楼建筑群被国务院批准为“全国重点文物保护单位”。据村委会前主任吴剑介绍,上寨的居民大多数都认识到保持村寨整体风貌的重要性,2007年,村委会成立了“建筑保护委员会”,根据文物保护条例和村规民约制定了建筑保护条例,如建房需要向建筑保护委员会提出申请,申请批准后方能在自家的宅基地或田地上建房,房屋统一采用吊脚楼形式,建筑材料为木材,一般为

图 5－15a 高度明显凸显的建筑

图片来源:课题组拍摄

图 5－15b 没有进行木材外包装饰的建筑

图片来源:课题组拍摄

2—3 层。2017 年,郎德文旅公司接管上寨的旅游发展后,建房则由旅游公司统一管理,由居民先向建筑保护委员会提出申请,然后上报到旅游公司,旅游公司再上报文物部门,并按照相关的规定进行建设,获批建房的居民需向建筑保护委员会缴纳 8000 元的建房保证金,新建吊脚楼层数规定为 3 层,总高度控制为 10.5 米。1986—2015 年,尽管增加了 24 栋吊脚楼,但由于大多数居民都能遵守保护条例建房,迄今为止,全寨仅有 5 栋建筑高度、建筑层数、建筑外

装饰不符合规定的违建房(图 5 - 15a、图 5 - 15b),据调研,这几户人家由于有“过硬的关系”,相关部门对此也无能为力。

——利用吊脚、悬挑增加建筑面积。根据贵州省城乡规划设计研究院提供的“郎德上寨保护规划文本”,上寨的核心保护区为东至古战壕、南至报吉山山脊、西至后寨门、北抵杨大六风雨桥的范围,这个区域内需要保持原有建筑风貌。由于该区域地形高差较大,建造房屋受到地形条件的限制,2001 年至今,核心保护区内人口增加了 188 人。为了满足人口增加的需求,也为了增加旅游经营的面积,许多人家利用吊脚楼建筑的建造原理,通过增加木柱、斜木撑、悬挑的方式,在不改变一层占地面积和影响街巷通行的情况下,尽可能增加飘窗、走廊或者房间的建筑面积,增加的部分则通过外部楼梯进行连接,一般会用木雕对增加的部分进行装饰,保持整体建筑风貌统一协调(图 5 - 16a 至图 5 - 16g)。

图 5 - 16a 增加的飘窗

图片来源:课题组拍摄

图 5 - 16b 二层增加的走廊

图片来源:课题组拍摄

图 5 - 16c 悬挑的走廊

图片来源:课题组拍摄

图 5－16d　增加木柱以扩大二层建筑面积

图片来源：课题组拍摄

图 5－16e　通过悬挑增加房间面积

图片来源：课题组拍摄

图 5－16f　用斜木撑增加面积

图片来源：课题组拍摄

图 5－16g　利用楼梯连接悬挑的走廊

图片来源：课题组拍摄

图 5－17a　紧挨着原有房屋加建的厨房外部

图片来源:课题组拍摄

图 5－17b　原有房屋旁新建的卫生间

图片来源:课题组拍摄

——厨卫改造。郎德上寨传统的厨房、卫生间都是用木质材料进行建造,由于木质材料存在安全隐患,厨房的使用常常不能通过消防检查,而卫生间一般和猪圈连在一起,污水经常会流出,影响村寨的卫生条件,为了消除安全隐患,改善卫生条件。2011 年由文物部门提供资金、水泥、砖等建筑材料,发放给居民进行厨房、卫生间和猪圈的改造,用砖混结构取代之前的木质结构,有的是在原有房屋旁新建砖混结构的厨房和卫生间,有的则在紧挨着原有房屋加建砖混结构的厨房和卫生间,大部分改造后的厨房和卫生间用木质材料进行外包装,保持村寨木质建筑的风貌,少数则没有用木质材料外包装。由于旅游发展和传统村落的卫生要求,大部分人家已经不在寨内饲养牲口,仅有几户位于村寨靠后山位置的人家还在饲养牲口(图 5－17a、图 5－17b)。

——危房改造。据村委会主任陈尚福提供的数据,上寨现有建卡的贫困户 47 户,在相关政策的资助下已经全部脱贫,但大多数贫困户所居住的房屋存在老旧、破损,甚至是危房的情况。2014 年,文物部门和脱贫攻坚项目都拨付专项资金用于危房改造项目,位于铜鼓坪下方池塘边的几栋粮仓就属于重点的危房改造项目。据村委会前主任吴剑介绍,粮仓建筑是郎德上寨最早的建筑形式,当时,人居住在底层,粮食储存在上层(对于这一说法,课题组并没有找到相关的文献资料进行验证),他回忆说,20 世纪 80 年代初,还有两个孤寡老人居住在粮仓里。2017 年初,课题组到上寨调研时,粮仓和池塘正在进行修复改造建设。2020 年初,课题组再次到上寨调研时,池塘建设已经完工,粮仓还在改造建设中,改造工程拆掉了粮仓底层的墙体,仅留下木柱,对腐烂的柱子进行了修复,加设了石制的柱础,二层加设和加宽了外走廊,改造后的粮仓将底层架空,便于粮仓的主人家在底层设置摊位销售手工艺品,或者进行出租(图 5 - 18a、图 5 - 18b),以获得一定的经济收入贴补家用。

图 5 - 18a　粮仓底层架空

图片来源:课题组拍摄

图 5 - 18b　粮仓二层加设的外廊

图片来源:课题组拍摄

——旅游发展的影响。1986 年,郎德上寨仅仅只有一家农家乐(兼客栈),截至 2020 年 3 月 31 日,据不完全统计,郎德上寨有农家乐有 58 家,主要经营接待住宿有 11 家(精品民宿有 1 家),综合接待住宿和就餐条件的有 47 家。为了满足游客的需要,经营商家纷纷对原有房屋进行改造,如加宽或者加设木雕精美的外廊,用玻璃等现代建筑材料,设置空调设施,设立独立卫生间等,为了招揽顾客,商家纷纷在吊脚楼外部悬挂广告标牌,在原有吊脚楼风貌上加入了商业元素,增加了上寨的商业氛围(图 5 - 19a 至图 5 - 19e)。

图 5－19a　2017 年上寨外围建筑仅有两栋为农家乐

图片来源：课题组拍摄

图 5－19b　2020 年上寨外围建筑已有多家农家乐

图片来源：课题组拍摄

图 5－19c　正在加设外廊进行改造的客栈

图片来源：课题组拍摄

图 5－19d　古井别院现代化的外观

图片来源：课题组拍摄

图 5－19e　商家的广告牌

图片来源：课题组拍摄

——安置新村的影响。2017 年，在上寨西侧建成了安置新区，迄今为止，已经有 20 多户儿兄弟成家后仍然同住于 1 栋房屋的困难户搬入新区。由于出现新房老房居住意见不统一的情况，少数人家则全都搬入新房居住，老屋或为空置房，其中，一些具有经济头脑的人家将老屋进行招租，一些缺乏经济头脑的人家则任由老屋成为空置房（图 5－20a、图 5－20b）。

图 5－20a　进行招租的空置房

图片来源：课题组拍摄

图 5－20b　空置房

图片来源：课题组拍摄

5.3.2.2　堂安侗寨

——拆木屋建砖房。黎平县旅游发展委员会提供的堂安侗寨近 60 年来 63 户农户建房抽样调查数据显示，20 世纪 50 年代、70 年代修建的住房仅占 1.6%；60 年代修建的住房占 4.8%；80 年代修建的住房占 11%；90 年代修建的住房占 21%；21 世纪以来修建的住房占 58.7%。其中，2007—2008 年修建新房的居民占 2000 年来修建新房居民的近 50%，2007 年前，侗寨内基本没有什么砖混结构的建筑。2007 年那场火灾给侗寨居民留下了深深的阴影，为了降低木材易于燃烧带来的危害和风险，自 2007 年的火灾至今，新建的 30 栋房屋多为砖混结构，增加的房屋位于第 4 区域的较多用木板进行外墙装饰，而位于第 2 区域的大多没有用木板进行外墙装饰。课题组在 2017 年、2018 年、2020 年先后三次到侗寨调研，吊脚木楼被拆掉建成砖房的数量在逐年增多，没有用木板进行外墙装饰的数量也在逐年增多，侗寨内出现许多木质建筑与砖混建筑并存的情况（图 5－21）。目前，侗寨的房屋建设划归肇兴管委会统一管理，房屋建设需要参照执行《肇兴民居建筑风貌保护导则》。课题组在调研期间，曾见到肇兴管委会的执法人员到村寨巡查，据执法人员介绍，他们每天要来巡查几次，寨内已有好几处建房被勒令停工,但他们表示不可能时时刻刻监督居民的建房情况,在晚上或是乘他们不在的时候偷偷建房的情况时有发生(图 5 - 22a、图 5 - 22b)。

图 5 - 21　木质吊脚楼建筑与砖混建筑的对比

图片来源:课题组拍摄

图 5 - 22a　正在巡查建房情况的执勤人员

图片来源:课题组拍摄

图 5 - 22b　被勒令停工的建筑

图片来源:课题组拍摄

——空置或废弃。一些居民对村落的居住条件和交通条件不满意，当他们有了足够的财力又“无权自主处置老宅”之后，都选择在建筑保护控制范围外或县城建造砖房居住，同时，由于他们缺乏对老宅的管理能力，老宅就被闲置，长久闲置后，老宅破旧不堪，影响了村落的整体风貌。如据村委会陆主任介绍，目前，侗寨共有10栋空置房屋，这10栋的户主大都是搬去条件好一些的地方居住，留下的老屋就闲置着，因无人居住，年久失修而破败。

——满足旅游发展的需求。为了满足旅游发展的需求，部分居民通过新建、改建、扩建的方式，建造满足游客需求的建筑：山水客栈是侗寨的第2家客栈，目前，正在进行第3次改造工程。客栈的老板是一对中年返乡创业的夫妻，丈夫在外打工时，曾经从事土建施工、水电安装等工作，因此，客栈的改造工程由客栈老板独自承担，只雇用了1个亲戚，妻子则负责清理工作。客栈是1栋三层吊脚木楼，1层为餐饮，2—3层为客房，为了使游客获得良好的观景效果，加大采光面积，也为了满足隔音、卫生等的要求，客栈老板计划第1层层高不变，第2、3层加大层高，将木质地板改为预制地板，外墙仍然用木质材料，为了满足这些需求，需要将房屋内的木柱屋架改为框架，第2层的地面已改造为预制板，正在进行木柱垫高的工序，每根木柱子下垫砖(约1米)以抬高层高，待整体完工后则拆掉柱子，仅留下框架结构(图5－23a至图5－23c)。

图5－23a　改造中的山水客栈外观

图片来源：课题组拍摄

“百鸟巢”是一栋由侗寨19户人家合资建设(其中一户提供田地，其余各户出资2万—3万元不等)，为游客提供食、娱、购一体的建筑，2019年下半年开始营业。整个建筑由一圈围廊组成，围廊底部架空，凌驾于这片田地之上，入口处悬挂着“百鸟巢”三个字，从入口处进去，是一个院子，院子中央掘地建有一个圆形的火塘，院子正对着一栋三层的楼房，是田地主人家自己居住的房屋，院子右边正中是戏台，是侗族歌舞表演区域，戏台旁是“百鸟巢”围廊的入口，围廊的一部分设置了木质坐凳和桌子，是提供长桌宴等餐饮的区域；围廊的一部分是展示区域，主要展示堂安侗族农耕生活的老物件，如各种各样的农具、手工艺制作物品等，围廊围合的田地是侗族农耕生活体验区，提供徒手捉鱼等项目（图 5－24a 至图 5－24g）。

图 5－23b　山水客栈二层被垫高的柱子

图片来源：课题组拍摄

图 5－23c　改造中的山水客栈内部框架

图片来源：课题组拍摄

图 5－24a　建设“百鸟巢”的田地

图片来源：课题组 2017 年初拍摄

图 5－24b　“百鸟巢”入口

图片来源：课题组拍摄

图 5－24c　“百鸟巢”围廊凌驾于田地之上

图片来源：课题组拍摄

图 5－24d　院子中央的圆形火塘

图片来源：课题组拍摄

图 5－24e “百鸟巢”餐饮区

图片来源：课题组拍摄

图 5－24f “百鸟巢”老物件展示区

图片来源：课题组拍摄

图 5－24g “百鸟巢”围廊围合的田地

图片来源：课题组拍摄

图 5－25 大玻璃窗的建筑

图片来源：课题组拍摄

——追求潮流引起的变化。由于在县城或城市打工挣钱，居民返乡建设房屋时，多会追求城市潮流，使用现代建筑装饰材料，如瓷砖、玻璃等，建筑充满现代气息的房屋（图 5－25）。

5.4 传统村落的文态美嬗变

传统村落的世代居民在一定的自然条件下，在长期生产生活实践中，塑造了传统村落的文化肌理、历史感情、共同记忆、文化认同、思维方式等，形成了自身独特的非物质文化遗产。而传统村落的形成和发展，本质上是非物质文化遗产的不断传承和创新。非物质文化遗产以人为载体，在民众日常生活中活态传承，其随着传统村落所处环境、与自然界的相互关系和历史条件的变化不断发展创新。它的传承和创新体现了不同历史时代的不同信息，不会定格在某个历史瞬间，因而，传统村落非物质文化遗产不可避免地随着时代发展、居民生活方式的改变而发生嬗变。本研究从价值观、历史人文、民俗节庆和传统手工艺四个维度，着重对贵州地区两个典型的传统村落的嬗变进行论述。

5.4.1 价值观

价值观是居民对事物“有价值”的认定和判断，受生活环境、宗教信仰、民族文化的影响，在一定时期具有稳定性，但由于生活方式和生计模式的改变，郎德上寨和堂安侗寨居民的价值观出现嬗变。

5.4.1.1 郎德上寨

——郎德上寨公平团结的价值观向追求经济利益最大化转变。郎德上寨的“工分制”被认为是传统村落中的苗族居民互帮互助，实现村集体公平和团结的有效利益分配方式，老幼妇孺都能参加旅游接待，每个月/年凭借所得工分获取相应的经济收入，在经济发展过程中照顾特殊群体，追求公平和团结，从而抵制各种力量进入村落进行旅游开发，自己的村落自己当家做主。据吴剑介绍，2008 年第三届贵州旅游产业发展大会本定在郎德上寨召开，因居民不支持，村委会消极懈怠政府工作，最后第三届旅发大会改在西江苗寨召开，自此，西江苗寨在政府的大力扶持及旅游公司的运作下，名声大噪。而郎德上寨原为贵州省东部旅游线路的重要景点，自此逐渐被西江苗寨替代，且因为 2010 年郎德村寨旁国道 308 的修建，进入郎德上寨的交通被阻断，郎德上寨的旅游接待情况越加不尽如人意。

2008 年后，对比西江苗寨蒸蒸日上的旅游盛况，郎德上寨的旅游发展可谓惨淡，其旅游接待人群主要为通过村委会与旅行社建立关系带来的团队游客及慕名前来的散客。据吴剑介绍，近 10 年来，居民既眼热西江苗寨的旅游发展，又局限于本寨的旅游发展困境。2016 年，在村委会领导的努力下，在雷山县领导的统筹安排下，郎德上寨与雷山县郎德文旅发展有限公司（西江千户苗寨文化旅游发展有限公司的子公司）签订旅游发展协议，由郎德文旅公司全权负责郎德上寨的旅游开发工作（图 5 －26）。郎德文旅公司每个月支付村寨固定金额 109600 元，其中，9600 元用于支付郎德上寨的环卫、保安、博物馆管理等人员的工资，1 万元用于支付村寨的表演费用，保留原有的工分制，只是每个月分配的表演费用固定为 10 万元，表演场次分别为上下午各一场，时间固定，郎德文旅公司则自 2017 年 5 月 1 日起于郎德上寨收取景区门票费用 60 元/人。如今，郎德上寨已走向了旅游公司运作之路。

图 5 －26　郎德文旅公司简介

图片来源：课题组拍摄

——集体利益为重向个人利益为重的观念转变。郎德上寨旅游开发时间早，在“集体利益为重，兼顾公平”的理念影响下，产生了工分制。但随着城镇化进程、社会生产力的提高，商业、旅游业的持续繁荣，传统村落居民外出打工经济兴盛，村落居民被裹挟入市场经济中，以效益取胜的市场经济，团结互助的生存法则失灵，面对生存，传统村落居民不得不适应市场的残酷，奉行"经济至上"，个人利益至上。面对旅游市场的日益萧条，郎德上寨最终从工分制走向市场化，将其交给了郎德文旅公司进行开发。但在访谈中，多数居民，尤其是从事农家乐、客栈、餐饮等旅游经营的人员表示非常反对郎德文旅公司的进入。究其原因，一则旅游公司收取门票，游客从保卫亭到郎德上寨必须乘坐景区观光车，私家车不能进入景区，使郎德上寨失去众多的自驾游游客；二则现景区接待的旅游团队都为郎德文旅公司与旅行社建立关系带来的市场，因而旅游团队都在郎德文旅公司设立的接待点住宿和就餐，不在郎德上寨消费，使得农家乐、客栈、餐饮店等失去了客源市场。因郎德上寨从事旅游接待的家庭数量较多，比重较大，因而不少居民对旅游公司的进入多有怨言。而就目前看来，近年来，郎德上寨游客量较少，整体旅游收入并不乐观，旅游公司每个月 10 万元的固定支出能保障居民的基本生活。但显然，居民更看重个人经济利益的获得，且郎德上寨的竞争、攀比、跟风现象也较严重。据吴剑介绍，2008 年郎德上寨仅有老支书客栈 1 家，至 2020 年 4 月，据不完全统计，郎德上寨已有 58 家农家乐和客栈，目前，仍有不少人将民居改造成客栈（图 5 - 27a、图 5 - 27b），却没有考虑到郎德上寨旅游市场的需求情况，存在盲目建设；2014 年，田园农家建造了有独立卫生间的客栈，赢得了广大的消费市场，收益很好，随后，村寨民宿都开始建有独立卫生间的客栈。

图 5 - 27a　正在将民居改造成客栈

图片来源：课题组拍摄

图 5 - 27b　正在装修客栈的独立卫生间

图片来源：课题组拍摄

5.4.1.2 堂安侗寨

——互帮互助的价值观向经济身份攀比转变。堂安侗寨是国家生态博物馆,其木质结构的建筑体现堂安居民顺应自然、利用自然、与自然和谐相处的生活哲学。世代居住于此的人们,就地取材,因地制宜地建造了一座座与自然融为一体的木结构房屋,一家建房,全村帮忙。而如今,外出务工的人们受到外面强势文化的影响,城市生活优越于农村的观念在居民心中根深蒂固,参照城市房屋改成民居建筑成了必然。且2007年堂安火灾对居民建筑砖房的想法影响深刻,堂安侗寨的木结构的房屋一座座被推倒,以前木房子的地基上,一座座砖结构的房子新建起来,自2007年至今,堂安共增加了30栋房屋,且多为砖结构房屋。据调研,一方面居民认为砖房防火,但存在潮湿问题;另一方面,居民认为建砖房子是有钱的象征,如果建不起砖房说明自身没钱没实力,且如今,肇兴管委会的执法人员每天都会巡查堂安的建房情况,管控较严,只有有关系的人才能建砖房。建砖房俨然已经成为居民经济身份地位的证明,攀比心理使得堂安侗寨的整体建筑风貌被破坏,互帮互助的价值观发生了较大变化。

——紧密合作向经济交易转变。如今,堂安侗寨近50%的人以外出务工为主要经济收入来源。大量劳动力的外出,一方面,使人们意识到了劳力可以换取经济收入;另一方面,使得田间耕作、房屋建造等事项,不再出现众多人帮工,需要依靠非亲密血缘关系的人员帮忙。除了丧事,一家有事,全村帮忙的景象几乎没有了。居民介绍,出现这种现象的原因主要有:一是找不到人,村落里能帮工的人多外出打工了。二是不敢请人帮工,因为还不起“人情”,宁愿给工资。在村落里,所有的帮工都要还工,比如,自家建房的时候,请人帮工,那在别人家建房的时候就需要还工,而现在,因为劳动力外出,别人家需要帮工的时候,自家不一定有时间或者外出打工根本不能回家,与其欠人情,不如给钱请人帮忙。三是需要帮工的目的发生变化。以前,在低生产力条件下建房时,大家帮工是为了解决其家庭的居住生存需求。现在,由于外出务工收入增加,经济条件变好,堂安侗寨的居民建造房屋不仅仅是满足住房需要,还会考虑建房以用于旅游经营或房屋出租,因而,有些居民建房数量较多。因为这种原因建房的,村里的亲朋好友多不愿意帮工,一则需要帮工的次数太多,二则亲朋好友家没有那么多机会使其还人情。现在,在插秧、收割、建造房屋时,家里人忙不过来的时候,则会雇用他人帮忙,开具一定的工资,并给予上好招待。社会经济发展,劳动力大量外出,也使得堂安侗寨从低生产力条件下的紧密合作的关系转向市场经济条件下的经济交易关系。

5.4.2 历史人文

村落的传说和故事是追溯传统村落历史的源泉,是对村落从无到有的一种生命历程记载,通常不易嬗变,但是了解村落历史和传说的人越来越少了。而作为没有自身文字的侗族,语言是传承和记录历史最重要的媒介和工具,体现民族的民俗文化心理,承载民族历史和人文。通过对郎德上寨和堂安侗寨的调研,郎德和堂安的历史人文中,发生明显变化的是民族语言。

5.4.2.1 郎德上寨

语言是民族的组成因素和民族社会的标志之一,是民族认同的符号和民族互别的象征。郎德上寨在语言上的变化主要体现在:一是民族语言词汇减少,调研中,郎德上寨的一些年轻大学生介绍,现在有些词语,他们已经不会用苗语表达了,有时候听到长辈说一些苗语词语,都不明白长辈表达的是什么意思,尤其是一些少用的词,比如大象、乌龟等使用频率较低的词语,要通过长辈比画解释才能明白其意思。二是特色词汇使用率降低。由于社会发展及年轻人外地求学或打工,生活中较少接触到苗族比较传统的说辞,因而现在听不懂苗族古歌。苗族古歌的词类似汉语中的文言文,20 世纪 70 年代的人还会用苗族古歌中的词汇交流,因而能听懂苗族古歌,但是 80 年代以后的人,基本不懂苗族古歌中的词汇意思,听不懂苗族古歌。

5.4.2.2 堂安侗寨

堂安侗寨的侗语主要有三点变化:一是语言特点发生变化。如语调。堂安侗语语调下沉,多四声,属于南侗侗语第二土语区。但现在年轻人长期外出打工、外地求学,许多小孩不在堂安上学,所以,现在堂安年轻人说话,音调下沉不那么明显,多趋于平声。二是民族语言词汇减少。调研过程中发现,许多年轻人只能用汉语表达一些词语,已经不会用侗语表达。调研中,邀请当地年轻人和村里长辈深度了解“泥人节”“扮花脸”等习俗,年轻人却发现自己已经不会用侗语表达"扮花脸"，最后只能通过肢体语言，老人家才明白其想表达的意思，说出泥人节和扮花脸等词语的侗语，年轻人才恍然大悟，明白侗语中如何表达"扮花脸"。三是民族语言价值不被年轻人广泛认同。很多未接受高等教育的年轻人没有意识到本民族语言的价值，认为侗语没什么好学的，学会普通话才能和外界沟通交流。据调研，堂安侗寨许多老人，很想学习普通话，认为侗语和普通话都很重要，若只懂侗语，不懂普通话，没有办法和外面的人沟通交流，不能了解外面的世界；只懂普通话，不懂侗语，无法理解侗歌的深意，不能理解和了解侗歌中教人为人处世的深刻寓意。且汉语有时无法表达出侗语的语境。比如，侗语"dà nǎo dà nān bǎn ，wèng nǎo wèng jiāng nán"（音译），汉译为"眼大看朋友，嘴大能吃肉"，但侗语中该句话蕴含着形容小女孩眼大机灵、伶俐俏皮的语义，而在汉译的语义中，不能体现出小女孩俏皮伶俐的感觉。又如"gà gěi lào wèng kǎi lào wèng"（音译），汉译为"乌鸦拉屎都掉不到嘴里"，侗语中该词则形容人非常懒。但这些词语，很多年轻人已经不懂也不会说了。

5.4.3 民俗节庆

民俗节庆与居民的生活息息相关，它是人与地理环境、人与人文环境互动的综合产物。它是由特定的群体，即村落的居民在其生活的场域中共同实现的艺术，需要存在于一定的文化空间和氛围、需要特定区域里居民的参与，并以群体性的方式呈现出来，既是民众的娱乐方式，也是一种生产生活方式。但民俗节庆一旦脱离生活，则其不再鲜活。旅游发展使得郎德上寨和堂安侗寨的一些民俗节庆发生了诸多嬗变。

5.4.3.1 郎德上寨

——歌舞表演呈现出空心化、表演化。郎德上寨旅游开发时间早，1985年，郎德上寨作为黔东南民族风情旅游点率先对外开放。2008年以前，郎德上寨是贵州东部旅游线路的重要景点，因而郎德上寨早在20世纪90年代就已经整合村落的文化资源，设置寨门迎宾十二道拦门酒、民族歌舞表演等节目吸引游客，展示民族风情。如今，旅游公司的介入，使得郎德上寨歌舞表演空心化和表演化的进程加快。

据陈龙一家介绍,2016 年以前,郎德文旅公司尚未进入郎德上寨进行旅游开发,郎德上寨在接待游客展示十二道拦门酒的时候,没有对人员长相的要求,而现在,郎德文旅公司会派形象气质佳的 3—4 名工作人员参与十二道拦门酒的第一道和第二道拦门酒的接待,向游客展示郎德上寨的美好形象。此外,郎德文旅公司曾一度让公司工作人员来参与歌舞表演,居民看到旅游公司人员在铜鼓场表演节目,都集体不参与表演,因为居民们的反对,旅游公司对此才不得不放弃。

此外,郎德文旅公司尚未接管郎德上寨旅游开发前,郎德上寨迎接游客的表演节目都是居民自己组织,自己表演,会有专人组织练习歌舞,但旅游开发时间越长,大家表演的次数越多,越不能全身心投入,有时候会想着应付游客,早点结束,回家干农活或兜售旅游商品。这时,大家会表演的歌舞曲目接近 20 首,可以根据团队游客的需求随时调整节目,每天可以表演不一样的歌舞,团队游客没有要求的时候,组织者和参与表演的人员也会根据情况调整变化曲目,尽量让大家每天表演不一样的歌舞,保证新鲜感和体验度。而 2016 年后,郎德文旅公司则固定十二道拦门酒和歌舞表演的时间及场次,上下午各一场,演出时间为 10:30—11:20 和 16:30—17:20,且每天的生态歌舞演出节目数量为 6—7 个,表演内容固定,访谈者表示以前每天还能跳不一样的民族舞蹈,现在每天表演一样的节目,都已经跳腻了,完全没有参与的兴趣,仅仅为了在闲暇时间挣得工分而参与演出。

——民俗文化传承日益困难。从郎德上寨歌舞表演中所展示的歌舞情况,就能看出郎德上寨民俗文化传承境况窘迫。以前,郎德上寨所有的歌舞演出中节目都是集全村落的人员力量,实力演出。近年来,郎德上寨的歌舞演出因为缺少演出人员,需要用录音机播放芦笙曲、苗族古歌,缺乏了活力和灵动性。究其原因,现在村落里会唱苗族古歌、会吹芦笙的人越来越少了,能听懂苗族古歌的人在减少,对苗族古歌感兴趣的人更少,几乎没有,因而中青年人中没有人学会唱苗族古歌,只能录音播放。掌握芦笙吹奏技艺的人减少,而少数擅长芦笙吹奏的人不愿意留在村落,因为外出在旅游公司、演艺团队或者城市的民族餐厅等场所演出能获得更多收入。现在,郎德文旅公司要求每天表演的民族歌舞一样,数量仅 6—7 个,因为大家都已经掌握,且节目不需要创新，现在又没有人再组织大家训练。长此以往，郎德上寨人们慢慢忘记其他的民族歌舞，传统民俗文化将会保留得越来越少，传承情况堪忧。

——信仰淡化。据调研，郎德上寨的牯藏节、扫寨、苗年等习俗传承至今，程序及内涵上并无明显变化，但是从"鼓"的使用，可以发现人们的信仰在淡化。鼓，历来是苗族人供奉的圣物，苗族人认为祖先去世后，灵魂都居住在鼓里，因而击鼓，是祭祀祖先、唤醒祖先沉睡的灵魂，邀请祖先与子孙后代同乐，保佑本宗族后代健康安宁，因而在重大节庆或祭祀时才能击鼓。而郎德上寨的铜鼓因旅游接待需要，每天都能响起。西江苗寨将祭祀时用的鼓与表演所用的鼓区别开来。据郎德上寨的鬼师介绍，郎德上寨祭祀祖先与旅游接待所用的铜鼓为同一件铜鼓，没有区别。苗族牯藏节的最后一年，需藏鼓，但郎德上寨牯藏节时，因有使用需要，不会将鼓藏起来。且郎德上寨以前所用的是木鼓，后来因木鼓不易保存，换成了铜鼓。另外，郎德上寨在20世纪80年代旅游开发时，曾因为能否在农忙时节吹奏芦笙，引发居民很大争议，因为人们认为农忙时节吹奏芦笙，将会惹怒祖先，使得农作物减产，后经过村委会各方劝说，居民才同意在农忙季节吹奏芦笙，事后证明此事并未影响农作物减产，自此，芦笙也能随时吹奏，没有禁忌。

5.4.3.2 堂安侗寨

堂安侗寨的非物质文化遗产未得到有效旅游开发，因而非物质文化遗产，尤其是民俗节庆的内涵没有明显嬗变，仍然为村落中民众自发性活动，不需要迎合游客喜好，属于侗族人们自己的娱乐。但伴随社会发展，周边侗寨如肇兴侗寨、地扪侗寨等侗寨旅游开发的影响，堂安侗寨的民俗节庆也不可避免地受到影响，发生嬗变。

一是民族歌舞展示开始迎合大众旅游消费市场需求。课题组在调研期间访谈到陆含青，向其重点了解堂安侗寨歌舞的发展变化情况。陆含青于2018年从肇兴侗寨初中毕业班考到凯里学院传承班学习侗歌，学制5年，大专学历。据介绍，堂安侗歌，唱调简单低沉，唱起来让游客觉得不够欢快愉悦，不够好听，但注重唱侗歌歌词的意思，唱做人的道理，富含深意，每句侗歌歌词会唱得很细腻，深入人心，直击心灵，让人感同身受。堂安侗歌教唱做人的道理，如《父母养育不容易》，唱婆媳关系如何相处，唱侗族的历史，如《姜良姜美》（音译),唱的内容是上天要惩罚人类,然后给了姜良姜美一颗南瓜种子,南瓜日渐长大,后来发大洪水,所有东西都被淹没,姜良姜美躲进南瓜中避过灾难,然后他们创造了世人。但现在堂安20世纪90年代以后出生的人很少接触侗歌,大多数听不懂堂安侗歌的含义。陆含青属于90年代后的年轻人,这一辈的堂安人在厦格侗寨上小学,肇兴侗寨上初中。一般在肇兴中学的初中班,开始接触侗歌学习,而肇兴中学学习的侗歌,就已经和现在凯里学院所学侗歌类似,注重音色,注重唱歌技巧和方式,使侗歌唱起来音调更好听,更具观赏性,但所唱的侗歌歌词含义很少,通常只唱一遍歌词,不会重复强调歌词含义,重点关注侗歌是否给人带来好听的感受,但缺乏含义和蕴意。侗戏在侗族人民中广受欢迎。据堂安侗寨戏师陆跃刚介绍,堂安侗寨有自己的戏班、戏楼,会编排侗戏,参加侗戏月也。因为侗戏采用侗语演唱,堂安尚未有侗戏的汉译版本,非侗族人听不懂,因而堂安的戏班开始着重考虑如何让游客能听懂侗戏,如何表演能让游客觉得好看。随着电视网络的发展,以陆跃刚为首的戏师们已经开始探索提高侗戏的可观赏性,他们现在在排练时更讲究戏班成员演戏时的站姿、走位、表情等,而以前,他们更关注侗戏剧本的内容情节。

二是民俗节庆功能嬗变。一方面,堂安侗寨的民俗节庆更加注重娱乐性,活动次数逐渐增加。据调研,2010年前,堂安侗族村寨经济水平较低,月也是侗族村寨集体做客,主寨和客寨的花费都很大,因此,侗族村寨每年都很少与其他侗寨开展月也活动,基本过年的时候才开展一次月也,一般不招待客寨住宿过夜。2010年后,侗寨整体经济水平提高,月也活动开展的次数越加频繁。以2019年为例,9—10月一个月时间,堂安侗寨就与上地坪侗寨、肇兴侗寨智团、厦格上寨等多个侗寨开展芦笙月也活动,也表明侗寨人民越来越喜欢通过月也活动沟通交流。堂安侗寨中秋节过泥人节,以前主要观看斗牛,没有“打花脸”的活动。但现在少有人养牛,斗牛活动难以开展。2019年堂安侗寨的中秋节,就因为没有牛,并未开展斗牛活动。据调研,2013年后,堂安侗寨在中秋节时才有“打花脸”活动,且表演方式越加滑稽搞笑,居民们表示怎么好玩怎么来。这些变化都表明了经济条件好转后,侗族人们越来越喜欢民俗活动的娱乐体验,也体现了堂安人们对生活的追求和享受。另一方面,民俗节庆的传统功能蜕化,出现新的功能。行歌坐月是侗族未婚男女的交往活动和恋爱方式。未婚小伙子们与未婚姑娘们不能私下直接联系，只能在女方好朋友家中的堂屋或火塘边，一起行歌坐月，大家通过对歌沟通感情。20 世纪 90 年代前，堂安侗寨已经少有行歌坐月的方式。近年来，侗寨的行歌坐月反而盛行起来，但是活动的主角从未婚的年轻男女变成了老年人，现在，堂安侗寨、厦格侗寨、肇兴侗寨等其他侗寨的老年人通过行歌坐月相识相熟，或选取再婚对象。年轻人因为会唱侗歌的很少，无法参与行歌坐月，且年轻人已经通过微信、QQ 等现下的沟通方式进行交流，不需要凭借行歌坐月谈情说爱。2020 年，课题组调研期间，受陆跃刚的邀请，欣赏到侗寨行歌坐月民俗。2020 年4 月3 日晚上10点，堂安侗寨的琴师陆跃刚和陆安银(亦为鼓楼建造师)，受邀前往厦格中寨女歌师家中行歌坐月(图 5 – 28)，厦格中寨的 2 名女歌师轮流独唱侗歌，琴师陆跃刚和陆安银则分别手持琵琶和牛腿琴弹唱。可以看出，如今堂安侗寨及其周边侗寨的行歌坐月功能已经完全改变，该活动已成为侗族文化喜好者增深友谊、加强沟通的聚众休闲方式。

图 5 – 28　堂安侗寨与厦格侗寨的行歌坐月

图片来源：课题组拍摄

三是民俗节庆程序简化。侗族是一个重视男女自由结合及子嗣传承的民族。因此，有半夜出嫁、不落夫家和满月陪嫁的习俗。但堂安侗寨的婚俗也随着社会变化在逐渐变迁。据堂安侗寨陆跃刚及堂安侗寨村主任陆泽刚的妻子介绍，至今，本村寨中的男女结婚，仍然遵循半夜出嫁和满月陪嫁的习俗，但现在，随着社会的发展变迁，这些习俗程序发生了变化。如现在都会落夫家，且结婚当年，只有男方请女方客人喝酒吃饭，女方不再请男方家喝酒吃饭了，最后满月陪嫁时，采用简易版的程序，仅办一天的酒席，而以前至少要宴请3天。有时甚至因为家中特殊情况，改变了原有的习俗，如2019年，在堂安侗寨调研期间了解到，刚满月的陆阳，由奶奶和父母带着回外婆家（图5－29），简单地吃顿饭就返回自己家，因为外公和爷爷都出门在外打工，因此陆阳的满月酒和妈妈的陪嫁选择在来年再举行。此外，因为与外界的沟通交流增加，侗寨中有村外的人嫁进来，或者村中小伙外出打工，直接找了对象，有了孩子才回村寨结婚，这时，结婚当天就陪嫁了，不需要进行陪嫁前的程序了。

图5－29　堂安侗寨孩子满月回外婆家

图片来源：侗族文化迷张庆巍提供

四是文化传承出现年龄阶层化。虽然堂安侗寨居民对村落的民俗节庆有高度的认同感，但在实际的传承中，出现了阶层化。堂安不同年龄居民在建设美丽村落的文态美的情感上存在较显著差异，50岁以上这个年龄段的居民对村落民俗文化的情感认同度最高，分值高达4.72。如今，堂安的文化传承上，50岁以上的中老人成为中坚力量。如堂安侗寨如今有4个中老年歌队，由中老年人组建的“百鸟巢”，是堂安侗寨宣传、传承堂安侗族非物质文化的典型。

而25 岁以下的年轻人热爱民俗节庆，但传承参与度非常低，堂安如今没有青年人歌队，年轻人多已不太会唱侗歌、不擅长弹奏琵琶和牛腿琴了。

5.4.4 传统手工艺

5.4.4.1 郎德上寨

一是传统手工艺失去了温度。苗族刺绣是国家非物质文化遗产，如今的郎德上寨，手工刺绣品少，机绣产品多。刺绣手工艺传达的是手艺人对刺绣产品以及刺绣品使用人的爱，是一种情感的温度。旅游开发后，郎德上寨苗族服饰的需求增加，而使用电脑绣花的苗绣，时间少，成本低，因此，电脑绣花的苗绣逐渐替代传统的手工苗绣。现在郎德上寨的女性们，尤其是年轻女性，更为关注成本与经济，相比手工刺绣的时间和精力成本，手工刺绣品的“温度”不再那么重要，机绣更适合当下的市场环境，经济又实惠，郎德妇女居民日常所穿服装或节庆表演服装绝大多数都为电脑绣花而成。纯手工刺绣的工艺品数量少，价格高昂。且郎德上寨 20 世纪 90 年代后出生的女性多不会刺绣工艺，相比学习和外出务工带来的“收益”，学习刺绣的机会成本过高，因而年轻女性多不愿花时间、花精力学习，郎德上寨的刺绣工艺也出现断层。

图 5－30 陈金才传统手工艺教学

图片来源：陈金才提供

二是传承方式有了创新。苗族刺绣主要通过“母传女，姑传嫂”等方式实现家庭或家族传承。在调研中，发现郎德上寨的传统手工艺传承出现了新的方式——传承班教授学习（图 5－30）。苗族蜡染手艺人陈金才，在熟练掌握蜡染技艺后，通过申请蜡染非遗传承项目获得资金，免费教授全村 20 多名人员学习蜡染技艺，逐渐形成郎德上寨蜡染工艺团队，逐渐规范蜡染工艺流程，商定郎德上寨蜡染工艺品的定价，增加居民收入的同时，实现苗族蜡染工艺的有效传承。

5.4.4.2 堂安侗寨

堂安侗寨的传统手工艺主要为家庭使用，极少产生经济价值，所以，无论是刺绣、油茶工艺、侗布制作等传统手工艺的材料和工艺都未发生明显嬗变，但在整体情况上有细微变化。

一是引入了其他民族手工艺技术，如蜡染工艺。堂安侗寨居民陆礼婵，引入了苗族蜡染（图5－31），结合蓝靛靛染工艺开发设计手工艺品，以获得经济收入。不过，其仅仅是引入蜡染，虽未深度挖掘本民族的传统手工艺和历史文化，但仍然沿用堂安侗寨蓝靛靛染工艺程序和原料。

二是出现机绣产品。调研组发现，整个堂安侗寨有2家机器加工服装的小店，一家为陆安银妻子于家中开设（图5－32），2020年受疫情影响未开门；另一家为2020年初刚开设的小店（图5－33a、图5－33b），位于堂安侗寨主路旁，租赁陆跃刚家的偏厦。2家服装加工店，主要都是从凯里等地批发机绣花边、素色衣服等物品，然后在素色衣服的袖口、领边等地方裹上机绣花边，主要出售给本村落女性居民。传统手工刺绣产品，如背带或侗衣，因为价格较高且多有家人制作，店铺里则没有出售。

图5－31　堂安侗寨陆礼婵的苗族蜡染品

图片来源：陈金才提供

图 5-32　陆安银妻子开设于家中的服装店

图片来源：课题组拍摄

图 5-33a　批发花边机械加工成衣

图片来源：课题组拍摄

图 5-33b　机器加工的成衣

图片来源：课题组拍摄

三是吊脚楼建造工艺渐渐失去传承根基。堂安侗寨男子多会木匠工艺，有 9 名“掌墨师”和 30 多名木工，鼓楼和花桥的建造工艺在他们手上得以传承,但是却少有人熟练掌握民居木房建造工艺。侗族地少人多,建造民居时,房屋的地基并不是规则的,它的地势有高有低,地形可能一头大,另一头小,甚至有些地方是弯曲状的。师傅只需实地勘测,不依照任何图纸,仅凭墨斗、斧头、凿子、锯子和胸有成竹的方案,就能知道房子需要多少柱子、屋梁、穿枋,就能在地形各异的斜坡陡坎上建造起与地形走势一致的房屋,使得房屋柱柱相连、枋枋相接、梁梁相扣,足见侗族民居建筑工匠的工艺水平。由于侗族没有文字,这些技艺依靠口头传承,多以家族、师徒为单位内部传承。但随着堂安侗寨砖结构房子的兴建,纯木结构的房子建造数量越来越少,陆安银师傅也表示,在他近 40 年的木工生涯中,建造木房的总数不超过 7 座,民居木房的建造工艺将渐渐失去传承。

第 6 章　居民态度实证研究

本研究以态度理论为基础，根据学者弗里德曼和迈尔斯等提出的态度涉及的三个维度，即认知、情感和行为意向，以及态度的 ABC 结构，结合郎德上寨和堂安侗寨美的三个维度，即生态美、形态美和文态美，首先，提出研究假设，并建构居民态度研究假设模型；其次，进行研究设计，包括问卷设计和数据收集；最后，对数据进行分析，对研究假设进行检验及分析，旨在对这两个村寨的美丽嬗变和美丽建设提供数据支持。

6.1　居民态度研究假设

6.1.1　两地居民的性别、年龄结构、居住年限分布均无显著差异(H1)

郎德上寨和堂安侗寨为两个调研对象，分别位于不同的地区、不同发展阶段、拥有不同的历史和民族文化，课题组在不同的时间对两地进行调研，为了确保课题组收集的数据及其结构合理、有效，保障后续研究的顺利开展，特提出此项研究假设。

6.1.2　两地居民的文化程度、家庭年收入、家庭收入来源、传统手工艺掌握情况均存在显著差异(H2)

本研究采用对比研究的研究方法，选择民族特色鲜明，且处于不同的发展阶段的郎德上寨和堂安侗寨为研究对象，为了确保研究对象存在明显对比性，确保后续对比性研究的顺利进行，使研究成果具有普适性、实践性和科学性，课题组特设计了 4 个选项，即文化程度、家庭年收入、家庭收入来源、传统手工艺掌握情况，作为验证对比性研究有效性的依据，故提出此项研究假设。

6.1.3 两地居民态度总均分及认知、情感、行为意向三个维度上均无显著差异(H3)

本研究以态度理论为基础,以学者弗里德曼和迈尔斯等提出的态度涉及的三个维度,即认知、情感和行为意向,以及态度的 ABC 结构为依据,根据村落生态美、形态美和文态美的特征,提出居民态度的认知维度体现为对生态美和形态美的认知度,情感维度体现为对文态美的情感度,行为意向维度体现为对村落建设的意愿程度,从而建立本研究的居民态度结构,为了体现该居民态度结构对两地同样适用和有效,体现两地居民在建设美丽村落态度及认知、情感、行为意向三个维度上是否存在差异,为后续对比性研究奠定基础,特设计此项研究假设。

6.1.4 居民认知、情感、行为意向与态度总均分呈正相关,且认知、情感、行为意向两两之间呈正相关(H4)

美是传统村落保护发展共同的作用点,因此,居民对村落美的建设态度是传统村落保护发展的内生动力。本研究试图通过居民对村落生态美、形态美的认知度、对村落文态美的情感度,对村落建设的意愿度与居民建设美丽村落的态度呈正相关,证明要改变居民对村落建设的态度,可以改变其中的任何一个维度得以实现,从而支撑第 7 章美丽村落建设路径。此外,本研究基于整体性思维,提出传统村落的美具有整体性特征,即由生态美和形态美构成的物质环境的美与由文态美构成的非物质环境的美共同生成传统村落的整体美,物质与非物质环境具有相互促进的作用,居民在美的村落里获得的归属感、认同感和自豪感激发他们对村落建设的意愿(行为),而且这种意愿(行为)又作用于村落美的建设,通过美的建设增强居民的归属感、认同感和自豪感,为了支持它们之间相互作用的关系,需要通过认知、情感、行为意向两两之间呈正相关作为支撑。综上,特设计此项研究假设,并构建了居民态度研究假设模型(图 6-1)。

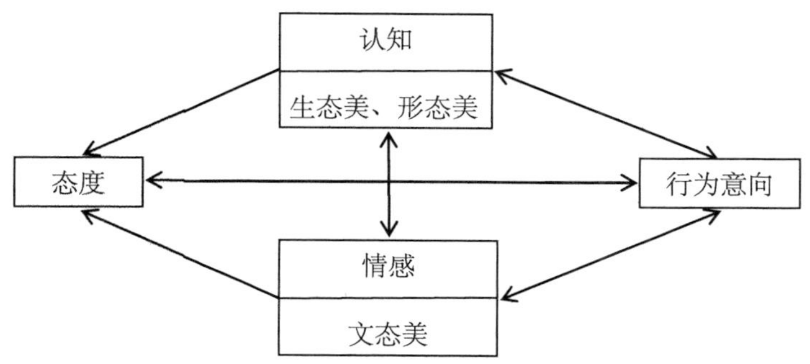

图 6－1　居民态度研究假设模型

6.2　居民态度研究设计

6.2.1　问卷设计

基于研究假设，本研究采用调研访谈、问卷设计、问卷调查的方式进行数据收集，为后续的实证分析及假设验证提供基础数据。其中，问卷设计分为两个部分，第一部分为人口学问卷；第二部分是居民建设美丽村落态度调查问卷。

6.2.1.1　人口学问卷

为了支持 H1 和 H2 两项研究假设，本研究借鉴学者兰克福德和霍华德[①]提出的影响居民对旅游感知与态度变量的研究成果，比较不同人口学特征居民对美丽村落建设的认知、情感及行为意向的差异，因此，这部分问卷内容主要考量被试者的基本信息，共有 7 道题。包括被试者的性别、年龄结构、文化程度、家庭收入水平、家庭收入来源、居住年限、手工艺掌握情况 7 个方面的问题。

6.2.1.2　居民建设美丽村落态度调查问卷

为了支持 H3 和 H4 两项研究假设，本研究采用弗里德曼、迈尔斯等的态度三维度结构模型，即态度的认知、情感和行为意向三结构模型，根据对传统村落美的三个维度，即生态美、形态美和文态美的内涵分析，设计该调查问卷的内容：第一，认知维度，它指对于村落生态美和形态美的认知度，设计了 7 个

① Lankford S V, D R Howard. Developing a Tourism Impact Attitude Scale[J]. Annals ofTourism Research, 1994, 21(1): 121 - 139.

题项与之对应,其中,1—3 题是指对生态美的认知,通过"田园风光、树林和水系统是美丽村落不可或缺的一部分""咱们村落的规模在不断扩大""咱们村落的街巷还保有原来的风貌"3 个题项,来体现居民对经过利用和改造的村落生态环境和村落空间的认知;4—7 题是指对形态美的认知,通过"咱们村落的民居建筑仍保有原来的造型和高度""咱们村落的公共建筑仍保有原来的造型和高度""咱们的房屋建筑材料仍以木质材料为主""咱们的房屋建筑平面布局更加满足现代生活的需要"4 个题项,来体现居民对村落建筑风貌的认知。第二,情感维度,它指对于村落文态美的情感度,设计了 6 个题项与之对应,即 8—13 题,通过"我非常喜欢我们村落的传统故事""我很喜欢我们的本民族语言""我非常喜欢我们的歌舞表演""我以我们拥有传统手工技艺而感觉骄傲""我非常喜欢我们的民俗及节庆活动""我非常喜欢邻里间互帮互助的人际关系"6 个题项,来体现居民对村落的非物质文化资源的情感度。第三,行为意向维度,设计了 3 个题项与之对应,即 14—16 题,通过"即便外出务工收入可观,但一旦有机会,我仍会选择留在家乡建设家乡""我希望子女(将来有了子女)能有机会留在家乡建设家乡""当个人利益与美丽家乡建设相关条例相悖时,我会选择遵守相关条例规定"3 个题项,来体现居民扎根村落、建设村落的行为意愿(见表 6-1)。

表 6-1　居民态度问卷

维度		题号/题项	题目
认知(Cognitive)	生态美	1/C1	田园风光、树林和水系统是美丽村落不可或缺的一部分
		2/C2	咱们村落的规模在不断扩大
		3/C3	咱们村落的街巷还保有原来的风貌
	形态美	4/C4	咱们村落的民居建筑仍保有原来的造型和高度
		5/C5	咱们村落的公共建筑仍保有原来的造型和高度
		6/C6	咱们的房屋建筑材料仍以木质材料为主
		7/C7	咱们的房屋建筑平面布局更加满足现代生活的需要

续表

维度	题号/题项	题目
情感 (Affective)	8/A1	我非常喜欢我们村落的传统故事
	9/A2	我很喜欢我们本民族语言
	10/A3	我非常喜欢我们的歌舞表演
	11/A4	我以我们拥有传统手工技艺而感觉骄傲
	12/A5	我非常喜欢我们的民俗及节庆活动
	13/A6	我非常喜欢邻里间互帮互助的人际关系
行为意向 (Behavior)	14/B1	即便外出务工收入可观,但一旦有机会,我仍会选择留在家乡建设家乡
	15/B2	我希望子女(将来有了子女)能有机会留在家乡建设家乡
	16/B3	当个人利益与美丽家乡建设相关条例相悖时,我会选择遵守相关条例规定

问卷采用 Likert 五级记分法进行统计测量,即根据问题表述符合被试实际情况的程度,选项依次为“非常不符合”“不符合”“差不多”“符合”“非常符合”5 级,按照选项依次赋 1—5 分。

6.2.2 数据收集

本研究的数据收集主要运用两种方式:其一,2020 年 3 月、4 月,课题组在深入郎德上寨和堂安侗寨进行实地调研期间,通过访谈和填写纸质版问卷,以及面对面通过微信填写“问卷星”(一个专业的在线问卷调查、采集数据的平台)的方式收集数据;其二,委托村干部、旅游公司管理层,通过向居民发放纸质版问卷填写和通过微信在居民群里以“问卷星”的形式发放问卷的方式收集数据。

两种方式共发放问卷480 份,其中郎德上寨160 份、堂安侗寨300 份,对于回收的问卷遵循以下原则进行筛选:①问卷中变量有缺失的进行删除;②问卷全部题目中选择统一选项的进行删除;③问卷中前后答案明显矛盾的进行删除。经过筛选,共回收问卷 403 份,其中郎德上寨 142 份、堂安侗寨 261 份,问卷回收率分别为 88.7% 和 87%。

6.3 居民态度实证研究

本研究对有效问卷采用 Windows Excel 和 SPSS22.0 软件包进行数据管理和采用因素分析、信度分析、描述性分析、方差分析、相关性分析等统计分析方法进行实证分析，旨在对问卷的信度和效度进行检验和对研究假设进行验证。

6.3.1 问卷的信度、效度检验

6.3.1.1 信度检验

表 6-2 居民态度问卷因素分析、信度检验

因素	题项	因素载荷	Cronbachα	解释变异量(%)	累计解释变异量(%)
认知	C1	0.613	0.850	38.40	38.40
	C2	0.76			
	C3	0.78			
	C4	0.77			
	C5	0.729			
	C6	0.73			
	C7	0.337			
情感	A1	0.817	0.865	17.38	55.78
	A2	0.588			
	A3	0.802			
	A4	0.479			
	A5	0.714			
	A6	0.585			
行为意向	B1	0.742	0.845	12.16	67.94
	B2	0.713			
	B3	0.423			

问卷的信度主要是指问卷测试结果的一致性和稳定性。本研究采用内部一致性信度克龙巴赫 α 系数检验问卷信度。克龙巴赫 α 系数是社会研究常用的信度指标，α 值大于 0.7 表明数据可靠性较高①。本研究中居民态度问卷的克龙巴赫 α 系数 0.877，居民态度问卷通过了信度检验，具有较好的内部一致性信度，可以对数据进行后续分析。

本研究使用主轴因素分析法（Principal Axis factoring），采用斜交旋转，提取特征值大于 1 的项目。结合居民态度问卷设计选取的三个因子，通过因子降维分析，提取 3 个因子，共解释变异量为 67.94%，因素提取与问卷设计结构基本一致，得到验证后问卷的因子解释变异量见表 6－2。

6.3.1.2 效度检验

效度是指所测量到的结果反映所要考察内容的程度，本研究采用探索性因子分析方法对问卷结构效度进行测量，包括 KMO 样本测量和 Bartlett 球体检验。一般认为，KMO 值大于 0.60 即说明数据具有良好效度，可进行因子分析。本研究中居民态度问卷的 KMO 值为 α 值为 0.875，且 Bartlett 球形检验 P＝0.000，说明数据具有良好的结构效度，可进行因子分析。

6.3.2 研究变量人口学描述性统计及差异分析

为了验证两地居民的性别、年龄结构、居住年限均无差别（H1）和两地居民的文化程度、家庭年收入、家庭收入来源、传统手工艺掌握情况均存在显著差异（H2）两项研究假设，需要对郎德上寨和堂安侗寨进行研究变量人口学描述性统计及差异分析。

通过对郎德上寨和堂安侗寨 403 份有效问卷进行整理统计，得出两个村寨人口学描述性统计基本数据（见表 6－3），据此，分析比较郎德上寨和堂安侗寨人口学变量的分布情况及其特征。

如表 6－3 所示，郎德上寨与堂安侗寨两地居民的性别、年龄结构分布和居住年限的 T 检验值，P 大于 0.05，说明两地居民在性别结构、年龄结构及居住年限的分布上均无显著差异，因此，两地居民的性别、年龄结构、居住年限均

---

① Hair Joseph F. Jr. Rolph E. Anderson, Ronald L. Tatham, and William C. Black. Multivariate Data Analysis. Fifth Edition Upper Saddle River, NJ: Prentice Hall, 1998, 1: 499.

无差别（H1）的研究假设获得支持，体现了课题组收集的数据及其结构合理、有效，为后续研究奠定基础。

如表 6－3 所示，郎德上寨与堂安侗寨两地居民在文化程度、家庭年收入、家庭收入来源及传统手工艺掌握情况 4 个人口学特征的 T 检验值，P 值均小于 0.05，说明两地居民的文化程度、家庭年收入、家庭收入来源及传统手工艺掌握情况存在显著差异。

表 6－3　研究变量人口学数据统计及方差分析（n＝403）

人口变量	变项	郎德上寨（n＝142）		堂安侗寨（n＝261）		F	P
		样本量	百分比	样本量	百分比		
性别	男	83	58.5	143	54.8	0.499	0.480
	女	59	41.5	118	45.2		
年龄	18—25	25	17.6	79	30.3	3.71	0.055
	26—50	90	63.4	134	51.3		
	50 岁以上	27	19	48	18.4		
文化程度	小学	13	9.2	65	24.9	40.53	0.000
	初中	44	31	126	48.3		
	高中（中专）	51	35.9	40	15.3		
	大学及以上	34	23.9	30	11.5		
家庭年收入	2 万元以下	14	9.9	53	20.3	23.285	0.000
	2 万—5 万元	52	36.6	141	54		
	5 万以上—10 万元	61	43	47	18		
	10 万元以上	15	10.6	20	7.7		
家庭收入来源	务农收入	18	12.7	24	9.2	68.08	0.000
	外出务工收入	10	7	130	49.8		
	其他收入	24	16.9	72	27.6		
	与旅游发展相关收入	63	44.4	35	13.4		
	旅游红利	27	19	0	0		

续表

人口变量	变项	郎德上寨(n=142)		堂安侗寨(n=261)		F	P
		样本量	百分比	样本量	百分比		
居住年限	15年以下	28	19.7	38	16.8	0.664	0.416
	15年以上	114	80.3	188	83.2		
掌握传统手工艺情况	是	142	76.8	158	60.5	8.92	0.003
	否	33	23.2	103	39.5		

注：$P<0.05$

第一，文化程度层面。郎德上寨居民以高中、大学文化层次为主，高中文化程度比例达35.9%，大学文化程度比例为23.9%。堂安侗寨主要以初中文化程度为主，其所占比例达48.3%，占到将近一半的比例，而高中文化程度比例为15.3%，本科及以上文化程度仅占11.5%。可见，两个村寨居民的文化程度存在显著差异，这与实际调研访谈的情况一致。

第二，家庭年收入水平层面。郎德上寨家庭年收入2万元以下的比例仅占9.9%，2万—5万元家庭年收入的比例为36.6%，5万—10万元家庭年收入的比达到43.0%，10万元以上家庭年收入的比例占10.6%；堂安侗寨家庭年收入2万元以下的比例为20.3%，2万—5万元家庭年收入的比例达到54%，5万以上—10万元家庭年收入的比例为18.0%，10万元以上家庭年收入比例占7.7%。可见两个村寨的收入水平具有显著的差异，T检验的结果也证明了这一点。

第三，家庭收入来源层面。郎德上寨家庭收入来源于务农收入的比例为12.7%，来源于外出务工收入的比例为7.0%，来源于其他收入的比例占16.9%，来源于与旅游发展相关收入的比例达到44.4%，来源于旅游红利的比例为19.0%；堂安侗寨家庭收入来源于务农收入的比例为9.2%，来源于外出务工收入的比例达到49.8%，来源于其他收入的比例占27.6%，来源于与旅游发展相关收入的比例为13.4%，来源于旅游红利的比例为0。可见，从收入结构来看，两个村落存在显著差异，通过T检验的结论也证实了这一点，体现了郎德上寨以旅游为主导多元共存的生计模式，堂安侗寨以外出务工为主导多元共存的生计模式。

第四,掌握传统手工艺层面。郎德上寨掌握传统手工艺的居民占76.8%;堂安侗寨掌握传统手工艺的居民占60.5%。从手工艺掌握情况来看,两个村落的确存在显著差异,通过T检验的结论也证实这一点。

综上,两地居民的文化程度、家庭年收入、家庭收入来源、传统手工艺掌握情况均存在显著差异(H2)的研究假设得到验证,体现了两个村寨存在明显的对比性,为后续的对比性研究提供支持。

6.3.3 两地居民态度描述性统计及差异分析

为了验证两地居民态度总均分及认知、情感、行为意向三个维度上均无显著差异(H3)的研究假设,需要对郎德上寨和堂安侗寨进行居民态度描述性统计及差异分析,分析结果见表6-4。

表6-4 郎德上寨、堂安侗寨居民态度描述性统计及方差分析

因子	题项	郎德上寨(n=142)		堂安侗寨(n=261)		T	Sig.
		均分	标准差	均分	标准差		
认知	C1	4.54	0.73	4.49	0.69	-0.66	0.508
	C2	3.96	1.12	4.08	0.92	1.08	0.309
	C3	4.32	0.89	3.61	1.09	-6.59	0.000
	C4	4.34	0.86	3.62	1.05	-6.98	0.000
	C5	3.69	0.72	3.97	0.99	3.03	0.001
	C6	4.48	0.7	3.87	1.04	-6.26	0.000
	C7	4.07	0.96	3.92	0.94	-1.45	0.148
情感	A1	4.63	0.59	4.65	0.59	0.22	0.823
	A2	4.72	0.55	4.71	0.54	-0.17	0.868
	A3	4.66	0.57	4.59	0.67	-1.03	0.283
	A4	4.68	0.63	4.53	0.75	-1.99	0.036
	A5	4.70	0.55	4.63	0.61	-1.06	0.274
	A6	4.64	0.62	4.54	0.62	-1.61	0.109

续表

因子	题项	郎德上寨(n=142)		堂安侗寨(n=261)		T	Sig.
		均分	标准差	均分	标准差		
行为意向	B1	4.5	0.77	4.39	0.9	-1.18	0.240
	B2	4.46	0.77	4.15	1.09	-3.03	0.001
	B3	4.52	0.73	4.21	1.06	-3.08	0.001
生态美认知	C—E	4.27	0.7	4.06	0.69	-2.93	0.003
形态美认知	C—M	4.14	0.54	3.85	0.77	-4.49	0.000
认知均分	C	4.2	0.57	3.94	0.64	-4.02	0.000
情感均分	A	4.75	0.86	4.61	0.46	-1.28	0.201
行为意向均分	B	4.48	0.64	4.25	0.78	-3.28	0.001
态度总均分	T	4.43	0.67	4.25	0.48	-3.66	0.000

注:居民态度问卷各项均值为3(由Likert五点记分问卷设计得到)。

6.3.3.1 态度总均分

如表6-4所示,郎德上寨与堂安侗寨居民态度总均分都超过问卷均值3,说明两地居民建设美丽村落的态度较为积极:郎德上寨居民态度在生态美认知C—E、形态美认知C—M、认知均分C、情感均分A、行为意向均分B、态度总均分T分别为4.27、4.14、4.2、4.75、4.48、4.43,标准差均在0.86以下,分数处于“符合”与“非常符合”之间,说明郎德上寨居民对村落生态美、形态美、文态美的态度及建设意愿均较积极主动;堂安侗寨居民态度在生态美认知C—E、形态美认知C—M、认知均分C、情感均分A、行为意向均分B、态度总均分T分别为4.06、3.85、3.94、4.61、4.25、4.25,标准差均在0.78以下,除了居民形态美认知和认知均分在3.94以下,分数处于“差不多”与“符合”之间,说明堂安侗寨居民对村落形态美认知较低,其他的分数处于“符合”与“非常符合”之间,说明堂安侗寨居民对村落生态美、形态美、文态美的态度及建设意愿均较积极主动。

根据对郎德上寨与堂安侗寨的方差分析,两地居民在生态美认知、形态美认知、认知均分、行为意向均分及态度总均分的T检验的P值小于0.05,说明两地以上因子存在显著差异,而在情感维度的T检验P值大于0.05,说明两地情感维度不存在显著差异。

6.3.3.2 认知维度

第一,生态美认知维度。

如表6-4所示,郎德上寨居民对村落生态美的认知均分C—E为4.27,分值在“符合”与“非常符合”之间,说明上寨居民对村落生态美有较高认知度:题项C1(田园风光、树林和水系统是美丽村落不可或缺的一部分)的均值为4.54分,标准差为0.73,说明居民对村寨的田园风光、树林和水系统是村寨不可或缺的生态环境资源的认知度较高且比较一致;题项C2(咱们村落的规模在不断扩大)的均值为3.96分,标准差为1.12,说明上寨的规模扩大控制得较好,居民对村落规模的认知存在着较大的差异;题项C3(咱们村落的街巷还保有原来的风貌)的均值为4.32分,标准差为0.89,说明居民对村落街巷原有风貌的认知度较高。

如表6-4所示,堂安侗寨居民对村落生态美认知均分C—E为4.06,分数处于“符合”与“非常符合”之间,说明侗寨居民对村落生态美有较高认知度:题项C1(田园风光、树林和水系统是美丽村落不可或缺的一部分)均值为4.49,标准差为0.69,说明居民对村寨的田园风光、树林和水系统是村寨不可或缺的生态环境资源的认知度较高且比较一致;题项C2(咱们村落的规模在不断扩大)的均值为4.08分,标准差为0.92,说明侗寨的规模扩大较明显,居民对村落规模扩大的现状认知较一致;题项C3(咱们村落的街巷还保有原来的风貌)的均值为3.61分,标准差为1.09,说明侗寨的街巷系统变化较大,居民对街巷变化的认知存在着较大的差异,在不同区域居住的居民对该区域街巷变化认知差异较大。

第二,形态美认知维度。

如表6-4所示,郎德上寨居民对村落形态美认知均分C—M为4.14,标准差为0.54,分值在“符合”与“非常符合”之间,说明居民对村落生态美有较高的认知,且认知趋于一致:题项C4(村落的民居建筑仍保有原来的造型和高度)的均值为4.34,标准差为0.86;题项C6(房屋建筑材料仍以木质材料为主)的均值为4.48,标准差为0.7,分值介于“符合”到“非常符合”之间,说明郎德上寨民居建筑风貌保持较好,居民对这一认知较为一致;题项C5(村落的公共建筑仍保有原来的造型和高度)的均值为3.69,标准差为0.72,说明郎德上寨公共建筑风貌的保存较差，认知度较低，居民对这一认知较为一致；题项 C7（房屋建筑平面布局更加满足现代生活的需要）的均值为 4.07，标准差为 0.96，说明居民对民居建筑的平面布局符合现代生活需求的认知度较高，且认知趋于一致。

如表 6-4 所示，堂安侗寨居民对村落形态美认知均分 C—M 为 3.85，标准差为 0.77，分数处于“差不多”与“符合”之间，说明居民对村落形态美的认知度不高，居民的这一认知趋于一致：题项 C4（村落的民居建筑仍保有原来的造型和高度）的均值为 3.62，标准差为 1.05；题项 C5（村落的公共建筑仍保有原来的造型和高度）的均值为 3.97，标准差为 0.99；题项 C6（房屋建筑材料仍以木质材料为主）的均值为 3.87，标准差为 1.04；题项 C7（房屋建筑平面布局更加满足现代生活的需要）的均值为 3.92，标准差为 0.94，说明堂安侗寨民居建筑风貌保存较差，民居建筑平面布局满足现代生活需求的认知度较低，公共建筑保存的认知度较郎德上寨好，居民对形态美的认知受所处区域的影响，不同区域居住的居民对形态美的认知存在差异。

郎德上寨和堂安侗寨居民对村落生态美和形态美的认知都较为积极，但郎德上寨居民对村落生态美和形态美的认知度都高于堂安侗寨居民。从郎德上寨和堂安侗寨两个村落居民对村落生态美认知、形态美认知及总体认知来看，郎德上寨的居民建筑风貌保持比堂安侗寨好，民居建筑平面布局比堂安侗寨更符合现代生活的需求，但是，郎德上寨的公共建筑风貌没有堂安侗寨保持好。从两个村落在不同题项 T 检验的 P 值来看，C1、C2、C7 这 3 个题项的 P 值大于 0.05，表明两个村落在这 3 个题项上无显著差异，C3、C4、C5、C6 这 4 个题项的 P 值小于 0.05，表明两个村落在这 4 个题项上存在显著差异。

6.3.3.3 情感维度

如表 6-4 所示，居民对村落文态美的情感维度上分数较高，且两个村落居民情感体验无显著差异。郎德上寨和堂安侗寨居民的情感总均分为 4.75 和 4.61，分数介于“符合”与“非常符合”之间，标准差均在 0.77 以下，说明两个村落居民对与村落情感连接均非常紧密，具体表现为对本村的传统故事、民族语言、民族歌舞、传统手工艺、民俗节庆及人际关系等精神人文环境具有较高的认同感、自豪感和归属感。两个村落文态美各个题项的 T 检验的 P 值均大于 0.05，表明两个村落在各个题项情感维度上均无显著差异。

6.3.3.4 行为意向维度

如表6－4所示，郎德上寨和堂安侗寨居民的行为意向均分分别为4.48和4.25，标准差为0.64和0.78，其分值在“符合”和“非常符合”之间，说明两个村落居民对村落建设的行为意向较为一致，也较为主动。堂安侗寨和郎德上寨两地居民行为意向的T检验P值小于0.05，说明两地居民在建设村落的行为意向存在显著差异，表现为郎德上寨居民建设意愿强于堂安侗寨居民：B1（即便外出务工收入可观，但一旦有机会，我仍会选择留在家乡建设家乡）、B2［我希望子女（将来有了子女）能有机会留在家乡建设家乡］、B3（当个人利益与美丽家乡建设相关条例相悖时，我会选择遵守相关条例规定）这3个题项上，郎德上寨居民的均值和标准差分别为4.5、4.46、4.52和0.77、0.77、0.73，堂安侗寨居民的均值和标准差分别为4.39、4.15、4.21和0.9、1.09、1.06，说明两地居民均在各题项上拥有较强的建设意愿；题项B2和题项B3的标准差，郎德上寨在0.77以下，堂安侗寨在1.06以上，说明郎德上寨居民对回乡建设村落的愿望更加一致和强烈，堂安侗寨居民对回乡建设村落的意愿存在较大的个体差异。

综上所述，郎德上寨和堂安侗寨两个村落居民对美丽村落建设的态度比较积极，特别是对美丽村落建设的情感维度上均呈现较强的情感依恋和认同感，在认知维度（包括生态美认知和形态美认知）、行为意向及态度总分上，郎德上寨在村落空间、民居建筑风貌保护和美丽村落建设意愿两个维度上及态度总分上明显优于堂安侗寨，两地居民态度总均分及认知、情感、行为意向三个维度上均无显著差异（H3）的研究假设部分获得支持，并且通过验证分析体现出两个研究的居民在建设美丽村落态度及认知、情感、行为意向三个维度上是否存在差异，各有特点，相较而言，郎德上寨的做法和经验有值得借鉴之处。

6.3.4 居民的认知、情感、行为意向及态度总均分的相关分析

为了验证居民认知、情感、行为意向与态度总均分呈正相关，且认知、情感、行为意向两两之间呈正相关（H4）的研究假设，需要对郎德上寨和堂安侗寨居民的认知、情感、行为意向及态度总均分进行相关性分析，分析结果见表6－5。

表 6-5　认知、情感、行为意向及态度总均分的相关分析

项目	认知均分	情感均分	行为意向均分	态度总均分
认知均分	1	0.435**	0.511**	0.869**
情感均分	0.435**	1	0.613*	0.783**
行为意向均分	0.511**	0.613**	1	0.791**
态度总均分	0.869**	0.783**	0.791**	1

注：* $P<0.05$；** $P<0.01$。通过相关分析，居民的认知分别与情感、行为意向、态度总均分非常显著正相关；情感分别与认知、行为意向、态度总均分非常显著的正相关；行为意向分别与认知、情感、态度总均分非常显著的正相关。因此，居民认知、情感、行为意向与态度总均分呈正相关，且认知、情感、行为意向两两之间呈正相关（H4）的研究假设获得支持。

6.3.4.1　居民认知维度是态度形成的基石

居民的认知维度包括对村落生态美的认知和对村落形态美的认知，其中生态美包括由耕地、水系统、树林构成的经人工改造的村落生态环境和村落空间，形态美包括村落的标志性公共建筑风貌和民居建筑风貌，可见，对生态美的认知即是对村落物质环境的认知。村落的物质环境是居民赖以生存的物质保障，是居民获得归属感的物质载体，是居民安居乐业的空间场所。如表 6-5 所示，居民认知与态度总均分相关系数为 0.869，显示出二者呈非常显著的正相关，可见，居民对生态美和形态美的认知是居民建设美丽村落态度的基石，决定了态度的方向，若要提升居民建设美丽村落的态度，可以从居民的认知维度入手，可以通过优化村落生态环境、合理规划村落空间、保持村落建筑风貌协调统一，从而改善村落人居物质环境达到提升居民建设美丽村落态度的目的。

6.3.4.2　情感维度是态度形成的动力

居民的情感维度指对村落文态美的情感度，文态美包括村落传统故事、语言、歌舞、传统手工艺、民俗节庆及人际关系，可见，对文态美的认知即是对村落非物质环境的认知。村落的非物质环境是居民美好生活的精神内涵，是居民获得认同感和自豪感的人文环境。如表 6-5 所示，居民情感与态度总均分相关系数为 0.783，显示出二者呈非常显著的正相关，可见，居民对文态美的情感是居民建设美丽村落态度的动力，它决定了态度的持久性、稳定性和强度，若要提升居民建设美丽村落的态度，可以从居民的情感维度入手，通过活态传承非物质文化，丰富和激活村落的非物质文化资源，从而改善村落人居精神环境达到提升居民建设美丽村落态度的目的。

6.3.4.3 行为意向是态度形成的准备状态

居民的行为意向指居民建设美丽村落的意愿，行为意向从3个方面来考量，即居民自我建设家乡的意愿、居民希望子女建设家乡的意愿和居民维护美丽村落建设的意愿，这3个行为意向共同的旨归在于促进村落的空心化和村落的可持续发展。如表6－5所示，行为意向与态度总均分相关系数为0.791，显示出二者呈非常显著的正相关，可见，居民的行为意向是居民建设美丽村落态度的外在表现和最终体现，若要提升居民建设美丽村落的态度，可以从居民的行为意向维度入手，通过激发居民建设美丽村落的意愿，提升居民建设美丽村落态度。

6.3.4.4 认知、情感、行为意向三个维度相互协调统一

传统村落是由聚落、建筑和非遗组成的空间系统，具有整体性的特征，蕴含于聚落、建筑和非遗中的生态美、形态美和文态美这3个维度的美共同构成传统村落的整体美，因此，居民对村落整体美的认知和情感相互作用和相互协调，共同形成居民对村落人居环境的感受和体验。这种感受和体验与居民建设美丽村落的意愿息息相关，互为基础，互为动力。正如表6－5所示，认知与情感和行为意向的相关系数分别为0.435和0.511，情感与认知和行为意向的相关系数分别为0.435和0.613，行为意向与认知和情感的相关系数分别为0.511和0.613，显示认知、情感、行为意向两两之间呈非常显著的正相关，认知、情感和行为之间具有相互影响和预测的作用。

6.4 居民态度实证研究启示

经过对两个村落的数据的描述性统计、独立样本T检验和单样本方差分析、相关分析，对4项研究假设进行检验，其研究假设H1、H2和H4通过检验，而H3部分通过检验。

表 6-6　研究假设检验汇总

假设	具体内容	检验结果
H1	两地居民的性别、年龄结构分布、居住年限均无显著差异	支持
H2	两地居民的文化程度、家庭年收入、家庭收入来源、手工艺掌握情况均存在显著差异	支持
H3	两地居民态度总均分及认知、情感、行为意向三个维度上均无显著差异	部分支持
H4	居民的认知、情感、行为意向与态度总均分呈正相关，且居民的认知、情感、行为意向两两之间呈正相关	支持

表 6-6 的汇总结果显示：第一，郎德上寨与堂安侗寨两地居民在性别、年龄结构分布和居住年限均无显著差异，说明课题组收集的数据及其结构比较有效，研究假设 H1 获得支持；第二，郎德上寨与堂安侗寨两地居民在文化程度、家庭年收入、家庭收入来源及传统手工艺掌握情况方面上均存在显著差异，说明郎德上寨和堂安侗寨因其资源情况不同、开发时间不同、发展程度不同，给居民的文化水平、家庭经济收入水平和生计模式带来极大的影响，两个研究村落具有明显的对比性，研究假设 H2 通过了检验；第三，在郎德上寨与堂安侗寨两地居民的态度总均分、认知、情感及行为意向三个维度均无差异的假设上，两个村落在情感维度上无显著差异，而在认知、行为意向及态度总均分上均存在部分显著差异，体现堂安侗寨和郎德上寨两地居民对本村落的民族文化强烈的文化认同感，但是由于两个村落在经济发展程度、文明程度及所处的旅游地生命周期阶段不同，两个村落居民在认知及行为意向上存在显著差异，研究假设 H3 部分获得支持；第四，在居民的认知、情感、行为意向与态度总均分的相关性分析中，发现不仅居民的认知、情感、行为意向与态度总均分呈正相关，而且，认知、情感、行为意向两两之间呈正相关，不仅体现出居民的认知、情感和行为意向之间具有相互影响和预测的作用，而且说明可以改变认知、情感、行为意向 3 个维度中的任何一个维度提升居民建设美丽村落的态度。

如表 6-4 所示，郎德上寨和堂安侗寨的行为意向均分分别为 4.48 和 4.25，其分值在“符合”和“非常符合”之间，说明两地居民建设美丽村落意愿或倾向性非常强。本研究行为意向设计了 3 个题项：B1（即便外出务工收入可观，但一旦有机会，我仍会选择留在家乡建设家乡）、B2［我希望子女（将来有了子女）能有机会留在家乡建设家乡］、B3（当个人利益与美丽家乡建设相关条例相悖时，我会选择遵守相关条例规定）。郎德上寨和堂安侗寨这3个题项的均值分别为4.5、4.46、4.52和4.39、4.15、4.21，说明两地居民均在各题项上拥有较强的建设意愿或建设倾向，其中，题项B1和B2说明了居民自我和支持子女建设家乡的意愿，这两个意愿都与村落的空心化有关，然而，在B1和B2题项的表述中均提到了“机会”一词，说明获得或者拥有一定的“机会”是居民自我或者子女愿意留在家乡建设家乡的关键，那么，如何获得或者拥有这个“机会”就是值得进一步探讨的问题。此外，尽管两地B3题项的均值都较高，但是这与两地在嬗变过程中出现的不同程度的不良现象产生矛盾，说明个人利益和村落利益存在矛盾关系，平衡这种关系是建设美丽村落的关键，那么，如何平衡个人利益和村落利益的关系就是值得进一步探讨的问题。

6.4.1 创造“机会”应对村落空心化

据调研，郎德上寨长期外出务工者仅为10人，堂安侗寨外出务工现象则较为严重，外出务工者比例为40%—50%，随季节而变化，农闲时比例会高一些，而且，外出务工者大多为青壮年，堂安侗寨空心化较严重。根据通过检验的研究假设H2和H3所示，两地居民的家庭年收入、收入来源均存在显著差异，两地居民在认知、行为意向及态度总均分上均存在显著差异，郎德上寨以旅游发展为主要生计模式，堂安侗寨以外出务工为主要生计模式，前者居民的收入水平比后者高，前者的物质环境比后者完善，前者居民建设家乡的意愿和态度均比后者强。此外，题项B2［我希望子女（将来有了子女）能有机会留在家乡建设家乡］说明了居民普遍具有安土重迁的思想，可见，居民在村落里的就业机会，居民满意的收入水平，良好的村落人居环境是有效应对村落空心化的“机会”，本研究认为，可以通过对村落的美丽建设和活力建设创造“机会”。

6.4.2 如何平衡个人利益与村落利益的关系

村落农耕生计模式的改变带来的不仅是人们生活方式的改变，更为重要的是人们价值观的变化。如，郎德上寨讲求公平团结，注重集体利益的价值观向追求经济利益、注重个人利益的价值观转变；堂安侗寨讲求互帮互助，注重紧密合作的价值观向讲求经济身份攀比、注重经济交易的价值观转变。随之而来的便是人们面对个人利益和村落利益发生矛盾冲突时所采取的行为，如郎德上寨和堂安侗寨均存在不同程度的居民为了追求经济利益而违章建房的行为，影响了村落的整体建筑风貌，可见，在价值观变化的语境下，平衡个人利益与村落利益的关系对于保持村落的整体美，使村落可持续发展就显得非常重要。本研究认为可以通过以下 3 个方面平衡个人利益与村落利益的关系：第一，让居民在村落的整体美中获得实惠是激发他们自觉遵守美丽村落建设相关条例的前提条件，这种实惠除了来自经济利益方面，还应包括居民在村落的整体美中获得的归属感、认同感和满足感；第二，有效的监督控制是保持村落美丽的外部力量，坚持以居民“自治为主导，德治与法治并重”；第三，增强居民的文化自觉是村落美丽可持续发展的内部动力，只有居民认识到村落是他们赖以生存的家园，是他们民族文化存续的土壤，是他们获得社会效益、经济效益的来源，才会激发他们对建设美丽村落的责任感，自觉遵守美丽村落建设的相关条例。

第 7 章　传统村落美丽建设

居民是传统村落美的缔造者和体验者，居民对村落美的态度是村落保护发展的内生动力。根据态度理论，居民对村落美的态度包括对美的认知、情感和行为意向三个维度，其中，认知维度指对生态美和形态美的认知度，情感维度指对文态美的情感度。本研究以态度理论为理论依据建构居民态度模型，通过对贵州地区两个典型村落的相关性分析得出，居民的认知、情感、行为意向两两之间呈正相关，且认知、情感、行为意向与态度总均分呈正相关，说明认知、情感和行为意向之间具有相互影响和预测的作用，如果要树立居民对村落美丽建设的正确态度，改变其中的任何一个维度均可得以实现。基于此，本研究从对构成认知度、情感度的生态美、形态美和文态美的各个题项的均值分析入手，试图通过对贵州地区两个典型村落态度模型的实证研究，探索保持或提高各个题项良好嬗变趋势和规避或改善不良嬗变趋势的生态美、形态美和文态美的建设路径，旨在通过村落的美丽建设提升居民对村落美的认知度、情感度和行为意向，树立正确的村落建设态度，从而激发村落保护发展的内生动力，使村落的美丽得到可持续的保护与发展。

7.1　传统村落的生态美建设

7.1.1　生态美的内涵

“生态”（Eco -）一词源于古希腊，意思是指家（house）或者我们的环境。简单地说，生态是指生物的生存状态，以及它们之间和它们与环境之间紧密的关系。《阳宅十书》：“人之居处，宜以大地山河为主。”表明人类在大自然中的生存状态和追求居住之所与大自然保持紧密联系的自然情怀。对于贵州传统村落而言，它的生态即是指村落与经过人工利用和改造的自然环境（即生态要素，如耕地、水系统、树林）的相处关系和居民在村落空间格局中的生存状态。在传统农耕文明和农耕生计模式下，不论是郎德上寨，还是堂安侗寨，耕地、水资源、树林是居民生存的保障，是人们农耕劳作和生产生活的物质资源，村落空间格局的规模以由物质资源供应范围决定的地缘为界线，村落空间格局的形态则由所处的自然环境和民族文化所决定，可以说，在传统农耕社会，传统村落的生态美体现了人与生态要素紧密的依存关系，以及这种依存关系和村落空间格局中蕴含的和谐秩序，因此，生态美中蕴含着生存价值、生活价值和民族文化价值。近年来，郎德上寨和堂安侗寨的农耕生计模式逐渐被其他生计模式取代，如，参与旅游发展、外出务工等，如表 6 －3 所示，郎德上寨和堂安侗寨家庭收入来源已经变得多样化，其中，郎德上寨收入来源为务农的比例仅为 12. 7% ，堂安侗寨仅为 9. 2% ，居民与生态要素紧密的依存关系被削弱，村落空间规模受物质资源的限制减弱。与此同时，随着郎德上寨和堂安侗寨与外界交通条件的改善，村落参与旅游发展或者居民外出务工，当地文化与外来文化融合发展，居民的生活方式变得多样化，可见，村落生态美的生存价值和生活价值弱化，民族文化价值的内涵发生变化，不仅体现了民族文化价值，也体现了农耕文化价值、艺术审美价值和居民对乡土的认知和情感价值。

随着城市化的快速发展，城市环境污染问题已成为人们普遍关心的社会问题，在高楼大厦和喧嚣车流挤压下的城市人，渴望寻求一个清新、绿色的环境和一种新的科学的生活方式，因此，富有农耕文明、民族文化和田园气息的乡愁审美和体验的村落成为人们心中期盼之地。贵州传统村落因优美的自然环境，独特的文化特征，闲适的生活方式成为城市人趋之若鹜之地。大量人流的涌入为贵州传统村落的经济发展注入了活力，乡村旅游成为贵州广大传统村落摆脱贫困的有效途径。“2018 年，贵州省乡村旅游收入 2148. 33 亿元，占全省旅游收入的 22. 7% 。市州层面，以黔东南苗族侗族自治州为例，2018 年，旅游业总收入（937. 23 亿元）占了全州 GDP（1036. 62 亿元）的 90. 4% 。”①可见，贵州传统村落生态美的农耕文化价值、民族文化价值、艺术审美及体验价值深刻诠释了习近平总书记“绿水青山就是金山银山”的发展理念，体现了传

① 黔东南州. 黔东南苗族侗族自治州 2018 年国民经济和社会发展统计公报［EB/OL］. http://www.qdn.gov.cn/xxgk/zdgk/tjxx/tjnb/201904/t20190401_5074808.html.

统村落生态美的经济价值和科学价值。如表6－4所示，郎德上寨和堂安侗寨居民对生态美认知均分分别为4.27和4.06，体现了居民对村落生态环境较高的认知度。综上，现代语境下，贵州传统村落生态美的内涵不仅体现村落居民对村落生态环境较高的归属感，也成为促进贵州传统村落经济发展的重要资源。

7.1.2 生态美的建设路径

如表6－1所示，居民态度问卷中对生态美的认知涉及3个题项，分别是C1（田园风光、树林和水资源是美丽村落不可或缺的一部分）、C2（村落的规模在不断扩大）、C3（村落的街巷还保有原来的风貌）。新的生计模式下，郎德上寨和堂安侗寨这3个题项分别发生着不同程度的嬗变（表6－4），其中，郎德上寨C1、C2、C3题项的均值分别为4.54、3.96、4.32，堂安侗寨C1、C2、C3题项的均值分别为4.49、4.08、3.61，这些数据反映出这两个村寨的居民对村落的田园风光、树林和水资源等生态要素有很高的认知度，郎德上寨的空间规模变化不大，街巷系统仍然保有原来的格局，堂安侗寨的空间规模变化较大，街巷系统则基本保有原来的格局。根据居民态度模型的研究假设验证，居民的认知与行为意向呈正相关，且认知、行为意向与态度总分呈正相关，可通过保持或提高具有较高认知度的题项，规避或改善具有不良发展趋势的题项，提升居民的归属感，激发居民的行为意向和建设态度，使生态美得到永续的保护与发展。基于此，本研究基于贵州传统村落生态美的时代内涵，因地制宜地提出以下传统村落生态美的建设路径。

7.1.2.1 对生态要素的维护坚持“自治为主，德治、法治并重”

就贵州传统村落而言，水系统、耕地和树林组成了村落的生态要素，为村落营造了良好的生态环境和生态美。居民是传统村落的主体，是与生态要素关系最为密切的群体。在新的生计模式下，生态要素的生存价值和生活价值减弱，但居民对生态要素的认知度依然很高，他们对于生态要素的情感依赖和情感需求依然存在，如堂安侗寨虽然家家户户引入自来水，但居民仍保有在瓢井挑水喝，在水塘洗菜、洗衣的习惯，郎德上寨的居民仍然沿用中寨古井的井水为过世的老人擦洗身体的习俗，因此，对生态要素的维护应坚持以居民“自治为主导，德治与法治并重”。

第一,当地政府要重点培育居民对自身、村落和生态要素和谐关系的正确认识,即生态要素是构成居民“生于斯,长于斯”乡土认知的重要资源,激发居民对生态要素维护的强烈责任感和使命感,引导居民进行自我监督、自我管理,如郎德上寨和堂安侗寨居民对于在古井边乱扔垃圾等行为均会进行制止或揭发。

第二,德治是居民运用在长期的生产生活实践中形成的价值观念、伦理道德、村规民约、风俗习惯等进行自我约束,维持村落相对稳定的秩序,实现村落自治,如在郎德上寨的村规民约中有“砍一棵树,必须种三棵树”的规定,这项规定体现了居民与自然环境和谐共处的价值观、尊重爱护自然环境的伦理道德,由于这项规定对居民的自我约束,这里的树林植被一直很好地被保留下来。通过德治,使居民能在日常生活中规范自身的行为,提高居民对生态要素维护的自觉性,推动完善生态要素维护体系。

第三,由地方政府及各相关主管部门各司其职共同监督生态要素的维护工作,为避免缺乏监督约束而出现权力寻租的现象,应根据全国性的法律法规,因地制宜地制定相应的规章制度,运用法律工具和行政手段进行管理,为生态要素的维护工作提供有力的法律保障和执行的重要依据。如堂安侗寨,据黎平县林业局肇兴村林业站吴站长介绍,对于在公益林违反相关规定乱砍树木,发生纠纷的村民,数量多而且情节严重的,按照2004年1月1日实施的《贵州省林地管理条例》,2009年1月1日实施的《中华人民共和国森林法》进行处罚,对于数量小而情节较轻的则交由村委会,按照村规民约进行处理。又如,由于出现执法不公,以及缺乏有效的监督约束,堂安侗寨房屋违建现象时有发生,屡禁不止。

7.1.2.2 对生态要素合理开发利用

正如“依托传统村落自然风光和独特文化开展乡村旅游是贵州旅游发展的重要形式,几乎成为传统村落经济发展的共同模式”①。这句话所诠释的是,在贵州旅游大发展的时代背景下,拥有生态美的传统村落成为贵州旅游的重要资源。郎德上寨,因其悠久的历史,优美的自然风光和丰富的民族文化成为

① 闵英,曹维琼. 重构传统村落文化保护与发展的文本意识[J]. 贵州社会科学,2016(11):76-83.

贵州省旅游发展较早的村落，目前，旅游发展成为其主要的生计模式。如表6－3所示，郎德上寨的家庭收入来源中44.4%与旅游发展相关，19%来源于旅游红利，家庭年收入为5万以上—10万元的比例为43%，2万—5万元的比例为36.6%，这几项数据远远高于以外出务工为主要生计模式的堂安侗寨。堂安侗寨家庭收入来源中13.4%与旅游发展相关，来源于旅游红利的比例为0，家庭年收入为5万以上—10万元的比例为18%，2万—5万元的比例为54%。据调研数据显示，郎德上寨的居民长期在外务工者的数量仅为10人，可见，旅游发展是郎德上寨的居民生活较为殷实和应对空心化的主要途径。为了进一步促进郎德上寨的旅游发展，提高居民的生活水平，2016年，在村委会领导的努力下，在雷山县政府的统筹安排下，西江旅游公司郎德文旅公司接管郎德上寨的旅游发展。迄今为止，郎德文旅公司累计投资建设资金1.18亿元，对郎德上寨主要景点的基础及配套设施进行改造建设，重点打造“奥运步道综合体——悠然郎德”项目，奥运步道连接着上寨杨大六风雨桥和下寨奥运火炬点，沿途经过上寨和下寨之间通过征用田地而开发建设的旅游步道。旅游公司征用望丰河沿岸100多亩田地用于该项目的建设，着力打造旅游步道沿线的田园风光，如设置田园观光区、风光打卡点等，以及着力打造农耕体验项目，如农场项目、垂钓项目等。可见，如果能对被征用的田地进行田园风光和农耕体验的有序开发建设和适度经营，不仅不会造成郎德上寨特有的田园风光被破坏，反而能提高田园风光的经济性、体验性和观赏性（图4－3）。据新上任的郎德文旅公司总经理江吉介绍，该项目预计2020年6月投入使用，通过对该项目的预估，西江旅游发展总公司给郎德文旅分公司2020年的考核指标为游客数量需要达到15万人（2019年为86639人），游客数量的增加将直接促进郎德上寨的经济发展，提高居民的收入水平和生活质量。

7.1.2.3 农旅融合提升生态要素价值

2018年9月22日，习近平总书记在首届中国农民丰收节上指出，我国是农业大国，重农固本是安民之基、治国之要。耕地、树林和水资源等生态要素为传统村落的农业发展提供了坚实的物质基础，在旅游发展背景下，走农业旅游融合发展的道路是提升生态要素价值，带动村寨经济发展，有效脱贫，提高村民收入水平的有效途径。据郎德上寨村委会前主任吴剑介绍，2015年郎德上寨成立了“大陆生态旅游合作社”，旨在帮助和规范村民种植业、养殖业和工艺品销售与旅游市场协调发展，合作社以村民自愿参股的形式，总股本为50000多股，每股200元，该合作社的成立带动居民种植业、养殖业、手工艺品制作的积极性和旅游参与性。2017年11月，雷山县政府成立雷山县欧波农农旅专业合作社（总社），以郎德镇食用菌产业园（位于郎德镇杨柳村）为龙头引领，以欧波农农旅合作社为实施主体，坚持政府主导、合作社主推、贫困户主干的原则，采取“企业（合作社）+党支部+基地+贫困户”的模式，食用菌产业园由雷山县郎德镇欧波农农旅专业合作社（总社）负责经营管理，如食用菌养殖、食用菌产业链发展，带动郎德镇各村村支“两委”领办的农民合作社（分社）共同发展，郎德上寨的“大陆生态旅游合作社”在雷山县欧波农农旅专业合作社的带动下扩大运营范围，实施利益联结机制，如上寨全部建档立卡的贫困户（47户）都参与食用菌的养殖，食用菌首先以低于市场价的价格销售给寨内的各个农家乐，剩余的则交给欧波农农旅合作社进行经营，由欧波农农旅合作社统一发放工资，除开工资后的收入由欧波农农旅合作社返还给郎德上寨村支“两委”，作为村寨各项发展的公益基金（图7－1）。

图7－1　雷山县欧波农农旅专业合作社

图片来源：课题组拍摄

7.1.2.4 设置旅游公共设施

郎德上寨的旅游公共厕所最初建于1987年，位于铜鼓坪（表演场）西侧，民俗博物馆对面，位置明显，标识性强，使用效率高。2017年，郎德文旅公司对其修缮，该公厕和铜鼓坪、民俗博物馆一起组成了上寨的公共活动中心，公厕内配有卫生纸，干净便捷，每天有专人进行清扫（图7-2）。相比之下，堂安侗寨尽管2005年6月作为生态博物馆正式开馆，先后经过香港明德公司、世纪风华公司和肇兴侗寨旅游开发公司的几经易主，不断开发，迄今为止，堂安侗寨内仍然没有一个旅游公共厕所。歌师陆跃刚向课题组反映，旅游旺季时，由于找不到公厕，游客内急时经常会在田间地头乘无人之时方便，严重影响了寨内的生态环境和旅游形象，居民对此怨声载道，可见，设置必要的旅游公共设施，对于建立良好的生态环境和旅游人际关系非常重要。

图7-2 郎德上寨旅游公厕

图片来源：课题组拍摄

7.1.2.5 对村落空间格局构成要素进行规划控制

从宏观层面而言，村落空间格局构成要素主要包括空间规模、建筑密度、建筑高度等；从中观层面而言，主要包括广场等公共性活动空间、街巷系统等要素;从微观层面而言,主要包括景观植物、小品、广告招牌、灯光招牌等要素。据调研数据显示,近30年来,郎德上寨和堂安侗寨的人口数量和房屋数量均有不同程度的增加,两个村寨空间格局宏观层面、中观层面和微观层面的构成要素也出现不同的嬗变,总的来说,郎德上寨嬗变的趋势好于堂安侗寨。因此,为了保持村寨传统的空间格局,改善居民的生活条件,营造良好的空间环境,借鉴好的经验,改善不好的嬗变趋势,需要对构成村落空间格局的宏观、中观和微观要素进行规划控制。

第一,宏观层面。

一方面,郎德上寨和堂安侗寨都存在人口增加,空间规模不能承载人口增长压力的情况。郎德上寨由于设置了安置新村,较为有效地解决了居住面积狭小和私密性等问题,不仅改善了居民的生活条件,提高了居民的生活质量,而且避免出现乱搭、乱建而导致的空间规模增加、建筑密度过高、空间格局凌乱的情况以及因此而产生的纠纷,有效地保持了原有空间格局与自然环境的和谐尺度。堂安侗寨则由于安置区一直得不到解决,一些经济条件差,又存在住房拥挤情况的住户,居住条件一直得不到改善,而且破旧的房屋也影响村落空间环境的美观。如位于进寨主路沿线上部,博物馆以下第3区域的木质吊脚楼,有许多已经非常破旧,而且布局较为凌乱,使得这个区域的房屋建筑总体呈现衰败、脏乱的景象,严重影响了村寨整体的美观(图7-3a、图7-3b)。

图7-3a　破旧的房屋

图片来源:课题组拍摄

图7-3b　凌乱的村落空间

图片来源:课题组拍摄

另一方面,郎德上寨由于成立了由村委会成员组成的"建筑保护委员会",更重要的是根据村规民约制定了建筑保护条例，群众基础好，绝大多数居民都能自觉遵守相关的建筑保护条例，并在文物部门等相关部门的指导下进行建设，如建筑材料、建筑高度等都按相关规定执行建设，总的来说，村寨建筑风貌保护较好。相较于此，堂安侗寨的情况则不太乐观，侗寨的房屋建设现在划归肇兴管委会统一管理，违建的较多房屋，建筑风格多样，建筑材料和建筑高度都不统一，究其原因有二：其一，房屋建设执行《肇兴民居建筑风貌保护导则》，据调研访谈，许多居民并不了解保护导则的具体内容，而且也反映没有人来指导他们该如何建设，因此，房屋建设大多处于自发行为；其二，在执法过程中出现缺乏沟通、执法不得力和执法不公的现象，如某居民认为现有房屋存在安全隐患，在未取得房屋建设许可的情况下在村口建设房屋，而执法者表示该房屋不存在安全隐患，目前，该房屋已被勒令停工，然而，该房屋的第一层的砖混结构已经完成，既影响了村口环境的美观，又造成居民建房资金的浪费（图 7－3c）。又如，某客栈为了获得良好的观景效果，增加房屋的高度，使该房屋在建筑群体中显得十分突出，破坏了建筑群体的和谐统一，客栈老板表示他们并没有看到相关的建设条例，对建筑高度的限制未置可否。同时，居民在访谈中也反映房屋建设过程中存在执法不公的情况。

图 7－3c　村口被勒令停工的建筑

图片来源：课题组拍摄

可见，设置安置新村，合理疏散人口是有效解决村寨规模扩大，改善村寨空间环境，提高居民生活质量的有效途径，而制定科学合理的建筑保护条例，有效地监督管理是保持村寨建筑风貌和谐统一的重要举措。

第二，中观层面。

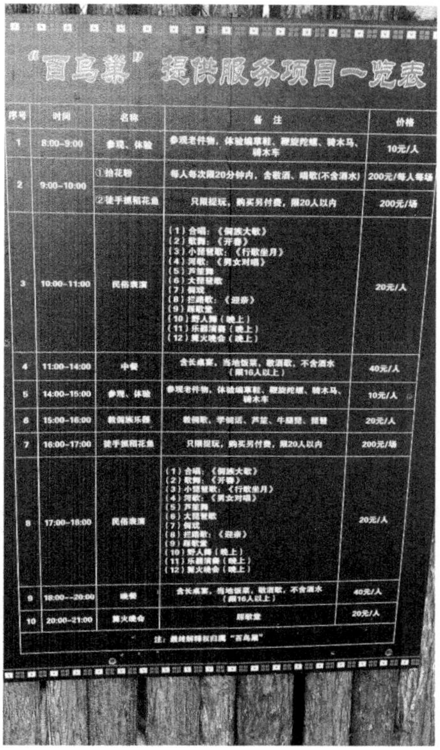

“百鸟巢”提供服务项目一览表

序号	时间	名称	备注	价格
1	8:00-9:00	参观、体验	参观老件物，体验编草鞋、[illegible]陀螺、骑木马、骑木车	10元/人
2	9:00-10:00	①抬花轿	每人每次限20分钟内，含敬酒、唱歌(不含酒水)	200元/每人每场
		②徒手抓稻花鱼	只限提玩，购买另付费，限20人以内	200元/场
3	10:00-11:00	民俗表演	（1）合唱：《侗族大歌》 （2）歌舞：《开春》 （3）小琵琶歌：《行歌坐月》 （4）河歌：《男女对唱》 （5）芦笙舞 （6）大琵琶歌 （7）侗戏 （8）拦路歌：《迎亲》 （9）踩歌堂 （10）野人舞（晚上） （11）乐器演奏（晚上） （12）篝火晚会（晚上）	20元/人
4	11:00-14:00	中餐	含长桌宴，当地饭菜，敬酒歌，不含酒水（限16人以上）	40元/人
5	14:00-15:00	参观、体验	参观老件物，体验编草鞋、[illegible]陀螺、骑木马、骑木车	10元/人
6	15:00-16:00	教侗族乐器	教侗歌、学侗话、芦笙、牛腿琴、琵琶	20元/人
7	16:00-17:00	徒手抓稻花鱼	只限提玩，购买另付费，限20人以内	200元/场
8	17:00-18:00	民俗表演	（1）合唱：《侗族大歌》 （2）歌舞：《开春》 （3）小琵琶歌：《行歌坐月》 （4）河歌：《男女对唱》 （5）芦笙舞 （6）大琵琶歌 （7）侗戏 （8）拦路歌：《迎亲》 （9）踩歌堂 （10）野人舞（晚上） （11）乐器演奏（晚上） （12）篝火晚会（晚上）	20元/人
9	18:00--20:00	晚餐	含长桌宴，当地饭菜，敬酒歌，不含酒水（限16人以上）	40元/人
10	20:00-21:00	篝火晚会	踩歌堂	20元/人

注：最终解释权归属“百鸟巢”

图7－3d　“百鸟巢”提供服务项目一览表

图片来源：课题组拍摄

铜鼓坪（表演场）不仅是郎德上寨居民的公共活动空间，也是游客观看、参与表演、自娱自乐的公共活动空间，有效地增加了游客在寨内逗留的时间。如表6－3所示，郎德上寨家庭收入中有19%来源于旅游红利（歌舞表演的收入），而堂安侗寨家庭收入来源中为旅游红利（肇兴侗寨门票收入）的比例为0，据对侗寨居民的调研访谈，侗寨只在2015年、2016年、2017年分别分到肇兴侗寨门票收入14万元、18万元和20万元左右，每户分到400—500元，居民对此非常不满，因此，在家庭收入来源为旅游红利的比例填写为0，由于没有得到实惠，居民对侗寨的旅游发展一直抱有负面情绪。据对游客的调研访谈，游客一般不会在侗寨内逗留较长的时间（逗留时间较长的游客大都为爱好体验梯田文化的游客、摄影爱好者、专家学者等），主要原因之一就是侗寨里缺乏让他们驻足停留的项目，游客一般都是从肇兴侗寨上来欣赏一下梯田风光而已，因此，可以考虑增加设置游客观看侗族歌舞表演的公共空间，借鉴郎德上寨的做法，带动全寨居民参与，使居民获得表演性收入，延长游客在此逗留的时间，带动村寨旅游业的发展。据歌师陆跃刚（“百鸟巢”筹建者之一）介绍，“百鸟巢”虽然营业仅大半年，但是来“百鸟巢”观看和体验歌舞项目的人挺多，说明游客有需求，然而，“百鸟巢”仅仅是十几个居民的个人行为，并不能带动全寨居民，使大多数人享受旅游发展的红利（图7－3d）。

图7－4a　鼓楼前广场随意停放的车辆

图片来源：课题组拍摄

图7－4b　村委会前空地及路边随意停放的车辆

图片来源：课题组拍摄

如表6－4所示，郎德上寨和堂安侗寨居民对村寨街巷认知度均分分别为4.32和3.61。郎德上寨居民对现有街巷认知度较高的原因主要在于，寨内街巷基本保留了原有的格局，更为重要的是机动车不能进入寨内（一律停放在新村的停车场，仅有极少数摩托车可以在寨内少数用水泥填成斜坡的坡度较缓的小巷上通行）。堂安侗寨居民对现有街巷认知度较低的原因主要在于，进寨的主干道从村口停车场一直到鼓楼，机动车可以随意出入，而且在鼓楼前的广场，村委会前的空地，或是路边常有车辆随意停放，不仅污染环境，存在安全隐患,而且严重影响村寨的美观。

由此可见,对村寨实行交通管制,严禁外来机动车在寨内通行,外来车辆一律停放在村口停车场,对于寨内车辆,可考虑设置固定的停车场停放,保证居民的安全,减少噪声等污染,使寨内交通井然有序(图7-4a、图7-4b)。

第三,微观层面。

图7-5 堂安侗寨内随处可见的电线电缆

图片来源:课题组拍摄

微观层面要素主要包括广告招牌、灯光招牌、景观植物等要素。《内罗毕建议》指出应避免因架设电杆、高塔、电线或电话线、安置电视天线及大型广告牌而带来的外观损害;还指出对广告、霓虹灯和其他各种商业招牌、人行道与各种街道小品等微观层面的景观要素,进行精心规划并加以控制,以使它们与整体相协调。首先,郎德上寨和堂安侗寨寨内都存在电线、电缆乱拉乱接的现象,不仅存在安全隐患,而且影响美观,亟待整治(图7-5)。其次,可通过在广场周围、街道等处设置具有当地文化元素的街道小品和种植当地特有的植物,增加街道的文化标识性和情趣感。如,在郎德上寨的铜鼓坪周围设置坐凳,在坐凳旁、客栈门前等处设置精致的绿化小品,为村寨空间平添了几分生机和趣味,相较于此,堂安侗寨内则缺乏富有生机的绿化植物或是小品的点缀,如,进寨主干道既缺乏侗族文化标识,沿路也没有一定的绿化小品点缀,主干道显得生硬,缺乏生机和趣味。最后,2017年底,郎德上寨成为国家4A级景区后，截至2020年3月31日，据不完全统计，郎德上寨有农家乐58家，主要经营接待住宿有11家（精品民宿有1家），综合接待住宿和就餐条件的有47家。随着旅游的不断深入，农家乐的数量还会持续增加。为了招揽顾客，商家纷纷在房屋外部悬挂农家乐及客栈的广告标牌，目前，建筑保护委员会还没有对于广告标牌的相关管理条例，商家都是按照各自的设想进行设计，广告标牌风格形形色色，不仅显得凌乱，而且与其他旅游村寨同质化，因此，可以通过提炼村落独特的民族文化元素对广告牌、灯箱广告等进行统一规划控制，使当地的文化元素与商业元素融合，营造独具特色的传统村落的商业环境。

7.2 传统村落的形态美建设

7.2.1 形态美的建筑人类学解读

"建筑人类学的概念是20世纪后半叶才在西方建筑理论界出现。它既非建筑学流派，也非人类学分支，甚至算不上一个专业研究方向。从实质上看，建筑人类学不过是一种强调在特定环境下，对建筑现象的习俗背景和文化意蕴进行观察、体验和分析的视角与方法，因而属于建筑学与人类学的交叉领域。"①这一理念与梁思成先生的观点不谋而合，他指出"建筑之规模，形体，工程，艺术之嬗递演变，乃其民族特色文化兴衰潮汐之映影；一国一族之建筑适反鉴其物质精神，继往开来之面貌。今日之治古史者，常赖其建筑之遗迹或记载以测其文化，其故因此。盖建筑活动与民族文化之动向实相牵连，互为因果者也。"②可见，从建筑人类学的视角出发，传统村落的形态美里蕴含着曾经发生的故事、风俗及其人与建筑互动留下的记忆，如场景、仪式、工艺等，且这些蕴含着的内容必将与建筑的现在和未来发生联系，这为传统村落的形态美建设提供了可操作的依据。

7.2.2 形态美的建设路径

如表6－1所示，居民态度问卷中对形态美的认知涉及4个题项，分别是

---

① 常青. 建筑学的人类视野[J]. 建筑学报，2008(12)：95－101.

② 梁思成. 中国建筑史[M]. 天津：百花文艺出版社，2005：3.

C4(咱们村落的民居建筑仍保有原来的造型和高度)、C5(咱们村落的公共建筑仍保有原来的造型和高度)、C6(咱们的房屋建筑材料仍以木质材料为主)、C7(咱们的房屋建筑平面布局更加满足现代生活的需要)。新的生计模式下,如表6-4,郎德上寨居民对形态美认知均分为4.14,其中,C4、C5、C6、C7题项的认知度均值分别为4.34、3.69、4.48、4.07,这些数据体现了居民对村落的形态美较高的认知度,其中,居民对于民居建筑的认知度总体较高,而对于公共建筑的认知度较低,据调研访谈,究其原因在于居民对于水车因旅游开发的原因被拆掉表示不满,对于古战壕、古城墙、跑马道遗址等历史文化遗址没有被较好地保护修缮表示不满;堂安侗寨居民对形态美的认知均分为3.85,其中,C4、C5、C6、C7题项的认知度均值分别为3.62、3.97、3.87、3.92,体现了居民对村落的形态美认知度并不高,据调研访谈,主要原因在于居民认为民居建筑整体风貌不统一,平面功能也不能很好满足现代生活的需要(这部分居民集中在鼓楼上部的第1区域,如很多家庭目前还没有淋浴设施),而新建的萨坛过于高大、显眼,与侗族崇尚低调、谦逊的性格特征不协调,而且,萨坛作为村寨最神圣的建筑,作为萨母的栖居之地,居民不希望它经常受到游客的参观、拍照等侵扰。根据居民态度模型的研究假设验证,居民的认知与行为意向呈正相关,且认知、行为意向与态度总分呈正相关,可通过保持或提高具有较高认知度的题项,规避或改善具有不良发展趋势的题项,提升居民的归属感,激发居民的行为意向和建设态度,使形态美得到可持续保护与发展。基于此,本研究从建筑人类学的视角提出以下传统村落形态美的建设路径。

7.2.2.1 标志性公共建筑形态美的建设路径

随着时代的更替,生计模式的变迁,生活方式的改变,传统村落的标志性公共建筑的防御功能、祭祀功能和公共活动功能出现功能丧失、功能变化和功能弱化的嬗变,从而衍生出新的社会功能,如见证历史发展的功能、教化功能、社区活动功能等,本研究以新的社会功能为导向,通过对郎德上寨和堂安侗寨标志性公共建筑功能嬗变的分析,提出以下公共建筑形态美的建设路径。

——以见证历史功能为导向的维护修缮。郎德上寨登记在册的文物有古战壕、古城墙、古井、水车等,是村寨厚重历史、生产生活记忆的焦点,目前,古战壕仅仅留下草丛中斑驳的一小截遗址,连当地居民也不能明确指出古城墙的位置,而望丰河上的水车已被人为拆除。诚然,古战壕、古城墙最初的防御功能、水车最初的农业灌溉功能已然丧失,但它们却是见证村寨历史发展的宝贵资源,应该予以珍视,得到科学有效的维护、修缮,而不应任由岁月的侵蚀而灰飞烟灭,或是人为的破坏。郎德上寨居民对这类公共建筑认知度仅为3.69,正说明居民对于这类公共建筑蕴含的历史记忆的怀念,对于这类公共建筑缺失的遗憾,因此,对于承载了历史功能的标志性公共建筑应进行严格的维护和修缮。

——以发挥教化功能为导向的原样保护。不同民族重要的标志性建筑往往因为承载着祭祀活动的场所具有教化功能,如郎德上寨的牯藏节、堂安侗寨的"祭萨",通过祭祀活动表达他们对祖先的敬仰、崇拜和感激,可以说,祭祀活动凝聚着一个民族的精神和信仰,对子孙后代起到潜移默化的影响,即便是仅仅参与活动的外来者,也会被庄严隆重的祭祀仪式所震撼,勾连起他们对祖先的缅怀之情。堂安侗寨居民对重新修缮的萨坛过于高大表示不满正说明为了表达对祭祀活动的敬畏和尊重,因此,对以发挥教化功能为导向的原样保护对于这类公共建筑,应该进行原样保护。

——以社区活动功能为导向的社区参与保护建设。传统村落的标志性公共建筑随着时代的变迁,其传统的功能也发生改变,往往成为村落社会活动的中心,如堂安侗寨的鼓楼,通体不用一钉一铆,只以杉木凿榫衔接,采用四方圆柱九层重檐攒尖顶,瓦檐呈多角形,飞檐重阁,瓦檐上彩绘或雕刻山水、花卉、龙凤、飞鸟和古装人物,五彩缤纷,不仅体现了侗族精湛的建造技艺,而且还是村寨社区活动的主要场所,对于这类公共建筑的修缮和重建应采取以下途径。

第一,主体结构保持不变。这类公共建筑是一个村落建造技艺的集中体现,弥足珍贵,在对其进行修缮和重建时,应尽可能地保持它的历史风貌,对建筑的主体结构、建造工艺尽可能地保持不变。

第二,对非主体结构进行更新改造。这类公共建筑的非主体结构可以不局限于历史上某一个时期的经济条件,可以根据当下的经济水平和生活方式进行更新改造,根据居民现代生活的需求,在历史遗存的保留和空间利用的要求之间达到一种平衡,从而延续空间的活跃性。如1999年,堂安侗寨的鼓楼在省文物局的主持下进行过一次修缮，为了提高鼓楼的舒适性、美观性和实用性，加宽了木凳的宽度，对瓦檐上的山水、花卉、飞鸟、人物等重新进行彩绘和装饰，在鼓楼内设置照明设备等，最大限度发挥鼓楼为社区服务的功能。

第三，技术与社区参与结合。这类公共建筑是村落居民集体智慧的体现，寄托了他们对于建筑的文化审美和情感记忆，如堂安侗寨的鼓楼由家家户户共同出资，由村寨的掌墨师傅主持居民进行建造，这就赋予了居民表达自己利益和意愿的权利和机会，因此，对于它们的修缮改造和重建工程就不能被视为纯技术性的物理操作，而应是一个具有更广泛意义的社会交往和文化交流的过程。现行的建筑遗产评估机制实行的是专家评审制度，价值评估由所涉及的各个相关领域具有丰富实践经验和较高理论水平的专家或专家委员会负责，建筑遗产的修缮更新更是现代化的施工队伍承担。然而，这类公共建筑所具有的情感价值、社会价值等业已超出专家、技术人员所能支配的领域，如果仅仅用固态的遗产保护方式对仍然在使用中的这类建筑空间进行保护而忽视人的需求，容易将情感和空间、文化和空间割裂开来，使空间丧失承载文化和情感的功能，而仅仅变成物理性的空间，这显然是不合理的，而且，作为使用过程中的主要利益相关者即居民几乎没有任何话语权。因此，应采用技术与社区参与相结合的路径，利用灵活动态的社区参与调节建筑静态的保护修缮，如，收集居民对建筑使用的需求意见，进行整理分析，认真采纳居民的合理化建议，尽可能缓解各方面外来价值取向与建筑固有价值和居民话语权分歧的矛盾。如 1986—1989 年，随着村落经济水平的提高，堂安侗寨的居民为了使鼓楼的体量和高度更协调，使鼓楼统领村寨中心的地位更加明显，经全体居民协商达成一致意见，将原 7 层的鼓楼加盖 2 层变为现在的 9 层鼓楼。

7.2.2.2 民居建筑形态美的建设路径

通过对郎德上寨和堂安侗寨民居建筑的嬗变分析，目前，根据民居建筑的功能、重要性和现状，传统村落的民居建筑大致分为 3 种类型，即居住类型、博物馆类型和整治类型，为了保持村寨建筑风貌协调统一，创造良好的空间环境，满足不同功能的需求，分别采取不同的建设路径。

——居住类型。居住类型的民居建筑包括自用型和商用型两种,前者供居民自己居住使用,后者主要是指供游客使用的农家乐、客栈、民宿等。这类民居建筑由于处于继续使用的过程中,既需要考虑保留传统建筑风貌的历史印记,也需要对其内部空间进行合理的更新改造,将其纳入发展变动的现实生活场景之中。首先,为了保持建筑整体风貌统一协调,需要对建筑体量、建筑高度、建筑外部材料进行有效的控制,避免出现大体量建筑、建筑高度凸显的建筑和建筑外部材料不统一的建筑。如堂安侗寨某建筑体量过大,某建筑过高,不少建筑没有用木质材料进行外部装饰,这些都对于侗寨整体建筑风貌造成严重的破坏(图 7 - 6a 至图 7 - 6c)。其次,对于商用的居住建筑,如客栈、民宿等,商家为了提高商业价值,往往会增加建筑面积,加大采光面积,运用现代建筑材料等,对于此类建筑,可考虑通过利用类型学的"抽象"技法和拓扑学的"转换"技法进行处理,使现代与传统、文化与商业结合,既保持整体建筑风貌协调统一,又能满足商业的需要。"抽象"是指从某一特定的存在物中抽取其精华或本质的手法,如吊脚楼利用吊脚有效结合环境的建造理念,又如坡屋顶、美人靠、木雕是郎德上寨民居的典型元素,这些都可以作为此类建筑改造利用的基本元素。"转换"的理论基础是拓扑学,拓扑学是研究几何图形在弯曲、变形、拉大缩小下仍然保持性质的一门科学。一般而言,将抽象出的基本元素,通过"转换"处理,如运用现代建筑材料和技术以及逻辑思维等,创造出具有异形同构效果的现代民居建筑。如郎德上寨前寨门附近正在改造的一家客栈,通过吊脚增加二、三层外廊,外廊设置美人靠,为了安全,使用铝合金窗户,并在铝合金窗户外采用精美的木质窗框,与走廊采用的木雕保持一致。又如郎德上寨的古井别院民宿,为了提高民宿的舒适度,建筑采用砖混结构,采用大面积的玻璃窗户,设置空调设备,采用木质材料进行外部装饰,设置美人靠式样的窗台,在空调表面运用涂料模仿木质材料的纹理和色彩,入口处设置坡屋顶的门斗,使该建筑既富有时代感,又与整体建筑风貌协调统一(图 5 - 19c、图 5 - 19d)。最后,为了满足现代居住安全、卫生、私密性等要求,可以将木质吊脚楼内部改造为砖混结构,或者新建为砖混结构,客栈、民宿等还需要设置独立卫生间,但需要对建筑外墙统一用木材进行外部装饰,使之既满足现代居住功能的需求,又保持整体建筑风貌协调统一(图 7 - 6d)。

图 7-6a　堂安侗寨体量巨大的建筑

图片来源:课题组拍摄

图 7-6b　堂安侗寨高度凸显的建筑

图片来源:课题组拍摄

图 7-6c　堂安侗寨外部建筑材料凌乱

图片来源:课题组拍摄

图 7-6d　郎德上寨正在进行改造的客栈

(内部为砖混结构,外部用木质进行外装饰)

图片来源:课题组拍摄

——博物馆类型。这类民居建筑一般是村寨某位历史人物的故居,或者具有重要意义的民居建筑，属于重要的文物建筑和历史建筑，由于代表着村落的重要历史和文化，一般作为博物馆之用，向大众开放，用于展示重要人物的生平事迹和村落的历史发展。博物馆类型的民居建筑，属于终结了历史的建筑，它从内到外都被锁定在某一历史阶段，仅作为博物馆保存供人瞻仰和研究。对于它的建设，需要按照相关的保护条例，原样保护和修缮，如郎德上寨的杨大六故居，原建筑建于明末清初，现存建筑于 1998 年以来陆续经过修缮，该建筑外部保留着明清时代的印记，建筑内部进行了适当的改造，现该建筑为“杨大六博物馆”，对村民和游客开放（图 4 －30a、图 4 －30b）。对于这类作为文物保护对象的博物馆类型的民居建筑，统一由地方政府主持修缮工作，一般主要采取的保护和修缮方式有以下几种。

第一，凡露出的可见部分均应使用与原有建筑材料相同或相近的材料进行局部的修复，做到修旧如故，并做好详尽的修缮记录，防止大拆大建和大面积更新。

第二，对于原有构件存在的不安全因素，或历史上干预形成的不安全因素，允许调整结构，包括增添、更换少量构件，改善受力状况。

第三，凡是有利于古建筑保护的技术和材料均可采用，但具有特殊价值的传统工艺和材料必须保留。

第四，修缮应是可逆的，即加建部分、改建部分、构件更换部分可以去掉而不损害原有部分。建筑内部可以加以适当调整改造，满足参观的需要。

——整治类型。这类建筑主要包括正在使用中的危房、正在使用中的破旧建筑（图 7 －3a）、因闲置而破旧的建筑、房屋周围加建的附属用房（图 7 －7a），或者废弃不使用的建筑（图 7 －7b）。对于正在使用中的危房户要尽快重新进行安置，或进行改造，保证居住者的人身安全，如郎德上寨建设安置新村对危房户进行疏散，或者进行危房改造（图 5 －18a）；对于正在使用中的破旧建筑，这类人家大多为贫困户，无力承担房屋的修缮，政府及相关部门应提供资金和技术支持帮助他们改造房屋，并为他们提供进行经营的条件以改善窘迫的生活现状，如郎德上寨的粮仓改造项目，粮仓的户主可以在改造后的底层摆放摊位进行手工艺品的销售，或者是进行出租获得收益；对于因闲置而破旧的建筑，可以鼓励户主进行出租，或者委托旅游公司统一进行管理（图

5－20a)；为了村落空间的整洁、有序，对于搭建的附属用房和不再使用的建筑，村委或者旅游公司可以考虑进行统一拆除。

图 7－7a　搭建的附属用房

图片来源：课题组拍摄

图 7－7b　已经不再使用的沼气池

图片来源：课题组拍摄

7.3　传统村落的文态美建设

7.3.1　文态美的内涵

《周易·贲卦·彖传》有言："观乎天文，以察时变，观乎人文，以化成天下。"中华各民族自古以来尊重自然，绵延五千年的中华文明孕育着内涵丰富的文化。传统村落承载着农耕生产方式下的中华民族的历史记忆和具有民族地域特色的文化艺术，维系着中华文化的根脉，孕育着世代居住于此的居民的生存智慧和生活方式，形成了以地缘为界线，以血缘关系为纽带，由众多家庭、家族、宗族连接为若干血缘族群而组成的独特的社会组织。传统村落是人与地理环境、人与人文环境互动的综合产物，历史人文、民俗节庆、传统手工艺及价值观等构成了传统村落非物质文化遗产体系。无论是郎德上寨，还是堂安侗寨，在居民日常的生活中活态传承是非物质文化最有生命力的象征。价值观体现了在一定的自然条件下，人们认识自然和村落的能力以及对待自然和村落的态度；历史人文是对村落文脉最好的守候，延续着村落至今的记忆，影响着传统村落居民的行为模式；民俗节庆是人们共同遵守的行为模式或规范，是体现相互尊重，在言行举止等方面约定俗成的共同规范，是在族群生活中对时间次序的文化选择和设计，同时也是对自然与超自然节律的认知及顺应；传统手工艺以手艺的方式折射出人们利用自然的生活智慧、地域性的生活习俗、严谨踏实的匠人精神。传统村落的居民,是创造传统村落文化的主体。传统村落的文态美体现了人在非物质文化遗产上的主体创造性,体现了传统村落的情感价值、历史文化价值、社会价值、艺术价值、经济价值和科学价值。

一方面,随着城镇化的快速发展,传统村落的劳动力大量外出务工,传统农耕生计模式发生变迁,传统的农耕生产生活逐渐瓦解,扎根于居民日常生活的非物质文化遗产面临难以为继的发展困境,传统村落的社会价值、艺术价值、经济价值和科学价值减弱;另一方面,传统村落的乡愁和温度,使其成为人类疲惫心灵的栖息地,血缘与情感的融合赋予外出务工人员在村落中不可替代的唯一性,充分满足外出务工归来的居民情感需求,因而传统村落的情感价值和历史文化价值凸显。

郎德上寨和堂安侗寨居民对村落文态美的情感维度均分分别为 4.75 和 4.61(见表 6-4),体现了居民对村落非物质文化遗产的高度认同。非物质文化遗产保留了生活的原真性,承载着一个民族独特的记忆和信仰,活态呈现与传承民族文化,容易唤起人的认同。随着我国文化和旅游产业的发展,非物质文化遗产的保护与旅游利用,成为当前我国文化产业发展中提出的一个重要理论与实践命题,它甚至成为新时代推动旅游业可持续发展的核心战略①,非物质文化遗产的重要性可见一斑。统筹协调非物质文化遗产的保护和利用,既能满足居民对传统村落的情感需求,又能解决村落非物质文化遗产的发展困境,真正实现当下传统村落的情感价值、历史文化价值、社会价值、艺术价值、经济价值和科学价值。综上,文态美不仅体现村落居民对村落非物质文化遗产的情感依恋,体现居民对村落的归属感,也是促进传统村落经济发展的重要资源。

7.3.2 文态美的建设路径

据实地调研,郎德上寨和堂安侗寨的价值观、历史人文、民俗节庆、传统手工艺发生不同程度的嬗变,但两个村寨的居民高度认同非物质文化是美丽村

① 李西建.以文化创意激活非物质文化遗产资源的旅游美学效用[J].旅游学刊,2019,34(5):9-11.

落不可缺少的组成部分。居民态度问卷中对文态美的情感维度测量涉及6个题项(见表6-1),分别是A1(我非常喜欢我们村落的传统故事)、A2(我很喜欢我们本民族语言)、A3(我非常喜欢我们的歌舞表演)、A4(我以我们拥有传统手工技艺而感觉骄傲)、A5(我非常喜欢我们的民俗及节庆活动)、A6(我非常喜欢邻里间互帮互助的人际关系)。如表6-4,郎德上寨A1、A2、A3、A4、A5、A6题项的居民情感维度均值分别为4.63、4.72、4.66、4.68、4.70、4.64,每项的标准差均在0.63以下;堂安侗寨A1、A2、A3、A4、A5、A6题项的居民情感维度均值分别为4.65、4.71、4.59、4.53、4.63、4.54,其标准差均在0.75以下,数据说明两个村落的居民对本村落非物质文化的情感依恋非常深,具有非常高的认同感、归属感和自豪感。

居民态度模型显示,居民的认知、情感、行为意向三个因子呈现非常显著的相关(见表6-6),居民对文态美的情感依恋与居民建设美丽村落的意愿呈正相关,居民对文态美的情感依恋度越高,居民建设美丽村落意愿越强。通过不断提高居民对非物质文化的情感依恋,提高居民村落的归属感和自豪感,可激发居民积极建设美丽村落。基于此,本研究提出以下传统村落文态美的建设路径。

7.3.2.1 建立科学的价值观

传统村落文态美嬗变的根本原因在于村民对村落生产生活方式及生活观念的转变。在保障居民生活条件,提高生活水平的前提下,延续村落的文脉,需要树立正确的价值观。价值观有两大类:一类是内在价值观,指我们不计个人得失而均予以遵循的价值观;一类是工具主义的价值观,指那种因为对我们有利,我们才予以遵循的价值观。所有的经济价值观都是工具主义的[①]。对贵州传统村落的居民而言,内在价值观的建立来源于他们的危机感、认同感和责任感:

第一,危机感,无论是年长的居民,或是年轻的居民,只有居民建立起对村落非物质文化价值的正确认知和共识,才会对他们精神家园的未来拥有危机感。

---

① [美]塞缪尔·亨廷顿,劳伦斯·哈里森.文化的重要作用:价值观如何影响人类进步[M].北京:新华出版社,2019:88.

第二,认同感,只有居民认识到村落是他们民族文化存续的生命土壤,是他们获得社会效益、经济效益的来源,才会对村落文化拥有认同感。

第三,责任感,只有居民认识到本民族的文化如果被别的民族同化,那么失去自身文化特色的本民族就会变成别的民族,才会在任何时候对民族的文化进行保护、研究、挖掘,甚至推广自己的文化,包括建筑、民俗、歌舞、服饰、手工艺等,才会对本民族文化的传承有强烈的责任感。

随着生计模式的变迁,生存价值观的转变,传统村落的经济模式从以互助为核心的传统经济向以竞争为核心的现代经济模式转变,居民由于缺乏对村落价值和民族文化内涵的正确认知和共识,在迫切的"求富"心态驱使下,在"榜样"的参照比较下,还来不及对民族生存和本民族文化存续的思考,就盲目地受经济利益的驱动而"求变"和"迎合"。如郎德上寨自 2008 年后,旅游接待一直不理想,受"西江模式"的影响,为追求经济利益,郎德上寨的居民被动接受村落被打包给郎德文旅公司整体包装运营,接受每天表演一样的 6—7 个民族歌舞节目,放弃郎德上寨其他歌舞的排练和表演,对本村落的非物质文化价值缺乏深度思考,使非物质文化遗产传承的类型越加单一;堂安侗寨有经济条件的居民纷纷改建、扩建或新建吊脚楼,将木质结构的房屋改建成砖结构或砖混结构,按此种趋势蔓延,传统木工工艺将失去传承空间。又如苗绣、侗绣、靛染等传统的手工技艺,由于花费时间多,制作工艺复杂,经济收益小,越来越少的居民会选择传统手工技艺的工作,而是选择收益快、时间短、容易学的现代机械化操作的工作。如郎德上寨的苗绣,选择机绣品的人越来越多;堂安侗寨的侗布制作,选择手工纺纱的制作者越来越少,而是越来越多地选择购买现成的纱布。

在传统村落发展的经济转型时期,如果是以追求经济利益的工具性价值观为主导,居民的行为则缺乏对文化遗产保护的约束性,从而使依赖村落非物质文化遗产的村落经济的繁荣终将昙花一现,使依赖村落日常生活而存活的非物质文化遗产逐渐消失;而当内在价值观占上风时,居民的行为则会趋向于对文化遗产保护的自觉性,从而使依赖村落文化遗产的旅游经济能持久发展,使得村落文化遗产在生活中长久延续。因此,只有当内在价值观根植于心,居民才会认为文化遗产保护与他们息息相关,文化遗产才能真正进入居民的日常生活中，他们对村落文化遗产的保护才会是发自内心的、自觉的、持续性的和大众化的，才能实现村落文化遗产“全民认同、全民共担、全民共享”，最终实现传统村落的文化复兴和经济繁荣。

7.3.2.2 政府政策的支持

文化是民生，是生活。传统村落非物质文化遗产传承愿景的实现，必须来自村落居民的社会和政治参与。只有参与，才可以凝聚村落的社区力量，产生更深刻的文化认同，实现非物质文化遗产的传承。传统村落就是社会的缩小版，政府像一个机器，用外在力量推动传统村落的发展和变迁。政府的每项职能都涉及传统村落的经济、文化、教育、交通、医疗等，而传统村落非物质文化的激活，势必就要调动政府的每项职能，如挖掘、整理统计村落非物质文化遗产，积极申报各级非物质文化遗产名录和非遗传承人；用好“土专家”，保证非物质文化遗产传承的原真性；保障村落基础设施建设，根据实际情况，做好村落建设规划；设立非物质文化遗产传承资金，给予村落政策和资金支持等。政府在了解传统村落非物质文化遗产重要性的基础上，应以传统村落非物质文化传承和发展为目标，将各部门所涉及的政策进行整合，为实现非物质文化遗产发展的愿景，系统分析整理可行的推动策略，制订长期发展规划，保证有力执行。

以郎德上寨和堂安侗寨为例，二者都属于黔东南州，而黔东南民族文化生态保护实验区是贵州唯一一个国家级文化生态保护实验区，也是目前国内16个获得总体规划批复的国家级文化生态保护实验区之一。其建设明确提出以保护非物质文化遗产为核心、尊重人民群众的文化主体地位、确定以人为本和活态传承的原则，实现保护为主、合理利用，政府主导、社会参与。郎德上寨和堂安侗寨都拥有丰富的民族文化资源，当地政府更应借助国家级文化生态保护实验区的建设契机，加强传统村落非物质文化遗产资源深度普查、加大申报力度、加强非物质文化遗产保护、壮大非物质文化遗产传承队伍、整合各项政策和资源，以实现传统村落长效保护为目标，防止开发性破坏，组织民俗、建筑、艺术、旅游等方面专家队伍，对郎德上寨和堂安侗寨进行保护和发展方案研究，落实资金，实施一村落一政策，推动传统村落的文化发展，实现传统村落非物质文化遗产的活态发展和传承，保障传统村落文化与经济社会的协调发展。

7.3.2.3 加强非物质文化教育

——强化政府教育职能。教育无疑是非物质文化传承最重要的方式,尤其是学校教育。传统村落往往存在教育匮乏的窘境。如堂安侗寨仅有于2012年创办的非公办幼儿园(图7-8)。据村委会介绍,堂安幼儿园因为办学设施不符合办学要求,已经三次被教育局警告,要求停止办学,但教育局和村委会也没有给出相应的解决方案。据调研,堂安幼儿园仅有2位老师,师资一直不稳定。2017年前,幼儿园老师工资由堂安生态博物馆发放,每月1000多元,上幼儿园的小孩每个学期收费每人400元。2017年至今,堂安生态博物馆不再给幼儿园老师发工资,因而小孩收费每个学期每人500元,所得学费由2位老师平分以作工资。2019年,堂安幼儿园小孩共38人,分小班、大班2个班,仅由2个老师负责管理,教唱堂安侗歌,工作量较大,与每个月近1000元的工资不成正比。堂安幼儿园上课时间为7:30—11:30及下午1:30—4:00,幼儿园负责小孩的早餐,中午则由家人接回家管理,下午再送。因为中午11:30需要接小孩,1:30需要再次送小孩,许多家庭认为不方便,因而堂安约20个小孩选择去厦格侗寨或其他地方上幼儿园。目前,堂安幼儿园孩子众多,教师数量过少,孩子经常打架,常引发孩子家长的不满,对老师及幼儿园诸多怨言,而该工作工资少并不讨好,幼儿园老师不愿再去堂安幼儿园教学。不少村民表示如果堂安幼儿园办不下去,堂安会唱侗歌的人将会越来越少,甚至断层。目前,堂安幼儿园的杨老师是堂安的歌师,非常会教孩子唱歌,方法得当、歌词丰富,所教歌曲非常具有堂安侗寨本地区特色。而且,堂安幼儿园小朋友每年都参加堂安六月六的六洞琵琶歌比赛,极有利于堂安侗歌传承,保留堂安特色。目前,堂安幼儿园的办学难以为继,堂安侗寨的幼儿园教学问题亟待解决。郎德上寨无幼儿园,小孩需要前往郎德下寨上幼儿园,距离稍远;孩子们的初中和高中都需要在雷山县城就读,因此,郎德上寨多户家庭因为小孩上学搬离村落,在雷山或凯里租房陪读。因为从小远离村落生活,当孩子们长大再回村落时,往往不能完全融入村落、熟悉村落,尤其是女孩。不论是幼儿教育的缺失,还是小学、中学教育的不足,都不利于传统村落文脉的延续,不利于非物质文化的活态传承,因此,当地政府不仅应完善幼儿园的教学设备设施,配备合理师资,提升薪酬待遇,而且应解决小孩上学难面临的各种问题。

图 7-8　堂安侗寨幼儿园

图片来源:课题组拍摄

——推进非物质文化教育进学校、进书本、进课堂。尽管郎德上寨外出务工人数较少,由于非物质文化通过口头传承,容易发生信息漏损。堂安侗寨至今留守村中的多为老人和儿童,年轻父母作为家庭教育中的核心力量,多已外出务工,文化传承失去中坚力量。鉴于此,非物质文化教育必须进学校、进书本、进课堂,才能保全其完整性和真实性:第一,进学校。非物质文化必须活态传承才能真正实现传承,而传统的传承方式多以临时兴起的口述传承为主,主观性也较强,非物质文化教育走进学校,能弥补非物质文化传承不稳定性,也能实现非物质文化教育的系统性教育。且村落居民已经认识到学校教育的重要性,希望孩子通过学习走出传统村落。另外,居民美丽村落问卷调研显示,居民对非物质文化情感依恋越高,更愿意参与传统村落建设。非物质文化教育补充了孩子们传统知识教育以外对传统村落的情感教育,可以健全孩子的品格,解决孩子没有时间学的问题,也可在孩子心中种下建设家乡的种子,增强其建设美丽村落的意愿。第二,进课本。非物质文化遗产在传承中,村落的历史人文信息容易丢失、传统手工艺容易出现“人亡艺绝”、价值观容易出现扭曲、民俗节庆容易空心化，面对这些传承困境，当组织专家团队力量将本民族村落的历史、故事、民俗、节庆、传统手工艺、价值观等以故事、图画等方式写进课本，增加非物质文化传承的途径，加强孩子们对本村落溯源探究的村落文态美的认知。第三，进课堂。实现孩子们对传统村落非物质文化的认同和认知，树立孩子们正确的价值观，因为文化价值观影响人们的经济行为和为人处世。由专家、寨老或深谙各种传统村落文化遗产的居民担任教师，将村落的非物质文化教育贯穿于启蒙教育、基础教育，甚至可将非物质文化教育纳入少数民族地区小升初、初升高的考核体系。

——重视非物质文化基础教育和职业教育。“历史为根，文化为基。”非物质文化是传统村落历史的根、是传统村落文化的魂、是传统村落生命传承基因。传统村落非物质文化的存在，其本身就是价值。非物质文化遗产虽然有着生生不息的一面，但不可否认，它正在逐渐消亡。非物质文化遗产的发展、保护和利用掌握在村落的年轻人手里，如何提高年轻人自觉发展和传承非物质文化遗产的意识，加强青少年的非物质文化遗产教育显得极为重要。

目前，郎德上寨没有幼儿园，堂安侗寨仅有被教育局警告停止办学的幼儿园。郎德上寨和堂安侗寨都没有小学和初中，高中和大学阶段都需要离开村落到县城或城市就读。郎德上寨文化程度普遍高于堂安侗寨（见表 6 – 3），高中（中专）文化的比例占 35. 9%（堂安侗寨为 15. 3%），大学及以上文化的比例占 23. 9%（堂安侗寨为 11. 5%）。课题组在堂安侗寨调研时了解到，孩子们在肇兴侗寨初中毕业后，可以通过考试进入凯里学院就读民间文化传承班，主要有民族音乐和美术两大方向，五年学制，最后获取大专学历。堂安侗寨有不少学生选择就读凯里学院的民间文化传承班，而郎德上寨的学生目前没有人就读民间文化传承班，绝大多数学生就读职业技术学院和普通本科院校的非民族文化专业，仅极个别学生选择芦笙专业。

“百年大计，教育为本。”教育是民族振兴、国家发展的重要基石，对提高居民综合素质、促进人的全面发展、增强中华民族自信和活力具有决定性意义，事关民族兴旺、民族之根之魂的延续。教育无疑也是学习和传承非物质文化的重要渠道和途径，教育包括学校教育、社会教育和家庭教育。课题组通过访谈居民了解到，郎德上寨和堂安侗寨的居民对于本民族历史、语言、歌舞、手工技艺等非物质文化的获得主要依赖家庭教育和社会教育，如从小耳濡目染、家人或族人教授等，但这两种教育方式与个人关联性大，存在不稳定因素，相比之下，学校教育是比这两种方式更稳定而持久的教育方式。两个村落目前的教育条件表明，基础教育阶段和职业技术教育阶段是当地居民可以获得本民族文化的学校教育的重要阶段。小学教育和初中教育阶段可着重于对学生进行本民族历史、文化、语言等的普及教育和兴趣教育，如开设双语课、开设苗歌及侗歌班、苗族及侗族舞蹈班、刺绣班、芦笙班等兴趣班，增强青少年对本民族文化的认知能力，培养他们对于本民族文化的兴趣和热爱，甚至通过本民族文化基础教育的优势获得提升学历的新途径。如此，即便是初中以后离开村落继续接受高等教育或是外出发展，对本民族的认同感和自豪感也会使他们对本民族文化传承的使命感根植于心。职业技术学校的教育着重于对学生进行民族技艺的培养和训练，既能使学生获得一门技术用于谋生，又能传承本民族技艺。当地政府应以目标为导向，加大对基础教育阶段和职业技术学校阶段人、财、物的投入。

7.3.2.4 创新非物质文化传承方式

长期以来，村落非物质文化传承多为居民在生活中受到潜移默化的影响，这种影响多来自家庭或家族。现在，村落文化精英、文化带头人、文化爱好者、社会团体等显示出对非物质文化遗产保护的自觉，开始积极记录、探索，推动村落非物质文化的发展，为村落非物质文化遗产发展注入新的活力。

——居民文化自觉觉醒，引进创新非物质文化传承方式。郎德上寨蜡染手工艺人陈金才，通过申请蜡染非遗传承项目，免费举办蜡染技艺培训班（图5－30），教会20多名村民掌握蜡染技艺，除了染料植物种植、染缸的养护、蜡染绘制等必需的工艺技艺之外，还教授居民蜡染产品经营方法，甚至因此组建村落蜡染工艺学习和经营团队，保障了村落蜡染产品的工艺质量，也在一定程度上使产品走向市场，获得一定经济收入。“授人以鱼不如授人以渔。”通过举办非物质文化遗产传承培训班，对居民进行非物质文化遗产的教授，使居民在传承和掌握非物质文化遗产时，提高经济收入，从而激活整个村落非物质文化遗产的活力，带动整个村落对非物质文化遗产的文化觉醒，为村落文态美的建设贡献力量。

——文化爱好者的参与,激发非物质文化传承活力。随着非物质文化遗产被纳入国策,民间文化爱好者、精英人士开始加入守护村落的队伍,守望文脉,进一步推动非物质文化遗产保护、传承和利用的热情。20 世纪初,胡适曾提出“整理国故”,提倡对中国传统学问遗产进行发掘、整理。当下,许多传统村落的爱好者在无形中,践行着“整理国故”的主张,真实记录着传统村落非物质文化遗产,对其进行整理。堂安侗寨的女婿张庆巍,天津人,因热爱侗族文化,与堂安侗寨潘幸芝结成姻缘,长期居住在堂安侗寨,并在各侗寨间走村串巷。20 多年来,张庆巍用摄像机和录音笔连续记录着堂安侗寨及周边侗寨的各种非物质文化,包括侗歌、月也、祭萨、泥人节、芦笙节等,也记录了村落物质与非物质文化遗产的嬗变。在闲暇时间,其对所记录的堂安侗寨非物质文化遗产进行编辑整理,还设立微信公众号进行推广。张庆巍甚至长期有意地与村落各位长者进行访谈,考证堂安侗寨的历史、记录堂安侗寨的口头传统、整理堂安侗寨的口述史。课题组多次调研堂安侗寨,都受到其热情帮助,他表示面对堂安侗寨的变化,他无力改变,但会做一个忠实的记录者。而这些记录无疑为后人研究堂安侗寨提供了最宝贵的资源,本课题组采用的十几年前堂安侗寨的图片,多为张庆巍提供。堂安侗寨“百鸟巢”的取名及宣传推广也曾得到他的一臂之力。作为文化爱好者,他的记录无形中推动了堂安侗寨文化的传承和发展。堂安侗寨星石屋民宿经营者娟娟,擅长设计,无意中与堂安侗寨结缘,2018 年后租赁堂安侗寨一民居,将其改造为民宿经营。于此,她深刻体验到村落居民淳朴的民风,记录堂安侗寨生活的点滴,尤其注重记录堂安侗寨的农耕文化。其不仅在微信公众号进行宣传推广,还常外出学习交流。在记录堂安侗寨的文化时,也传播了堂安侗寨的文化。长期扎根生活在村落的文化爱好者的参与,无疑是对村落非物质文化的最好记录,推动着村落的发展和建设。而村落的发展还需要更多的力量介入,科研团队的长期驻扎,社会团体、民间群众的参与,都可助推传统村落文态美的建设。

7.3.2.5　活用非物质文化遗产

——发挥居民主体地位,开展文化建设。非物质文化遗产活态传承必须扎根民众生活、立足当下,融入居民的现代生活中。传统村落文态美的建设主体在于村落居民,在于居民对本村落文化的认知和情感依恋。居民作为文化的传承者和创造者，完全可以通过自身努力实现本村落文化的传承和推广，堂安侗寨的“百鸟巢”则值得推广和借鉴，它是一个综合体，既是一栋建筑，也是堂安一支侗族风情表演队伍，还提供集食、住、行、娱、购于一体的服务，是2019年堂安侗寨19户热爱侗族文化的居民自发集资合建，自己设计、包装、推广的一个堂安体验“品牌”。“百鸟巢”既设有侗族人原始生活老物件展示区，也有民俗文化艺术表演展示、长桌宴饮食体验、农耕生活体验等风情体验服务。同时，“百鸟巢”也是堂安居民外出展示侗族歌舞演出的团队名号，曾代表堂安侗寨外出参与多次比赛和演出。通过搭建“百鸟巢”这一平台，堂安侗寨既展示和传承侗族文化，也可通过该平台获得一定的经济收入，使得堂安侗寨民族文化得到一定程度的传承和宣传推广。

——文旅深度融合，适度开发传统村落文化旅游体验。对比郎德上寨和堂安侗寨，郎德上寨的居民在民族语言、歌舞表演、传统手工技艺、民俗节庆、人际关系等方面的情感维度均值都高于堂安侗寨，说明了郎德上寨居民对非物质文化的情感依恋高于堂安侗寨，表明郎德上寨旅游开发多年，人们深刻意识到村落非物质文化的重要性；在经济水平这一变量上，郎德上寨不同经济收入水平的居民在情感上有显著差异，且居民的情感呈现出随着收入水平的增加而有更强的归属感和情感依恋，郎德上寨经济以旅游经济为主，多元经济共同发展，从旅游开发中受益越多，居民在情感上对村落更有归属感，说明要建设传统村落的文态美，须不断提高居民的经济收入，尤其要使居民在村落的旅游开发中获益。传统村落文态美的建设需要落地于非物质文化遗产的激活，文旅深度融合无疑是激活非物质文化遗产的重要方式，非物质文化遗产是传统村落鲜活的文化样本，也是当下生活的底蕴和滋养，以村落非物质文化遗产为资源进行文旅融合开发，其出发点是以人民美好生活引导传统村落文态美的建设和旅游发展。传统村落非物质文化遗产开发，既要实现文化旅游修身养性之道，满足游客对文态美的需求，也要拉动当地经济发展，提升人们的生活水平，提高村落居民的归属感和自豪感。因此，可以立足村落非物质文化遗产的活态属性、艺术属性、传统手工技艺的技艺属性、民族节庆及歌舞的娱乐属性，开发深度文化体验性项目，满足人们的文化需求、情感需求和精神需求，实现村落的美的价值，包括情感价值、历史文化价值、社会价值、艺术价值、经济价值和科学价值。郎德上寨和堂安侗寨是非物质文化遗产保存较好的传统村落,根据村落文化资源和特点,可针对中高端市场设计深层次民族文化体验项目,使游客在深度体验民族文化的同时,不破坏村落非物质文化的原真性。如郎德上寨,苗歌、刺绣、舞蹈等是其较有吸引力的资源,可在村寨内设计2天以上的深度文化体验路线,选取擅长苗歌演唱、刺绣工艺、芦笙吹奏、苗族舞蹈等居民,安排听苗歌、学苗歌、听芦笙、学芦笙、看刺绣、学刺绣等内容,使游客深度体验苗族文化。堂安侗寨,侗歌、琵琶歌、侗戏、侗布制作等都可以作为重要资源进行深度旅游体验产品开发,将听侗歌、琵琶歌、侗戏与学侗歌、琵琶歌、侗戏以及侗布靛染、捶布等工序观赏和体验结合起来,开设侗族文化深度体验产品。这也是传播和传承传统村落文化的重要方式。

——挖掘非物质文化遗产的经济价值,适度产业化。传统手工艺的经济价值是其得以维系的重要途径。无论是苗族刺绣、侗族靛染、侗布制作、木结构建筑工艺等,首先要能满足人们当下所需,才能有实用性。因此,首先要结合社会需求,对传统手工艺进行创造开发,设计生产具有实用性及美观价值的使用品。郎德上寨村委会前主任吴剑明确表示,郎德上寨发展刺绣、蜡染等传统手工艺的关键在于居民要改变传统的产品设计观念,不能仅限于设计民族服装,应结合当下市场需求和审美观念,设计和生产更多适用于不同群体的、实用性更强的传统手工艺品,这样才能实现文化传承和经济收入两者兼得,且经济收入能促进居民改善技艺,增加传承积极性。其次,可借鉴黔西南州望谟县山谷花的集体合作社模式,实现居民集体合作,传统手工艺工序多,费力耗时,集体合作,可提高劳动效率,保证产品质量,获得较理想的经济收入。最后,要争取各方的支持,扩大手工艺的市场。

第8章　传统村落活力建设路径

传统村落的生态美、形态美和文态美是其业态美的基本保障。通过对传统村落生态美、形态美和文态美的建设，改善了村落的生活环境，恢复了村落的情感记忆，使传统村落成为比过去更为优质的资产，成为新的生计模式下业态美的重要资源。新的业态美是改善居民生计，使村落充满活力的动力基础，又为其美丽建设提供源源不断的动力，可见，美丽和活力是实现村落外部识别、内部认同、生活延续和保护发展的两个重要抓手，二者缺一不可，相得益彰。本研究以深度访谈和问卷调查为依据，通过对郎德上寨和堂安侗寨三种新的业态形式，即体验式旅游、建筑遗产利用和传统手工艺活态利用的研究，提出旅游发展背景下传统村落激活体验式旅游、建筑遗产和传统手工艺的活力建设路径。

8.1　激活体验式旅游

根据体验式旅游理论，体验式旅游强调旅游者通过对旅游情境的知、情和意等建立独特的身心感受，强调旅游者在旅游情境中的心流体验。传统村落是由与自然环境息息相关的村落空间、建筑遗产和非物质文化遗产三个维度构成的一个系统，具有整体性的特征，这种整体性的特征通过它的整体美而体现，这种整体美又以生态美、形态美、文态美的形式连续不断地显示其自身，人们通过对生态美、形态美和文态美的知、情和意等获得独特的身心感受，并在这种感受中获得心流的体验，可见，传统村落的生态美、形态美和文态美为传统村落的体验式旅游提供了丰富的身心体验的资源，体验式旅游成为居民获得收入的新的业态形式。如郎德上寨和堂安侗寨，二者具有不同的生态美、形态美和文态美，人们在此获得的身心体验也各不相同。根据旅游地生命周期理论，郎德上寨和堂安侗寨分别处于旅游地生命周期的发展阶段和参与阶段。如表 6 – 3 所示，郎德上寨的生计模式以旅游为主导，居民家庭收入中 63.4% 来源于旅游发展；堂安侗寨的生计模式以外出务工为主，但是，旅游发展对堂安的经济发展起到了一定的促进作用，居民家庭收入中 13.4% 来源于旅游发展。本研究通过对郎德上寨和堂安侗寨的体验式旅游资源和存在问题的对比分析，因地制宜地提出以“文化体验”和“生态体验”为主题的体验式旅游的激活路径，旨在对旅游发展背景下传统村落开展体验式旅游以改善居民生计提供借鉴作用。

8.1.1 体验式旅游资源分析

8.1.1.1 名片资源的梳理

郎德上寨和堂安侗寨均是贵州传统村落中久负盛名的村落，且各具特色，均获得诸多的殊荣，这些都成为它们开展体验式旅游的名片资源，本研究将这两个村寨的名片资源进行梳理，试图从中找到它们开展体验式旅游的特色和主题。如表 8 – 1 所示，郎德上寨自 1985 年成为“民族文物村”以来先后荣获 11 项殊荣，它们分别是“省级首批重点保护民族文化村寨”“全国第一座露天苗族风情博物馆”“中国民间文化艺术之乡”“国家重点文物保护单位”等，而堂安侗寨自 1999 年成为“侗族生态博物馆”以来，先后获得 7 项殊荣，它们分别是“首批生态博物馆示范点”“全球最值得去的 33 个地方”“人类返璞归真的范例”等。通过对这两个村落名片资源的对比分析，可以看出，郎德上寨的名片资源更多地聚焦于苗族文化、历史文物遗迹、民间文化艺术方面，堂安侗寨的名片资源则更多地集中在生态环境、农耕风光和适宜人居方面。本研究根据对两个村落名片资源的梳理和分析，概括性地提出“文化体验”和“生态体验”作为这两个村寨开展体验式旅游的体验主题。

表 8-1 郎德上寨、堂安侗寨名片资源梳理

村落	序号	名片	年份	合计(项)	体验主题
郎德	1	民族文物村	1985	11	文化体验
	2	省级首批重点保护民族文化村寨	1986		
	3	全国第一座露天苗族风情博物馆	1986		
	4	中国民间文化艺术之乡	1997		
	5	全国百座特色博物馆	1998		
	6	全国重点文物保护单位	2001		
	7	国家重点文物保护单位	2001		
	8	中国景观村落	2007		
	9	奥运圣火走过的地方	2008		
	10	首批“中国传统村落”	2012		
	11	4A 级风景区	2017		
堂安	1	侗族生态博物馆	1999	7	生态体验
	2	中国世界文化遗产预备名单	2006		
	3	首批生态博物馆示范点	2011		
	4	入选第一批中国传统村落名录	2011		
	5	全球最值得去的 33 个地方	2012		
	6	浓缩的侗乡	2012		
	7	人类返璞归真的范例	2012		

8.1.1.2 体验式旅游资源分析

本研究从历史文物古迹、民族歌舞、民俗节庆、传统手工艺、农耕资源、传统特色美食等方面对郎德上寨和堂安侗寨开发体验式旅游资源进行梳理,为后续这两个村寨体验式旅游现状分析奠定基础。

——历史文物古迹。郎德上寨,因孕育了民族英雄杨大六而闻名于苗族村寨,更因为有以杨大六故居为代表的明清古建筑群和众多的战争遗址而成为全国重点文物保护单位。杨大六(陆/罗),苗名陈腊略,咸丰五年(1855

年),他与台拱厅张秀眉联合起义,带领当地苗族人民反抗清廷官吏剥削压迫,在抗清斗争中勇猛善战、杀敌无数,最后不幸落入虎口,舍生取义。杨大六的故居始建于明代,现存建筑为清代所建,1985 年,向游客和居民开放。除了杨大六故居,上寨还有各类传统民居建筑 107 座,其中,清代建筑 2 座、民国建筑 4 座。此外,登记在册的文物有 8 处,其中,古战壕、古城墙等与战争有关的遗址 4 处,其他的还有古井、水车、水碾、古桥,这些历史久远的建筑和文物古迹成为游客体验上寨厚重历史和民族文化的物质载体。相较而言,堂安侗寨则缺乏这样富有传奇色彩的英雄人物、古建筑和年代久远的文物古迹,侗寨建设时间久远的只有萨岁坛、瓢井和寨门。

——民族歌舞。民族歌舞来源于生产生活的实践,不仅传承民族的历史文化,而且蕴含了朴素的艺术思想和文学的表现手法,活态地展示了民族的宗教信仰、祭祀祈福、美好爱情、日常交流等内容,体现了人们对美好生活的愿景和对情感的寄托,如侗族就有"饭养身,歌养心"的谚语,民族歌舞也因此成为人们了解民族文化的重要媒介,成为传统村落文化体验的重要内容。歌舞表演是郎德上寨参与旅游发展的重要资源。1986 年,上寨开始旅游发展,老的铜鼓坪由于面积小,周边房屋围合紧密,不能满足旅游发展的需要,于是在村寨中部新建了现在的铜鼓坪(表演场)。铜鼓坪成为游客观看和参与歌舞表演的场所。2017 年 5 月之前,上寨的居民每天根据游客包场需求进行歌舞表演,据调研,最多的时候一天可以表演 10 多场。2017 年 5 月至今,居民则每天在固定的时间表演两场,观看表演的游客有时也会参与表演,尽管表演的时间和形式有所改变,但是,歌舞表演或者参与歌舞表演一直是上寨旅游的特色内容。如表 6 - 3 所示,上寨的旅游红利(歌舞表演收入)占上寨居民收入来源的 19%。相较而言,堂安侗寨欠缺歌舞表演,2019 年下半年,由 19 户农户自发组织建设的"百鸟巢"开始营业,侗族歌舞表演是其营业的主要内容,据调研,仅仅是参与"百鸟巢"运营的居民获得一定的与歌舞表演相关的收入。

——民俗节庆。民俗节庆,涉及一个民族的信仰崇拜、生老病死、婚丧嫁娶、日常生活、重大活动等多方面,如郎德上寨的苗年、牯藏节(招龙节)、姑妈节等节日都是国家非物质文化遗产,节日成为除了日常生活以外的苗族歌舞得以展现的重要平台。郎德上寨由于参与旅游发展时间较早，一些重要的传统节日已经成为旅游开发的部分内容，如牯藏节中的十二道拦门酒已成为重要的旅游项目，其节日的神圣性和神秘性已经今非昔比。相较而言，堂安侗寨的民俗节庆原生态性较好，如祭萨仍然是最隆重的信仰活动，没有受到旅游发展的影响，月也、侗族大歌等这些是侗寨农闲时光重要的娱乐方式也基本保持不变，不落夫家、满月陪嫁的婚嫁习俗在侗寨保存至今。

——传统手工艺。传统手工艺，是各民族在长期的生产生活实践过程中，通过手工制作体现本民族生存智慧、生活方式、美学理念、工艺水平的一项重要技能，如郎德上寨的苗绣、苗族植物染技（蜡染）。郎德上寨因参与旅游发展时间较早，受到旅游发展的影响，居民的经济条件普遍不错，据调研，整个村寨长期在外务工者仅10人，人员的稳定为上寨传统手工艺的传承和发展提供了环境。因此，除了歌舞表演外，上寨的传统手工艺品也是参与旅游发展的另一项重要内容，如上寨的妇女人人都会绣苗绣，80%的苗绣参与旅游销售。此外，这些传统手工艺，如苗族植物染技，所蕴含的古朴的制作原材料，考究的制作工序，制作者精心的制作过程，都成为每一个想了解民族传统手工艺制作，分享制作过程的专注和愉悦，感受原生态民族生活游客的重要资源。而堂安侗寨由于外出务工者较多，人员流动性大，其传统手工艺，如蓝靛靛染工艺，传承的人较少，传统手工艺的优势不明显。

——农耕资源。贵州传统村落作为一种村落文化景观，是特有的山地自然环境与各族人民长期相互作用的共同作品，体现了各民族适应、利用、改造自然环境的生存智慧和生活方式。对于郎德上寨和堂安侗寨而言，村落选址，水系统、耕地和树林营造了村落独特的生态环境和农耕文化景观，体现了村落的生态美和农耕生活。郎德上寨，属于河谷坝子型村落，处于层峦叠嶂的环抱之中，整个寨子坐南朝北，坐落于一片向阳的坡地上，望丰河从山脚绕寨缓缓流淌，先民们在河畔的缓坡和平地上开垦耕田进行农耕劳作，2016年以来，河畔的260多亩耕地中被征用100多亩用于旅游项目“奥运步道综合体——悠然郎德”的开发建设，项目着力建设田园观光区、露营区、风光打卡点，打造农耕体验项目，预计2020年6月正式投入使用，剩下的100多亩耕地仍继续在耕种，除此之外，上寨的耕地就分散在村寨四周的山坡上。堂安侗寨，属于山腰坡地型村落，坐落在位于海拔 935 米的肇兴侗寨东边的关对山坳上，背靠弄报山，堂安先民通过对坡地的改造和借助山地灌溉系统，将村寨四周的山坡建设为层层叠叠的梯田，450 余亩立体连片的梯田颇为壮观，形成侗寨独有的梯田风光，当地人利用耕田养殖鱼的生存智慧，形成了梯田鱼稻共生的生态系统。2016 年，肇兴旅游公司在堂安侗寨与肇兴侗寨之间修建连接两个村寨的旅游步道。2018 年，该项目建设完工，该旅游步道全程约 6 千米，常速步行需约一个半小时，步道沿途有美丽的梯田风光，以及有种植在步道旁的茶树风景（图 8－1），该步道的建立一方面为了两个村寨步行联系方便，另一方面是为了拓宽两个村寨的旅游项目，如为喜欢户外活动的游客提供徒步项目。综上，堂安侗寨的农耕资源比郎德上寨的农耕资源具有优势，两个村寨旅游开发项目为露营和徒步项目提供了资源，这两个项目成为文化体验和生态体验的新内容。

图 8－1　堂安至肇兴的旅游步道

图片来源：课题组拍摄

——传统特色美食。俗话说“民以食为天”，传统村落的传统特色美食是村寨居民在长期生产生活的实践过程中根据本民族的饮食习惯，就地取材，运用传统烹饪技术而形成的独特食物，因此，品尝传统特色美食、参与美食制作是每一个游客体验和感受村寨原生态的日常生活，了解民族文化的重要媒介。郎德上寨与堂安侗寨的传统特色美食各具特色：郎德上寨以十二道拦门酒和长桌宴最为有名（图8－2），它们已经成为上寨旅游的固定项目，商业氛围较重，而且和其他旅游开发的苗寨同质化现象较严重。堂安侗寨的传统特色美食以油茶、糯米酒、糯米饭、腌鱼等较为有名，这些美食在深入农家后都能品尝到，制作的原材料和工序都很讲究。如油茶，据欣豪客栈老板娘介绍，它的讲究之处在于染制糯米的工序，当地人会用不同色彩及功效的植物汁水染制糯米，如黄色阴米染料源自春天开放的密蒙花（侗语：nuqiu），具有清热护肝、抗菌消炎等功效，糯米经染制好后蒸熟阴干，食用前需将阴干的糯米油炸，然后用炒制过的茶叶沏泡的茶汤冲泡，静置片刻即可食用。

综上分析，郎德上寨在历史文物古迹、民族歌舞、传统手工艺方面的资源较突出，堂安侗寨在农耕资源、民俗节庆、传统特色美食方面的资源较突出（图 8－3）。这与对两个村寨名片资源的梳理结果一致，即郎德上寨在“文化体验”方面的优势突出，堂安侗寨在“生态体验”方面的优势突出。

图 8－2　郎德上寨长桌宴

图片来源：来自网络

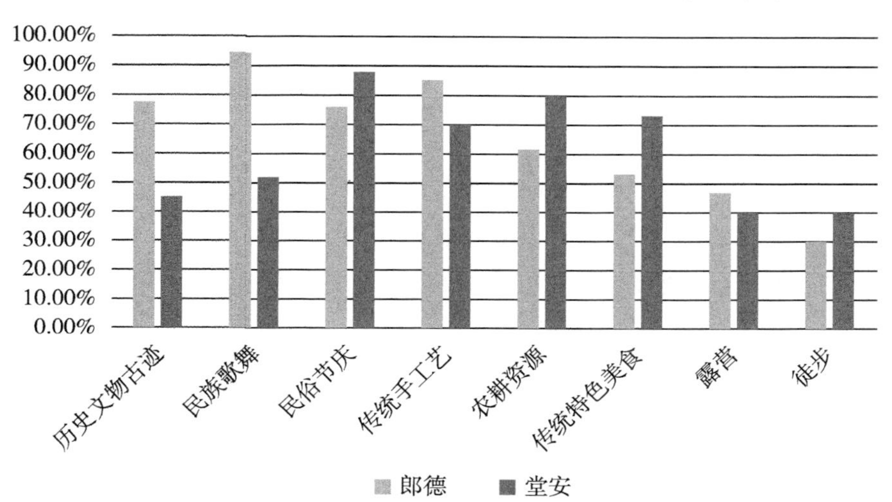

图 8－3　体验式旅游资源对比

8.1.2 体验式旅游问题分析

通过上述对两个村寨体验式旅游资源的对比性分析和对两个村寨的调研访谈,并结合两个村寨的嬗变,分别对两个村寨开发“文化体验”和“生态体验”存在的问题进行剖析,为后续体验式旅游激活路径的提出奠定基础。

8.1.2.1 郎德上寨“文化体验”优势有待提升

——历史文物古迹衰败。在文物部门、住建部门、郎德文旅公司等外部力量的共同努力下,杨大六故居以及寨内的其他年代久远的建筑保存相对完好,但是,许多见证村寨历史发展和战争岁月的文物古迹却不见踪迹,如水车因为旅游开发建设被拆掉,古城墙、古军火库等已经难觅它们的遗址。2016年以来,郎德文旅公司对上寨主要景点的基础设施及配套设施进行改造建设,目前,已经建成通往古战壕遗址的旅游栈道,但对于其他登记在册的重要战争遗址,如古城墙、军火库遗址、跑马道遗址等却没有进行修缮,而古战壕也只留下一小截隐藏于树叶下的斑驳的身影,需要在导游的带领和解说下才能探访到它的踪迹。

——历史与民族文化宣传不到位。郎德上寨,因悠久的历史,美丽的选址传说,传奇式的英雄人物,精美的吊脚楼建筑群,独特的街巷系统及路面铺装方式,神奇的古井等丰富的历史和民族文化而成为贵州乃至全国苗寨中的一枝独秀,但这所有的一切都需要村寨中年岁较高的或是对于村寨文化感兴趣的人的介绍才能获知。课题组对上寨历史和民族文化的调研正是得到了村委会前主任吴剑的大力支持才得以顺利进行(吴剑是土生土长的当地人,50岁左右,担任村主任一职近8年,在村寨中有很高的公信力,说起上寨的历史文化如数家珍)。除此之外,即便是训练有素的导游有些也不能知晓,如美哈乐客栈老板娘兼导游梁凤也不能带领课题组找到古城墙的遗址,而对于古井的位置及故事,课题组访谈的一些年纪稍轻的人也不能说得很清楚。课题组在上寨调研期间,除了在民俗博物馆的展示墙上,看到关于上寨历史和民族文化的一些文字资料外,再也没有看到诸如明信片、宣传小册子等便于携带、便于记忆、便于流通的相关的宣传资料。

——民族歌舞表演舞台化趋势明显。郎德上寨,1986年参与旅游发展以来，在铜鼓坪表演的民族歌舞，在寨门的迎宾十二道拦门酒，一直成为其旅游发展的特色内容，保留节目。上寨的歌舞表演全寨居民参与，实行工分制，表演的歌舞节目都是居民自己组织、自己排练、自己表演，较为固定的歌舞曲目接近20首。每天根据游客的包场需求随时调整节目，每场表演时间约1个小时，且表演的节目都不相同，游客包场没有具体需求时，组织者和参与表演的人员也会编排不同的节目，尽量保证游客能观看和参与体验不同的原生态的苗族歌舞。但是，自2017年5月上寨成为国家4A级景区后，郎德文旅公司则固定了歌舞表演和十二道拦门酒的时间及场次，上下午各一场，演出时间为10:30—11:20和16:30—17:20，每场的表演内容固定，据调研，郎德文旅公司曾一度让公司工作人员来参与歌舞表演，居民看到旅游公司的工作人员在铜鼓坪表演节目，集体罢演，旅游公司不得已才选择放弃。为了向游客展示上寨的美好形象，郎德文旅公司甚至选派形象气质佳的3—4名工作人员参与十二道拦门酒的第一道和第二道拦门酒的接待。

——传统手工艺传承困难。近年来，随着机绣的普及，随着旅游市场对苗绣需求的增加，相较于手工绣品费时、数量少、价格昂贵而言，机绣产品费时少、价格低的优势越来越明显，手工绣品渐渐减少，机绣产品越来越多，且20世纪90年代后的年轻女性大多都不愿花时间花精力学习，传统的苗绣手工艺出现断层，传统手工艺的传承出现窘境。面对这样的窘境，上寨居民陈金才，通过申请苗族植物彩色染技艺非遗传承项目，在寨内免费举办蜡染技艺培训班，教会20多名妇女掌握传统的植物蜡染技艺，如染料植物种植、染缸的养护、蜡染绘制等，除了传统技术的教授，培训班还免费教授产品经营方法，组建经营团队，既保障蜡染产品的工艺质量，也在一定程度上使产品走向市场，获得一定经济收入。然而，这本是于己、于人、于村都有益处的事业，却引来一些居民的不解和非议，他们认为陈金才太“商业”，是为了赚钱才这样做，传统手工艺是自己想怎么做就怎么做的事情，没有必要专门参加培训班学习。

综上，郎德上寨由于存在历史文物古迹衰败、历史与民族文化宣传不到位、民族歌舞表演舞台化和传统手工艺传承困难这四个方面的问题，使郎德上寨“文化体验”的优势不明显，有待提升。

8.1.2.2 堂安侗寨"生态体验"特色不鲜明

——缺乏生态博物馆的旅游特色。1999 年 12 月 9 日，贵州省人民政府对省文化厅《关于申请建立镇山等三座生态博物馆的请示》以黔府函(1999)286 号作出批复，同意在黎平县堂安村建立贵州黎平堂安侗族生态博物馆，这是中国和挪威合作建立的世界上第一个侗族生态博物馆。2011 年，该博物馆被国家文物局命名为"首批生态博物馆示范点"。可见，堂安侗寨是体现侗族原生态生活的典范，世界著名的挪威生态博物馆学家约翰·杰斯特龙在游览侗寨后将其称为是"人类返璞归真的范例"。

随着交通条件的改善和肇兴侗寨旅游发展的影响，以及自身生态博物馆的荣誉，近年来，堂安侗寨也加入旅游发展的浪潮中，根据旅游地生命周期理论，堂安侗寨的旅游发展现处于自我探索阶段。生态博物馆是指将整个社区作为博物馆空间，以期对社区的自然遗产和文化遗产进行整体保护，以各种方式记载、保护和传播社区的文化精华并推动社区向前发展[①]。堂安侗寨生态美、形态美和文态美的嬗变在本书的第 5 章中已有相应的论述，从论述中可知，旅游发展和城市化发展对侗寨由生态美和形态美构成的物质生态环境破坏较大，大众化旅游没有体现出侗寨生态博物馆的定位和优势，相反，地理位置的劣势限制了村寨的经济发展，外出务工者众多，村寨缺乏侗族原生态生活的土壤。

——农耕资源优势不明显。堂安侗寨的先民运用山地环境的生存智慧，通过对山地环境的改造，建立了适应侗族农耕生活的山地灌溉系统、立体连片的 450 亩梯田区，以及稻鱼共生的梯田生态系统，这些都为体验侗族原生态农耕文化提供了丰富的物质资源。目前，侗寨的农耕体验项目单一，仅为徒手捉稻花鱼，多由一些客栈或者农家乐提供，这些客栈或农家乐多与推出体验式亲子游的旅行社合作，成为旅行社定点合作的商家，自由行的游客如果有农耕体验需求的，则需自行和提供农耕体验项目的客栈或农家乐联系。农耕体验的这种方式和形式与贵州其他的民族村寨农耕体验雷同(如郎德上寨)，没有发挥堂安侗寨农耕体验的资源优势。

——缺乏传统特色美食传承和营销的意识。享受侗族美食和体验侗族美

① 博讯.江泽民主席和挪威国王、王后出席贵州生态博物馆协议签字仪式[J].中国博物馆讯，1997(11):22.

食制作过程是感知侗族原生态生活最直接的一种方式。课题组在调研期间入住欣豪客栈，每天都可以品尝到老板娘制作的侗族传统特色美食，如油茶、糯米饭、腌鱼等。通过对她的访谈，课题组了解到许多侗族传统特色美食的原材料、制作工序等。老板娘非常朴实勤劳，侗族传统特色美食的制作手艺精湛，每当课题组请她介绍美食的制作过程时，或者赞扬她的手艺时，她都显得十分羞涩。当问及是否会将她的手艺传给她 7 岁的女儿时，她表示不会，在她的意识中，这些美食的制作再平常不过，和做其他的食物没有区别，根本没有把这些侗族传统美食的制作当作一门需要传承的手艺，或者是体现侗族文化的一门艺术，更没有想到进行市场化运作。值得一提的是，这种观点在堂安侗寨妇女中非常普遍。

综上，堂安侗寨由于存在缺乏生态博物馆的旅游特色、没有发挥农耕资源的优势、缺乏传统特色美食传承和营销的意识这三个方面的问题，使得堂安侗寨“生态体验”的特色不鲜明。

8.1.3 体验式旅游激活路径

基于对以“文化体验”为资源优势的郎德上寨和以“生态体验”为特色资源的堂安侗寨的研究，为了避免体验式旅游的同质化现象，本研究从“文化体验”和“生态体验”两个维度提出激活传统村落体验式旅游的路径。

8.1.3.1 “文化体验”维度的体验式旅游激活路径

——恢复、修缮和激活文物古迹。文物古迹是传统村落文化体验的重要资源。作为郎德上寨文化体验的重要资源，如古战壕、古城墙、军火库遗址、古井、水车、水碾等登记在册的文物古迹，不仅是居民也是游客对村寨历史发展、生存智慧和生活方式获得最直接体验的物质载体，理应得到科学有效的原样恢复、修缮。由于历史的更替，生活方式的变迁，这一类文物古迹的历史功能基本已经完结，但是，可以通过提炼它们的历史故事和美丽传说的方式予以激活，使经过原样恢复和修缮终结了功能的文物古迹重新成为富有意义的有生命力的建筑，通过导游的解说和图文资料使游客获得直接认知、情感交流和意识体验三方面的感受，延伸文化体验式旅游的内涵。

——注重历史与民族文化的有效宣传。传统村落悠久的历史和丰富多彩的非物质文化是其生活延续的源头，是其文化体验的重要内容。一方面，对于旅游发展中的传统村落，每个居民都存在与游客直接交流的机会，每个居民都是游客了解村寨历史和民族文化的窗口，居民对历史和民族文化的认知和自觉就显得尤为重要，因此，加强居民的历史和非物质文化的基础教育势在必行，本研究在第 7 章文态美的建设中对此有详细的实施建议；另一方面，可以请专业人士提炼村落的历史文化故事，设计制作精美的便于阅读的、携带的、流通的图文资料。如明信片、小册子等，以及设计制作以村落的英雄人物、民居建筑、村落特色景观、文物古迹等为原型的周边产品，不仅丰富文化体验的内涵，扩大村落的知名度，而且可以延伸文化体验式旅游的产品链，促进传统村落的旅游发展。如郎德上寨可考虑以杨大六、上寨富有特色的吊脚楼、人字形的路面铺装图案、古井、风雨桥等文物古迹为原型设计生产旅游周边产品，扩大传播郎德上寨的知名度和影响力。

——注重民族歌舞的原真性。通过观看和参与原真性的民族歌舞，可以使游客在身心愉悦中获得对民族文化直接的认知、情感的交流和意识的体验三方面的感受，丰富文化体验的内涵，使以民族歌舞体验为主题的文化体验式旅游可持续发展，这是舞台化、商业化的民族歌舞所不具备的。如 2017 年 5 月以前，郎德上寨的旅游发展部分得益于原真性较高的民族歌舞表演。2017 年 5 月至今，在郎德文旅公司的统一管理下，上寨原真性较高的民族歌舞舞台化、商业化趋势明显，不仅削弱了居民创作民族歌舞的主体地位和创作动力，而且存在与其他旅游村落（如西江苗寨）民族歌舞表演同质化的风险。如果说传统的生活是民族歌舞产生的土壤，那么居民则是民族歌舞的创作者，他们创作的灵感离不开生活的土壤，民族歌舞的原真性来源于居民的生活及他们的创作热情，因此，为了保持上寨民族歌舞的原真性，维护居民在民族歌舞表演中的主体地位就显得尤为重要。

——创造传统手工艺制作体验的环境。传统手工艺作为传统村落非物质文化的重要组成部分，传统手工艺体验更是游客体验村落文化的重要载体，它使游客在制作的过程中不知不觉认知了民族文化，通过在制作过程中与手工作品的情感交流获得身心的满足感、成就感，因而成为文化体验的重要内容，传统手工艺体验坊（工作坊）成为此项体验的主要场所。

近年来，随着体验式旅游的兴起，郎德上寨通过在农家乐、沿街的门面或家庭、提篮兜售等方式销售传统手工艺品的旅游模式逐渐转变为以传统手工艺体验坊（工作坊）为主导的体验及销售的旅游模式。2019 年 3 月，上寨村民陈金才将自家约 100 平方米的房屋改造成主要提供苗族植物彩色染技的制作体验坊，并由雷山县文体广电旅游局颁发“雷山县郎德上寨非遗扶贫就业工坊”的招牌（图 8 –4），成为上寨第一家正式由政府挂牌的以植物蜡染体验带动扶贫的体验坊，迄今为止，上寨也只有这一家。据陈金才介绍，2019 年下半年，该体验坊的单日体验收入曾经创下过 2 万元的纪录，传统手工艺体验式旅游已经成为上寨体验式旅游的重要内容，传统手工艺体验式旅游获得的收入已经成为上寨部分居民收入的主要组成部分。此外，当日接待游客量约 150 人次，由于家里的场地有限，临时在望丰河边设体验点接待游客，临时聘请 10 个当地的贫困户帮忙，尽管如此，仍然满足不了许多游客的体验需求（图 8 –5）。据陈金才介绍，目前，上寨还有 3 家提供刺绣体验的体验坊，但都没有获得政府正式挂牌，即便如此，还远远不能满足游客的体验需求。可见，传统手工艺制作体验方兴未艾，市场需求旺盛，为了创造良好的传统手工艺体验环境需要做到以下几点：

图 8 –4　郎德上寨唯一政府挂牌的体验坊

图片来源：郎德上寨居民陈金才提供

图 8 -5　蜡染体验

图片来源:郎德上寨居民陈金才提供

第一,加大力度培养传统手工艺传承人。传统手工艺传承人是开展传统手工艺制作体验的关键人物。如郎德上寨的传统手工艺体验项目主要是植物蜡染和苗绣,目前,上寨 618 名居民中,仅有 3 位妇女是县级及以上苗绣非遗传承人,据陈金才介绍,政府只对县级或以上的非遗传承人经营的体验坊给予正式挂牌,可见,这两项传统手工艺体验式旅游的市场缺口很大,为了开发这两项传统手工艺体验式旅游,郎德上寨必须加大力度培养传统手工艺传承人。

第二,引导居民建立正确的观念。观念引导行为。为了让人们珍视祖辈留下的传统手工艺,积极传承和传播这笔宝贵的财富,应引导居民建立正确的观念,即传统手工艺不仅是一门技术,更是一门艺术,它通过传统手工艺品体现本民族的文化、审美和情感记忆,而让游客参与传统手工艺品的制作过程,不仅让游客获得知、情、意的体验,更重要的是传承和传播了本民族文化。

第三,帮助建立规范的传统手工艺体验坊(工作坊),带动就业,增加收入。政府应鼓励和帮助具有建立传统手工艺体验坊资格的居民建立传习所,如提供场地、进行技术指导和培训、颁布体验坊的行业规范,打造传统手工艺体验坊的成功样本,发挥样本的模范带头作用,以点带面带村,打造村落传统手工艺体验式旅游品牌。通过体验坊,解决部分居民,特别是贫困户就业,增加居民的收入。

第四，加强市场运作，提高居民收入。“说一千，道一万，增加传统手工艺相关的旅游收入是关键。”让居民获得实惠，是激发他们主动传承传统手工艺的有效途径，而传统手工艺的传承人是提供传统手工艺体验的人力资源。2015 年，郎德上寨成立“大陆生态旅游合作社”，该合作社其中的一项重要内容是规范传统手工艺品的销售，加强传统手工艺品的市场运作。据村委会前主任吴剑介绍，合作社成立之前，曾经一度出现手工艺品市场混乱的现象。如部分居民为了兜售自己的工艺品，压低价格；又如，存在某些图案的工艺品供不应求，而某些图案的工艺品卖不出去的现象，既影响了上寨的旅游形象，又使居民的销售不理想，不能获得理想的收入。为了规范手工艺品销售市场，合作社统一将各家注明了是哪家的手工艺品集中起来，统一价格进行售卖，合作社根据销售情况做好记录，也会统计出销售好的图案是哪家制作，并让其他居民以此为模板进行制作，不仅避免了恶性竞争，又避免出现供不应求或者供过于求的现象。此外，合作社积极和工艺品公司合作，一方面向公司提供成品进行销售，另一方面向公司提供订单式服务，按照订单进行制作及销售。这种“公司 + 合作社 + 农户”的组织模式通过规范手工艺品的销售市场，拓宽手工艺品的销售渠道和增加居民收入的途径，调动居民传承手工艺的积极性，为开展传统手工艺体验式旅游提供了人力资源。

8.1.3.2 “生态体验”维度的体验式旅游激活路径

——推行“前台、帷幕、后台”的旅游开发模式。拥有良好自然生态和文化生态资源的传统村落不适宜全面地、深入地参与旅游发展，过度的旅游发展往往会破坏传统村落原汁原味的生态优势，本研究认为，学者杨振之提出的“前台、帷幕、后台”的模式①应是一种可借鉴的旅游开发模式。如享有“世界上第一个侗族生态博物馆”美誉的堂安侗寨，按照生态博物馆的概念，应对作为整个社区的堂安侗寨的自然遗产和文化遗产进行整体性保护，然而，随着堂安侗寨的声名鹊起，逐渐成为旅游者和旅游开发公司关注的对象。目前，堂安侗寨的自然和文化生态环境均受到一定程度的破坏，因此，侗寨的旅游发展应以生态博物馆的要求为导向，以向游客呈现侗寨独有的梯田生态环境和自然而古朴的原生态的侗族生活为导向进行适度开发。堂安侗寨坐落在肇兴侗寨东边

---

① 杨振之. 前台、帷幕、后台——民族文化保护与旅游开发的新模式探索[J]. 民族研究，2006 (2)：39 - 46.

的关对山坳上，站在位于山上的堂安侗寨入口处的停车场即可看到位于山下的肇兴侗寨，两个侗寨车行时间仅20分钟（图8－6），2018年连接山上山下两个侗寨的约6千米的旅游步道向游客开放。肇兴侗寨拥有全国最大的鼓楼群，有“侗乡第一寨”“千家肇洞”的美誉，相较于堂安侗寨，肇兴侗寨的旅游开发较早，旅游设施较为齐全，有大型歌舞表演的场地，有有序的大型歌舞表演、各类酒店、民宿及客栈和商业步行街，根据旅游地生命周期理论，肇兴侗寨属于旅游地生命周期的发展阶段，2018年肇兴侗寨成为春节联欢晚会分会场。为了发挥堂安生态博物馆的旅游特色，再现堂安原生态的侗族生活，本研究基于堂安侗寨和肇兴侗寨的区位关系和两个侗寨的旅游资源，以取长补短和优势互补为原则，借鉴“前台、帷幕、后台”的模式①，绘制出堂安侗寨和肇兴侗寨旅游结构图（图8－7），作为两个侗寨旅游联动发展的模式，通过前台、帷幕和后台的层层递进，让游客通过文化展示区、文化缓冲区和文化核心区较完整地体验侗族民族文化和原生态的侗族生活：第一，前台为肇兴侗寨，作为舞台化

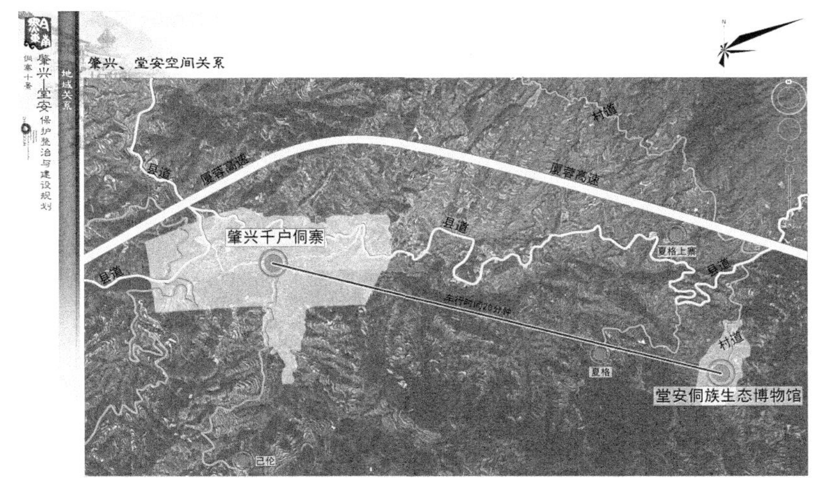

图8－6　堂安肇兴区域关系

图片来源：贵州省建筑设计研究院

① 杨振之. 前台、帷幕、后台——民族文化保护与旅游开发的新模式探索[J]. 民族研究，2006(2)：39－46.

空间，主要通过侗族歌舞表演，侗族文化商业步行街向游客展示侗族文化；第二，帷幕为连接两个村寨的旅游步道，作为过渡性空间，主要让游客欣赏沿途的梯田风光，体验农耕项目，以及参与6千米的徒步活动；第三，后台为堂安侗寨，作为保护性空间，向游客呈现自然而淳朴的村落空间和侗族原生态的生活状态，让游客通过体验原汁原味的民俗节庆，品尝侗族传统特色美食、体验侗族传统特色美食的制作过程，深入侗家体验原汁原味的侗族大歌。这种通过“前台、帷幕、后台”联动发展的旅游模式，使堂安侗寨和肇兴侗寨旅游资源相得益彰，能同时满足不同游客的需求，促进两个村寨的旅游同步发展。当然，这种旅游模式最大的挑战在于联动发展的村落的旅游利益分配问题，这需要政府的统筹规划，统一管理。

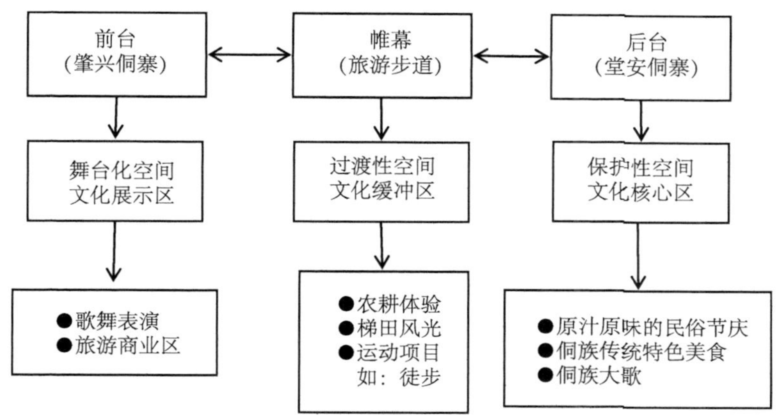

图8－7　堂安、肇兴侗寨旅游发展模式

图片来源：贵州省建筑设计研究院

——加强农旅融合创造生态体验环境。延续农耕生活应是对拥有农耕生态遗产的传统村落进行整体性保护的有效途径。俗话说，靠山吃山。农耕生活的延续来源于农耕生态资源的利用价值，外出务工造成的村寨空心化是村落延续农耕生活最大的障碍。因此，可以通过加强农耕资源和旅游发展融合的发展模式，提高农耕资源的使用价值，提高农耕体验收入和农产品的销售收入，从而增加务农收入，吸引外出务工者返乡发展，从而创造传统村落生态文化遗产的体验环境。

以堂安侗寨为例，如表 6 – 3 所示，侗寨家庭收入来源中外出务工收入所占的比例为 49.8%，务农收入所占的比例仅为 9.2%，与旅游发展相关的收入比例为 13.4%。据调研，与旅游发展相关的收入主要包括农家乐收入、客栈收入、农耕体验收入和农产品的销售收入。从上述数据可知，外出务工造成的村寨空心化是侗寨延续农耕生活最大的障碍，务农收入比例低说明对于侗寨的农耕生态资源利用效率低下，旅游发展可以增加利用农耕资源的收入，因此，堂安侗寨可以借鉴郎德上寨“大陆生态旅游合作社”的运营方式，整合侗寨的农耕资源、农产品资源和传统美食资源，发挥堂安生态体验的规模效应，形成堂安独有的生态体验特色，打造堂安农耕体验式旅游品牌，以自愿参股的形式激发农户的参与性和积极性，采用“公司 + 合作社 + 农户”的组织模式对农户的农耕资源、农产品资源和传统美食资源进行统筹管理和市场化运作，创造村落农耕生态资源的利用价值和体验环境：第一，统筹管理梯田资源，现有梯田的田园风光单一，可以考虑分区域种植七彩稻，丰富梯田的田园风光，美化旅游步道的风景。第二，现有农耕体验是农户个人的行为，没有体现出堂安侗寨农耕体验的规模优势，且农耕体验项目单一，现有的徒手捉稻花鱼项目有一定的参与性和互动性，但缺乏教育性，且受季节性影响较大。合作社可以采用“合作社 + 农户”的组织模式对自愿参与农耕体验项目的农户的梯田进行统一管理，设计开发农耕体验项目，规范管理农耕体验市场，形成堂安农耕体验的规模优势。一方面可以请专业人士设计制作以农耕为主题的便于携带，趣味性强的明信片、图册等，设计生产以农耕元素为主题的周边产品，不仅让体验者对堂安侗寨的农耕文化有完整的认知，而且可以传播农耕文化，扩大堂安侗寨的知名度，延伸生态体验式旅游的产品链，促进堂安的旅游发展；另一方面可以请专业人士拓展农耕体验项目，如开发农耕劳作的体验项目，顺应节气体验农耕劳作的过程，如插秧、收割等，“春种一粒粟，秋收万颗子”，让体验者在劳作的过程中真正了解一粒米的故事，激发他们敬天爱物之心，使体验者对农耕情境获得知、情、意的身心感受。第三，堂安侗寨因海拔高，有许多独特的农产品，如因米皮呈红色而得名的红米。堂安梯田孕育出的红米，因山地山泉灌溉系统的滋养，富含高纤维，其中以铁元素含量最为丰富，有补血及预防贫血的功效，外地人经营的星石屋民宿发现了红米的商机，以较低的价格从农户手中购买，经过设计的真空袋和礼品盒包装后，每斤售价为18元，在民宿内或者微店上进行售卖（图8－8），而同样的红米以散装的方式在客栈售卖，仅为每斤10元，可想而知，从农户手中购买的价格则更低。合作社可以利用"公司+合作社+农户"的组织模式，积极寻找可以合作的公司，打开销路，带动农户种植红米，增加务农者的收入。第四，合作社利用"公司+农户"的组织模式打造侗族传统特色美食体验坊，梳理侗寨富有特色的传统美食，集中手艺精湛的居民制作美食售卖，并提供游客参与体验美食制作的项目。

图8－8　包装后的红米

图片来源：星石屋民宿提供

8.2　激活建筑遗产

公共建筑和民居建筑遗产共同筑成村落美丽的静态景观，构成了传统村落的形态美，而人在建筑中发生的日常活动赋予了建筑活力与生机、文化和历史，使得建筑立体地、动态地呈现于众。人是建筑使用的主体，要激活建筑遗产，就需满足人对公共建筑和民居建筑的使用需求，建筑遗产只有被使用，才能被激活。公共建筑的"活"在于人们在建筑场所中开展活动，满足人们的社会交往需求，民居建筑的"活"在于建筑满足人们生活居住需求。随着生活方式和生计模式的改变、城镇化进程的加快、互联网时代的到来，公共建筑遗产和民居建筑遗产的使用正发生变化。本研究通过对郎德上寨和堂安侗寨的公共建筑价值及民居建筑价值进行分析，分析其存在的问题，提出公共建筑要保障集体活动，民居建筑要满足人们现代生活居住需求的激活路径，旨在对旅游发展背景下活化建筑遗产，使之成为增加居民收入以改善居民生计的有效途径提供借鉴作用。

8.2.1 建筑遗产价值分析

建筑遗产指具有一定价值的有形的、不可移动的文化遗产，不仅包括历史建筑物和建筑群，也包括能够集中体现特定文化或历史事件的城市或村落环境。虽然每个时代对建筑遗产价值的强调各有侧重，但总的说来建筑遗产呈现出多重性、多元化的价值[①]。本研究从公共建筑遗产与民居建筑遗产两个维度来对建筑遗产的价值进行分析。

8.2.1.1 公共建筑遗产价值分析

——历史文化价值。公共建筑是指为人的社会公共活动提供的空间场所。人们在公共建筑空间开展社会活动，折射出历代村落居民社会生活的内容，是人们情感交流的空间。历史文化价值是村落建筑遗产的核心价值，它记载了村落历史的发展过程以及社会生活的衍变过程。郎德上寨的公共建筑主要有古战壕、古城墙、铜鼓坪、杨大六故居等。古城墙、古城门等见证了郎德上寨杨大六带领民众抗清的历史。铜鼓坪为村落的民俗节庆活动提供空间，它原是郎德上寨居民在这块平地上围绕铜鼓唱歌跳舞，是人们过重大节日或活动的极其重要的场所，后因人口增多及旅游发展，郎德上寨于1986年修建了新铜鼓坪。从老铜鼓坪转换成新铜鼓坪，一方面见证了郎德上寨经济、人口的发展，另一方面见证了民俗节庆活动的变化、生活内容的变化。郎德上寨杨大六故居从被清军烧毁、居民集资修缮、改作小学使用到改为杨大六故居向游客和居民开放，是郎德居民对民族英雄杨大六的纪念，也是郎德苗族勇于反抗压迫的民族精神的延续，如今其更体现出公共建筑的旅游展示功能。杨大六故

---

① 秦红岭．乡愁：建筑遗产独特的情感价值[J]．北京联合大学学报（人文社会科学版），2015(9)：58-63.

居的嬗变过程，见证了随着社会发展，郎德上寨居民的需求变迁，从缅怀民族英雄的精神所需（修缮故居）到满足居民生活所需（改作小学），最后为实现村寨旅游经济发展，提高居民生活水平所需，改建成博物馆进行展示，满足居民的经济所需、物质需求。堂安侗寨的公共建筑主要有萨坛、风雨桥、戏楼和鼓楼等。堂安侗寨的萨坛反映了历代堂安居民的精神信仰追求，是堂安民族历史渊源的追溯、延续和发展的见证。风雨桥不仅满足人们休憩纳凉功能，其挡住好的风水不外流，坏的风水进不来之说，一直延续至今。戏楼见证了世世代代的堂安居民在闲暇生活中自娱自乐的追求，堂安侗寨的居民自己编排侗戏，通常在侗戏“月也”和正月于戏楼演出侗戏，极大地丰富了居民的闲暇生活，形成并传承发展着自己独特的民族文化。鼓楼从简单搭建的草棚到简易版本的鼓楼（简称 gòng，侗音）再到后来的 7 层、如今的 9 层，见证了堂安居民对公共活动空间和精神空间的需求。至今，堂安侗寨的鼓楼在居民的心中仍然神圣不可侵犯，有精神支撑作用。村寨中有不成文的约定习俗，不可以站在鼓楼的凳子上、不可以在鼓楼下骂人等。如果村寨居民在鼓楼下骂人，不管该居民有理没理，都会遭到全村人的反感和排斥，村寨的人认为在鼓楼下骂人极具侮辱性。据访谈调研，2019 年，堂安就有居民站在鼓楼下骂其他居民，结果全村的人都不搭理他，最后，该居民在鼓楼下给全村人道歉，自己掏钱请全村的人在鼓楼下吃饭，才获得大家的原谅。

据调查统计，郎德上寨 75% 以上的居民认为本村落公共建筑的造型、高度、模式基本都保持着原样，堂安侗寨 95% 以上的居民认为村落里公共建筑没有发生变化，较完好地保留着传统村落公共建筑的原始风貌和功能，它的稳定性凸显了传统村落建筑遗产的历史文化价值。

——艺术科研价值。公共建筑的空间组成、建筑材料、建造技艺、艺术风格及色彩图案等，展示了一个民族一个族姓的价值取向和审美追求，具有较高的艺术价值，因此，也成为人们了解村落艺术文化的载体，具有一定的科研价值。郎德上寨的新铜鼓坪，用望丰河边的青褐色鹅卵石镶嵌成铜鼓的圆形形状，反映出铜鼓在居民心中的重要性；为了纪念民族英雄杨大六，特意在铜鼓坪两侧镶嵌了郎德上寨独有的骏马图案，体现了村落对民族英雄的崇敬和对民族精神的追求；铜鼓坪地面铺装采用富有特色的“人”字形，当地人称为“鱼骨头”,郎德上寨的人们认为鲤鱼是多子多福的象征,母鱼多子,繁殖力强,象征人丁兴旺,生活年年有余,反映当地居民的生殖崇拜和价值取向,折射出居民祈求子孙昌盛的美好期盼。郎德上寨现有两座风雨桥,即杨大六风雨桥和寨门风雨桥,建造时间最早的当数杨大六风雨桥,这座始建于清代的桥曾被苗族英雄杨大六用来运送抗清时的物资,故又称“御清桥”“杨大六桥”,后毁于山洪。重修后的桥宽约 4 米、长约 40 米,长廊左右两侧各有 9 个“美人靠”,可供百余人休息,也有团队在这里享用长桌宴,至今仍发挥着重要的聚众休闲作用。侗族有三宝——鼓楼、大歌、风雨桥。堂安侗寨的鼓楼和风雨桥展示了堂安侗寨高超的木建筑工艺。鼓楼是侗寨的核心建筑,堂安侗寨的鼓楼为 9 层密平檐四角攒尖顶,与戏楼、对歌坪相呼应。鼓楼每个檐角都竖有泥塑,每层檐板上都有各种不同图案的绘画,图案都为村落生活场景,有堂安侗寨的村落风光、嫁娶习俗、月也活动、斗牛场景(图 8 -9)等,据陆泽刚主任介绍,这些绘画

图 8 -9　堂安侗寨鼓楼上的每层图案

图片来源:课题组拍摄

是由村落中画工较好的居民绘制而成，这些图案，不仅显示了居民较好的画工工艺，更是展示村落的生态美、形态美、文态美的立体画卷，具有较高的艺术研究价值。堂安侗寨的风雨桥由桥、塔、廊、亭组成。全用木料筑成，桥面铺板，两旁设栏杆、长凳，桥顶盖瓦，形成长廊式走道。该风雨桥是居民休闲纳凉之所，也有聚集村落风水之意。传统村落里的公共建筑遗产通过人们的社会活动积淀着一个族群在历史长河中发展衍生、不断延续的民族艺术文化，拥有无法估量的艺术和科研价值。

8.2.1.2　民居建筑遗产价值分析

——居住使用价值。传统村落里的民居建筑大都建设年代久远，如郎德上寨因其保存较好且体量较大的清代吊脚楼建筑群，被国务院批准为“全国重点文物保护单位”。堂安侗寨因其有保存完好的民族文化及侗族吊脚楼建筑风貌等，成为挪威和中国合作共建的唯一一座侗族生态博物馆。尽管郎德上寨及堂安侗寨的民居建筑有些已经破旧或者存在不同程度问题，如房屋屋体倾斜，居民没有经济能力修缮等，但绝大多数民居建筑仍然发挥着居住价值，如居民自己居住或开办农家乐、客栈、民宿等为游客提供住宿服务，满足游客的居住需求。

据调研统计，郎德上寨共有 110 多栋房屋，仅有 2 栋房屋空置(其原因并不是废弃，而是居民在新寨修建新房而迁居)，其余房屋均有居民居住。据堂安侗寨陆泽刚主任介绍，堂安侗寨现有 180 多栋房屋，有 10 多栋房屋闲置，而空置着的房屋多因为屋主建了新房，其中，仅有 2 户屋主因为搬离堂安而房屋空置，但户籍还在堂安。且据堂安侗寨问卷调查统计，认为村落房屋建筑居住功能依然占主要地位的居民比例达 71.43%，表明大多数民居建筑遗产在现代社会生活中仍然被继续使用。此外，郎德上寨 50% 以上的居民利用民居建筑开办农家乐、客栈、民宿，满足游客在村寨旅游的居住需求。堂安侗寨也有 13 家居民改造民居建筑，开展旅游住宿接待，满足游客居住需求。民居建筑遗产的价值不仅仅在于建筑遗产本身，还在于它们是活文化，承载着传统村落村民原汁原味的乡土生活，承载着原生态环境的历史印记，居民建筑遗产在日常生活中不断延续，才能保存和保全居民建筑遗产的本体，才是民居建筑遗产居住使用价值的根本体现。

——经济开发价值。利用民居建筑遗产资源，开展农家乐、客栈或民宿、房屋出租、旅游商品销售、民族风情体验、手工艺制作等都为居民带来一定的经济收入，成为利用建筑遗产获得经济价值的直接或间接渠道。据调研，郎德上寨和堂安侗寨民居建筑的经济开发方式主要有：①农家乐、客栈、民宿（自营或出租）。根据村委会前主任吴剑介绍，郎德上寨从 1985 年开展旅游经营活动至今，80% 以上的家庭都在经营各种各样的旅游经营活动，近 50% 的家庭经营农家乐或餐饮。据郎德上寨陈龙农家乐经营者介绍，他家的民居经过基本改造后经营农家乐的收入，足以供家里两个孩子上大学。根据堂安调查数据统计，180 多栋民居建筑中，仅 5% 的民居建筑用于经营农家乐，但在问卷调查中，有 80.95% 的居民认为利用房屋建筑进行经营（或租赁）可以成为新型乡村建设发展的有效途径。而且有 66.67% 的居民认为村民利用房屋建筑经营（或租赁）能够成为一个家庭的主要收入来源。②门面经营。郎德上寨沿铜鼓坪就有 4 户人家在民居里经营小卖铺，沿民俗博物馆右侧，有少数居民将门面出租给外地商户经营银饰、刺绣品等商品（图 8－10）。堂安侗寨有 1 家居民将门面租赁给雷山商户经营苗族银饰（图 8－11），有 1 家民居建筑门面在村

图 8－10　郎德上寨门面出租

图片来源：课题组拍摄

图 8－11　堂安侗寨门面出租

图片来源：课题组拍摄

寨入口，被租赁给外地商户经营非本地特色的旅游商品，居民每年通过门面租赁能获得几万元的收入。③体验坊等形式。郎德上寨和堂安侗寨部分居民在民居内打造体验坊，如刺绣坊、蜡染坊等，提供传统手工艺或民族歌舞乐器等体验服务以获得旅游收入，如郎德上寨的陈金才、堂安侗寨的陆礼婵等，他们在自家民居内开设蜡染体验，营造民族文化体验氛围，提供有偿体验服务，丰富了民居建筑开发用途。

8.2.2 建筑遗产利用现状

8.2.2.1 公共建筑遗产利用现状

——公共建筑遗产被忽视。郎德上寨的古战壕、古城墙是民族英雄杨大六率众抗清的重要历史见证。至今，在郎德上寨的旅游标志牌上，仍标志有古战壕。但课题组在郎德上寨调研时，发现古战壕深处山中，杂草丛生，已基本看不出战壕的样貌。若无当地导游梁凤的介绍，很难知晓此处为古战壕。课题组一再追问古城墙的位置，梁凤告知课题组古城墙大概位于后寨门方向，但现在连当地人也不能完全找到古城墙位置，古城墙所在之处现已杂草丛生，道路难走，基本看不到古城墙。因为没有游客会要求参观古战壕、古城墙，仅有极少数极为了解郎德上寨历史，想要深入探究郎德上寨的人才会探寻古战壕和古城墙。因深入探寻古战壕和古城墙的人数极少，而绝大多数游客对古战壕和古城墙无探究的需求，古战壕和古城墙的修缮或开发不能产生理想的经济价值，故而至今，郎德上寨没有人关注或打理这些公共建筑遗产。堂安侗寨的风雨桥建于2002年，纯木结构，位于村头的田野间。风雨桥的廊道左右两侧均设有木质座位，供人们在此遮风挡雨或休憩玩耍，但该风雨桥建成后一直未有过修缮，目前，风雨桥的柱子和桥身均有所倾斜，廊道上甚至缺失木板，也有些木板因为气候潮湿已经腐朽。课题组调研时，发现村落里的小孩们在此处奔跑玩耍，风雨桥的安全令人担忧。堂安人将风雨桥建在村头，本意为“堵风水，拦村寨”，但在经济社会的快速发展中，在集体活动中并不凸显的风雨桥显然不能引起居民重视。

——公共建筑的社会功能有待深度挖掘。郎德上寨和堂安侗寨都为对游客开放的传统村落，但目前两个村落的公共建筑开发不足，居民在公共建筑下开展日常集体活动的机会不多，尚未凸显公共建筑的社会功能。郎德上寨的杨大六故居作为郎德上寨的知名公共建筑，经过修缮后对外开放，是游客通常游览郎德上寨的必去之处，一直有专人打理，整体保存较好。杨大六故居是博物馆，仅发挥了展示功能，教育功能发挥不足，也没有为郎德上寨居民日常集体生活所用。据郎德上寨居民反映，铜鼓场在闲暇时间被居民集体使用的概率降低了，现在相关负责人员都不组织居民在铜鼓场练习歌舞。堂安侗寨的鼓楼是群众议事、休闲聚会、接待外寨客人、传递信息等的重要场所，如今，虽然已经没有鼓，丧失了通过鼓传递信息和报警的功能（现通过广播传递信息），但其在群众生活中，仍然发挥着重要的情感连接作用。堂安人重要的活动都在鼓楼下开展，如月也；如祭萨时迎接萨母后的活动都在鼓楼下开展；甚至村寨中老人去世时，仪式都在鼓楼下举行。据居民介绍，只有在村寨中正常去世的老人才能在鼓楼下举办仪式，现在唯一能让全族男女老少不管远近都必须回村寨帮忙操办的事就是寿终正寝的老人去世。但由于网络化、信息化、智能化时代的到来，人们越来越依赖电子产品，居民的休闲时间都耗费在手机或电视上，现已很难看到居民们在鼓楼下开展学习侗歌、学吹芦笙、对歌练舞等闲暇时间的集体活动。据堂安侗寨居民介绍，一般歌师会在鼓楼下教唱侗歌；鼓楼下是存放堂安侗寨每把芦笙的地方，所有人都可以在鼓楼下无偿使用芦笙，鼓楼下吹奏芦笙甚至是小孩们闲暇玩耍的游戏。但随着电视机、手机的普及，越来越多的居民选择在电子产品前度过闲暇时间，少有人再去鼓楼休闲聊天，且随着堂安侗寨居民的外出务工，学习传统歌舞的居民数量越来越少。据调研，目前，堂安侗寨几乎没有人愿意学习侗戏、侗族古歌。生活方式的改变使得公共建筑在居民的生活中使用率降低，从而导致公共建筑的社会功能弱化。此外，对于游客，堂安侗寨公共建筑的功能仅限于走马观花式的参观，甚至堂安侗寨的鼓楼、萨坛、风雨桥、寨门等公共建筑的周围并没有文字介绍，使得众多游客不知其然，不了解公共建筑的文化价值，使得公共建筑的教育功能未能得到发挥。2020 年 3 月，课题组在堂安侗寨鼓楼下，遇到来自上海的 2 名游客，咨询鼓楼的相关介绍，表明了堂安侗寨的公共建筑欠缺文化挖掘，公共建筑的教育功能未能凸显。堂安侗寨至今无旅游公共厕所，也表明堂安侗寨忽视了游客的公共需求。

8.2.2.2 民居建筑遗产利用现状

——民居建筑遗产现代生活功能缺失。在农耕生计模式下，传统吊脚楼具有生产、生活和储藏三大功能，这三大功能依次分层布置：底层满足生产功能；中间层满足生活功能，为居住层；顶层（阁楼层）则用作储藏之用。随着生计模式和生活方式的变化，村落居民对民居建筑的现代生活需求改变。一方面，木质吊脚楼不能完全满足居民的居住需求，主要表现在：第一，防火问题。传统吊脚楼建筑为木结构，不易防火。如堂安在 2007 年时发生大火，致使 53 栋民居建筑被毁，为居民带来无法估量的损失，居民对木房的消防存有极大的心理阴影，也使得居民不愿意再建造木结构的房屋。第二，缺少卫浴空间和设施。居民对卫生需求提高，而传统民居没有设计卫生间及淋浴空间，缺少防水的卫浴设施。第三，原来的木结构民居，层高较矮，不符合现代居住层高需求。第四，采用砖混结构，但没有进行外装饰，影响村落整体建筑风貌。第五，将最佳的居住空间让渡给游客。郎德上寨民居改造经营农家乐或民宿时，居民通常居住于最底层，而底层地面较为潮湿，光线昏暗，通风较差。堂安侗寨，人们通常将一层改造成公共生活空间，用于接待客人，在一层客厅旁设置厨房；二层及三层多为住宿空间。少数居民将民居建筑改造后用于旅游经营，屋主通常在房屋旁建造砖结构的偏厦，设立厨房和卫生间，自家居住在偏厦的楼上，如陆泽刚家。

另一方面，村落民居建筑不能满足游客居住需求。第一，缺少独立卫生间。郎德上寨，多数居民改造自家房屋，将原来的第一层改造后用于自家居住，二层、三层甚至阁楼改造成客房，供游客居住，但是通常为标间，少有独立卫生间。第二，隔音问题。郎德上寨和堂安侗寨的民居都为或者多为木结构民居，但木结构民居隔音效果差，游客的隐私需求较难实现。第三，农家乐缺少民族文化元素。根据课题组的调研，郎德上寨经营农家乐的居民较多，据不完全统计有 58 家，但是 80% 以上的农家乐仅仅为游客提供了住宿床位，缺乏人文情怀和地方民族文化特色，因而，农家乐品级低，缺乏精品。郎德上寨的古寨小居楼和堂安侗寨的星石屋都在客房里融入了民族文化元素，但深度不够，仅为墙上挂置民族集体活动照片或传统手工艺品。

——缺乏有效培训及资金支持，经济效益难达预期。根据《贵州省乡村旅游经营户（农家乐）服务质量等级划分与评定》（DB 52/T 1175—2017）对乡村旅游经营户(农家乐)的界定,即其以乡土资源、农家庭院为载体,主要为消费者提供具有乡村情趣和农家生活特色餐饮服务的经营户,客房数量不超过14间,经营建筑最高4层且建筑面积不超过800平方米。根据《贵州省乡村旅游客栈服务质量等级划分与评定》(DB 52/T 1174—2017)对乡村客栈的界定,其为利用乡村房屋,结合当地人文、自然景观、生态环境及乡村资源加以设计改造,倡导乡土特色,主要提供住宿服务,客房总数14间以上的经营场所。民宿则是利用原有居民房屋改造,通过自营、合作、租赁等方式经营,建筑特色具有浓郁的当地民族文化和人文情怀,客房数在14间以下。根据农家乐、客栈及民宿的定义,郎德上寨和堂安侗寨经营旅游住宿接待的多为农家乐,存在少量的民宿。但是郎德上寨和堂安侗寨的农家乐或民宿显然都缺乏有效培训。2020年4月,课题组在郎德上寨调研期间,亲历郎德上寨农家乐培训一事。当天上午,村委会通过广播数遍告知村寨居民,下午4点在村委会由县工商部门给全村农家乐经营户召开培训会,每户至少派员一名参加学习。但课题组发现,下午4点,村委会广场前,三三两两来了少数农家乐经营者,一直快到5点,前来的农家乐经营者约30人,而据不完全统计,郎德上寨农家乐经营者为58户,前来参加培训者仅为50%。培训内容主要为指导农家乐经营者在新冠肺炎疫情影响下,如何招徕接待游客,做好卫生安全防护,但认真聆听的经营者并不多。表明郎德上寨的农家乐经营者缺乏对培训的深刻认知,经营培训难见其效。堂安侗寨的旅游住宿接待经营者多为自我摸索,未曾有过统一的组织培训。此外,资金的匮乏也制约着村落农家乐的高质量发展。

据郎德上寨古寨小居楼民宿经营者吴剑介绍,现在郎德上寨基本上每家每户都在从事农家乐或民宿经营,还有不少村民正在进行民居改造用于旅游住宿或餐饮接待,但经营基本都是靠居民自己摸索,没有专业的经营技术的培训及专业的营销策划;此外,民居改造很难。普通村民很难有大量的资金与技术支持来进行民居合理改造,使其既保持民族文化特色,又满足游客需求,且居民改造以后的民居建筑经营效果也并不一定能达到预期,不少村民为避免浪费财力、物力,只在房屋内进行简单的房间床位改造。据堂安侗寨的山水客栈和星石屋的经营者介绍,他们现在举债几十万元改造房屋,经营压力巨大,旅游经营收入不如外出打工所得。星石屋的经营者娟娟告诉课题组,星石屋是她从居民手中租赁而来，上下里外都进行了全新式改造，仅保留了主体结构，花费较大，且其从未经营过民宿，只能边经营边摸索。郎德上寨和堂安侗寨的旅游住宿接待者都反映2019年旅游收入较2018年低，究其原因，并非村落旅游的整体收入降低，而是因为经营者越来越多，旅游住宿接待收入被稀释。首先由于缺乏对旅游市场发展的整体性的规划和把控，村落的旅游住宿接待经营户越来越多，而民宿精品却很少；其次，部分经过改造的民居建筑，缺少资金难以建造高质量民宿或缺乏当地文化特色无法满足游客需求。郎德上寨的古今别院，建筑体量大，使用大量的玻璃采光，旅游经营情况良好，但是古今别院缺乏郎德苗族的文化元素，出现过多的现代元素；最后，经营者缺乏相关经营技巧与对标准的把控，旅游经营困难。

8.2.3 建筑遗产激活路径

8.2.3.1 公共建筑遗产激活路径

——重视公共建筑的维护修缮，恢复集体活动。公共建筑遗产自古以来就是村民原始的社交、政务、生活、文化等各方面的生活功能场所，正是由于人的集体活动使得公共建筑承载多种的社会功能，从而使公共建筑遗产有了绵延不断的活力。

根据问卷调查数据显示，郎德上寨和堂安侗寨在问题“我村的房屋建筑具有独特的价值，您认为采取哪些措施更能够保全和增值其价值”的选项中，居民选择比例最高的选项为“房屋建筑保有民族文化特色”，高达64.29%，表明居民认可房屋建筑需要保全民族文化特色，并能通过建设有效地激活其价值甚至增值。因此，公共建筑遗产的激活首先要维护修缮公共建筑，恢复集体活动，甚至创新民俗文化活动开展方式。一是修缮郎德上寨的古战壕、古城墙、堂安侗寨的风雨桥等公共建筑。公共建筑蕴含丰富的历史文化价值和艺术科研价值，应采用修旧如旧的技术等手段恢复其样貌，挖掘其新的使用功能。二是注重公共建筑遗产“社区文化”传承打造，复活公共建筑遗产传统功能，让村民能够用多种方式参与到传统文化活动中来。如请民族文化爱好者或苗歌、侗歌的“土专家”等在铜鼓坪、风雨桥、鼓楼等场所练习歌舞，开展闲暇娱乐活动，营造社会文化氛围。民俗活动频繁开展都可以提高公共建筑遗产的有效使用，丰富居民闲暇生活，让居民生活的重心回归，让公共建筑遗产的使用功能得到有效的激活。三是注重公共建筑遗产激活方式的创新。可以广泛利用现代自媒体、流媒体等网络平台来创新村落民俗文化活动，以吸引更多的年轻人主动参与村落民俗文化活动。如民俗活动直播、民俗文化活动体验秀等，郎德文旅公司在郎德上寨的宣传推广中就利用网红直播等方式结合传统民族文化进行新媒体营销。让村民不仅可以从传统活动中增加传统村落文化认同感，同时有效激活公共建筑遗产的功能利用。

——深度挖掘公共建筑的社会功能，加大开发力度。在新的生计模式和生活方式下，传统村落公共建筑传统的功能发生变化，成为村落社区开展社会活动的载体，为了充分发挥公共建筑的社会功能，应加大开发力度。根据问卷调查数据显示，郎德上寨和堂安侗寨在问题“我村的房屋建筑具有独特的价值，您认为采取哪些措施更能够保全和增值其价值”的选项中，居民选择“政府统一规划”的比例高达42.86%，选择“政府给予一定改造补贴”的比例达28.57%，反映出居民对公共建筑建设的需求，需要政府统一规划和资金支持。与此同时，村落公共建筑的建设既需要针对传统村落独有的民族风情、民间技艺、民俗风物、宗教文化、历史名人等各方面进行深入挖掘整理，并利用现代化市场的包装与设计，满足游客需求，也要满足居民在日常集体生活中的使用需求。

郎德上寨的公共建筑，需要挖掘古战壕、古城墙的旅游展示功能，也要考虑居民对民族英雄的精神需求，如深度挖掘古战壕和古城墙的文化历史故事。杨大六民族英雄及其抗清史是郎德上寨最具有核心竞争力和独特性的文化历史所在，因而要恢复古战壕和古城墙建筑，利用5D技术还原古战壕和古城墙，引导游客身临其境感受历史，增强群众的体验感，增强郎德居民的自豪感和自信心。郎德上寨可以利用“杨大六”抗击清兵文化故事进行包装引导游客根据“古城墙—古战壕—杨大六故居—郎德非遗博物馆”这样一条特色文化线路进行游览，不仅可以促进“古碉楼、古战壕等”这样的历史遗迹的恢复及保护，游客的旅游活动也从浅层次的景点打卡逐渐过渡到深层次的村落文化体验与感知。同时积极倡导集体或个人建立各类民俗博物馆，让民间艺术有展示的平台和空间，在这样的平台上用多种传统的表演形式（侗族传统歌舞戏剧等）或技能技巧（传统手工艺等）来宣传村落故事，让游客了解村落故事，厘清村落文脉。在公共建筑设置表演区或文化展示区，郎德上寨每天在铜鼓坪进行歌舞表演，将文化故事用民族传统歌舞等艺术直接展示给游客。为满足居民集体活动需要，可在杨大六故居的一层开设居民“文化课堂”“非遗教学课堂”等活动；在杨大六风雨桥、铜鼓坪等地开展居民手工艺大赛如刺绣、蜡染、酸汤鱼制作等，提高村落知名度，促进居民提供手工艺技能，增加公共建筑使用率，满足居民和游客的文化需求。

堂安侗寨，一方面需要加大公共建筑的文化挖掘，引导居民积极在鼓楼下开展闲暇活动，如拍摄记录本村寨的民俗节庆活动，选择某一人物或故事串联所有民俗节庆活动，将其制成纪录片或宣传片于鼓楼下循环播放，增加本村寨民俗文化的宣传，让民族文化故事成为新型民族文化旅游产品，增加居民在鼓楼下的闲暇逗留时间，还可积极申请资金，组织居民在鼓楼下开展侗歌、侗戏、刺绣等比赛活动，展示民族文化的同时，丰富居民的闲暇生活。另一方面，黎平县文旅局、黎平肇兴旅游发展公司及村集体应联合各方力量，统一规划建设村落公共建筑的标志标牌，如完善鼓楼、萨坛、风雨桥、寨门等公共建筑的介绍，深度挖掘公共建筑的文化内涵，完善村落的旅游基础设施，满足游客需求。

8.2.3.2　民居建筑遗产激活路径

——空间活化满足人们现代生活需求。对原有的民居建筑遗产，采取不搬迁宅基改造居住条件及环境的方式，通过对民居建筑遗产进行多种功能空间的利用改造，满足居民现代生活的需求。郎德苗寨和堂安侗寨的传统吊脚楼，底层架空用来饲养家畜家禽、存放农具和重物，二层为生活区，三层为存粮储物的空间，但该类传统吊脚楼的空间使用与现代生活空间使用需求存在差距，影响了居民现代日常生活的便捷性与舒适性。其活化经验可借鉴郎德上寨的危房改造工程和厨卫改造工程。第一，改造厨卫空间。一是安置内置式整体浴室（图 8－12），将其整体移动放置于房间。而且可利用由文物部门提供的资金、水泥、砖等建筑材料，进行厨房、卫生间和猪圈的改造，用砖混结构取代之前的木质结构，在原有房屋旁新建砖混结构的厨房和卫生间（图 8－13），有的则在紧挨着原有房屋加建砖混结构的厨房和卫生间，大部分改造后的厨房和卫生间用木板进行外包装，保持村寨木质建筑的风貌，少数则没有用木质材料外包装。第二，利用专项资金改造民居。2014 年，文物部门和脱贫攻坚项目都拨付专项资金用于郎德上寨危房改造项目,修复或拆建老旧破损的房屋或者危房,对房屋损坏处进行修缮,满足房屋的居住或者经营功能,如郎德上寨池塘边的粮仓改造,拆除底层四周的木板,用于商业经营,粮仓主体则可加宽走廊,改造成独具特色的村落民宿。第三,活用偏厦,保证建筑风格统一。郎德上寨居民在不破坏原木结构主体建筑和整体村落建筑风格的前提下,多在房屋旁设偏厦,且偏厦利用方式多种多样,有效满足居民的现代生活需求。有些居民使用砖混结构建造偏厦,将偏厦的底层围进主体空间用

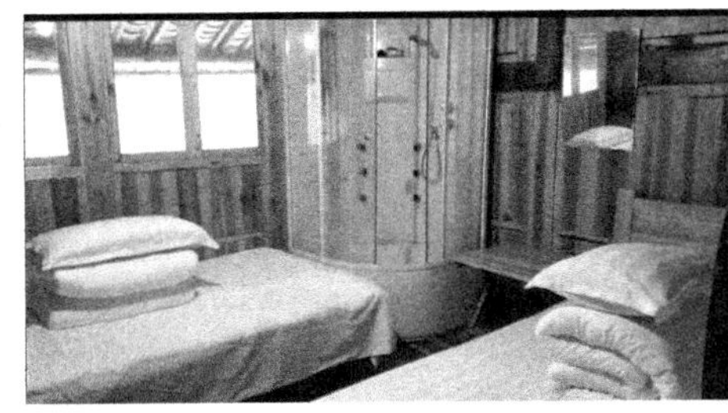

图 8-12　木房内的整体浴室

图片来源:课题组拍摄

图 8-13　用混凝土改造独立的卫生间

图片来源:课题组拍摄

图 8-14　用偏厦改造厨卫

图片来源:课题组拍摄

作厨房或浴室，不单独加盖顶部，保持良好的通风效果，有效降低油烟污染的同时，也降低了木结构建筑明火利用风险。有的居民在主体建筑旁建造三层结构的偏厦，将偏厦与原民居建筑衔接为一体，将房间的卫浴设施都设置在砖混结构的偏厦空间（图 8－14），有效降低用水时的噪声，增加通风，降低潮湿的卫浴空间对木结构产生的损坏，且在管道的铺设上也更加方便、更加美观。

图 8－15　零碎空间改造

图片来源：课题组拍摄

图 8－16　田园农家

图片来源：课题组拍摄

——功能置换适应游客消费需求。传统村落生计模式和生活方式跟随旅游经济发展不断更迭，传统的民居建筑吊脚楼在商用改造过程中，原有的生产和储藏功能几乎消失，利用这些民居建筑空间的功能置换来激活民居建筑的经济价值，以满足现代生活模式和旅游发展需求。民居建筑遗产空间功能置换分为局部功能置换和整体功能替代两种方式。一是局部功能置换。以前，民居吊脚楼中的一层与架空层多用来圈养家畜和置放农具，现在则成为闲置空间，可以将此空间改造为游客活动的公共区域（餐厅、前台、茶室、儿童游乐区域等）（图 8－15）或客房，但需要加大防湿措施，加大采光面积，配备通风设施，且许多吊脚楼都紧紧相连，可以将各个闲置空间连接起来变成大型的空间使用来扩大民宿经营面积，既可以增加床位数又不用投入大量资金。郎德上寨田园农家（图 8－16）屋主在房屋改造过程中将周边的小空间都用砖混结构修建，然后与民居主体结构连接在一起，一层与三层全都改建成客房，二层楼梯连接处设置简单前台及办公区域，二层主要区域为现代客厅活动区与屋主生活区。厨房设置在主体建筑旁，与主体建筑的居住功能分开，一定程度上保障了房屋防火。二是整体功能替代。民居建筑遗产具有历史性、文化性以及空间利用率高的优势，可成为功能替代改造的重点。将吊脚楼整体改造为经营空间跟村民的日常生活区分开来。如郎德上寨陈龙农家乐旁的居民房屋改造，一层为游客接待区和休闲娱乐区，二层、三层均改造为具有独立卫生间的客房。甚至有些民居所有者，根据目标消费群体需求对民居建筑遗产的传统功能空间进行改造，如郎德上寨“粉红小象”在民居内设置酒吧及娱乐区域；堂安侗寨的星石屋在一层接待区域，设置蜡染体验和蜡染品、红米等旅游商品销售区。

图 8－17　阁楼改造

图片来源：课题组拍摄

图 8－18　火塘改造

图片来源：课题组拍摄

此外，木结构房屋的隔音是影响游客住宿体验质量的重要因素，堂安民宿星石屋的改造经验值得借鉴，星石屋的经营者娟娟，本身学习设计专业，她在民居改造过程中，保留原民居建筑的主体结构和木结构建筑的建造工艺，为增强隔音、减少房屋震动，在原有楼板基础上增加一层楼板，有效实现吸音降噪。同时屋顶使用透明琉璃瓦，扩大了房屋采光面积，将阁楼改造成可观赏星空的房间（图 8－17），每个房间设置独立卫浴，改造独属星石屋的供电系统并修建化粪池，但改造后的星石屋一层仍保留了原始火塘（图 8－18），营造出民族特色的游客公共活动区域，较好地保留了原始民居建筑木结构及民族特色的同时，蕴含人文情怀，也使其民宿的旅游功能得到最大化的提升。郎德上寨的田园农家、苗家乐客栈、古寨小居楼等数家民居在改造过程中将族姓兄弟的数栋民居用砖混水泥结构进行连接，使二层、三层全部连通，创造出更加宽敞的游客活动空间、增设更多的客房。有的则是将两栋房屋通过砖混结构跟木质楼梯相连接，一栋专门用作经营，另一栋则作为村民生活起居，适当地将经营活动与生活区域分隔开来。

——加强经营培训，激活经济价值。针对传统村落民居建筑遗产开发利用的经营来说，核心资源就是依托传统村落而存在的民族文化。传统客栈经营与现代民宿经营都是以家庭为主要生产单位，但是根本区别的核心要素在于民宿经营者的人文情怀和素养，这也是传递业态美核心价值主张的最好载体。郎德上寨和堂安侗寨的大部分民居建筑遗产改造经营模式还是停留在“旅游观光 + 住宿 + 餐饮”简单的农家乐及床位出租阶段，并没有过渡到“旅游 + 文化 + 美好体验”为核心内容的现代特色民宿经营阶段，这也是村落旅游住宿接待经营者普遍觉得经营收入不理想的原因之一。产品同质化高、没有突出特色、经营模式千篇一律，不能在众多的同类型产品竞争中脱颖而出。而本课题所提出的美好体验包括了村落文化、传统民俗、地方美食、农耕体验、美学艺术、休闲度假等，这对旅游住宿接待经营者的自身素质提出了较高要求。但根据课题组调研，郎德上寨和堂安侗寨 90% 以上的农家乐经营者都为本地居民，且家庭经营者多为女性，文化教育水平普遍偏低，没有系统地学习经营技能。郎德上寨和堂安侗寨，一则需要加强现有经营者的培训，提升农家乐经营水平、服务质量。因该类经营培训可实现居民和旅游公司及政府的共赢，提升村落旅游接待能力和整体形象，提高居民收入，减少村落“空心化”现象，郎德文旅公司、黎平县肇兴旅游公司及当地政府应对此提供技术支持和资金扶持。二则利用现在的技术和经营理念改造现有农家乐，注入民族文化，体现村落的人文情怀，将农家乐升级打造成精品民宿，提高民居建筑的附加值。郎德上寨古寨小居楼经营者吴剑介绍，其民居整体建筑保留木结构，一层保留传统火塘，并在火塘周围挂上砂锅、水壶、干辣椒、玉米、腊肉等富含当地文化特色的小品，客房挂有郎德上寨的传统手工艺品，富含民族文化元素，赋予民居建筑文化情怀。郎德上寨和堂安侗寨还可对不同定位和不同规模的经营者进行分类定期系统培训，以技能训练为基础，以“统一标准、突出宣传、打造品牌”为理念，逐步从原先单一提供“床位 + 餐饮”低层次服务的基础上转化为以民居建筑遗产改造经营为依托的全方位的“食、宿、娱、学、游、艺”为一体的体验式旅游模式升级。通过不断提升经营者的素质最大限度挖掘建筑遗产的经济价值，而收入的不断增加还可以召回外流的青壮年劳动力，提供就业机会，增加收入，吸引外出务工者返乡发展，提升村落发展的人力资源。

8.3 激活传统手工艺

传统手工艺是在传统农耕生产方式下自然与人文的融合与统一,凝聚着生存智慧和生活方式,体现当地民族文化、地域文化、风俗人情,体现了民族文化认同。随着生产方式的改变,工业化、智能化、互联网时代的到来,传统手工艺渐渐失去其原来赖以生存的生活和生产环境,但其蕴含的人文内涵并未因此消失,它以隐形式的基因延续在传统村落里,活在中华民族的最深层的诉求里,构成了传统手工艺的文化和精神内核,必须予以激活。

作为一种新的业态形式,利用传统手工艺的根本目的不仅在于提供居民就业机会,增加居民收入,提高居民生活水平,还在于居民在获得实惠的过程中愿意使用它、传承它、推广它,从而达到传统手工艺活态传承的目的,而这需要建立和拓宽传统手工艺利用渠道。本研究通过对郎德上寨和堂安侗寨的传统手工艺资源和利用现状分析,提出传统手工艺的激活路径,旨在对旅游发展背景下激活传统手工艺,使之成为增加居民收入以改善居民生计的有效途径提供借鉴作用。

8.3.1 传统手工艺资源分析

8.3.1.1 传统手工艺种类多样,知名度不显

据不完全统计,郎德上寨的传统手工艺有:苗绣、苗族蜡染、苗寨吊脚楼营造技艺、竹编、草编、织锦、苗族米酒酿制技艺、苗族酸汤鱼制作、苗族植物彩色糯米饭制作技艺等多种手工艺,知名度较高的为苗族刺绣、蜡染和织锦。虽然多种传统手工艺被纳入各级非物质文化遗产名录,但并未受到重视,仅有 3 项国家级非物质文化遗产名录(见表 8 -2)。从传统手工艺是否有传承人来看,郎德上寨的传统手工艺境况尴尬,知名度较低(见表 8 -4)。

根据课题组调研,堂安侗寨拥有诸多传统手工艺,如侗族木构建筑营造技艺、侗族刺绣、侗布制作、侗族传统织布、侗锦、侗族服饰制作、蓝靛靛染工艺、竹编、侗族民间乐器制作技艺(牛腿琴)、油茶制作、植物彩色糯米饭制作技艺、侗族腌鱼制作等。但仅有 1 项国家级非物质文化遗产名录、2 项省级

非物质文化遗产名录(见表8-3)。许多当地知名的手工艺,如油茶制作工艺、侗族民间乐器制作技艺等并未纳入国家级或省级非物质文化遗产名录中。甚至侗族刺绣、侗布制作、传统织布、竹编、植物彩色糯米饭制作技艺、侗族腌鱼等传统手工艺也未纳入黎平县县级非物质文化遗产名录中。以上表明了目前郎德苗寨,尤其是堂安侗寨的传统手工艺技术未被广泛认可。当地尚未深度梳理统计侗族传统手工艺,也尚未深刻意识到挖掘传统手工艺的价值。因而导致地属雷山县的郎德苗寨及黎平县的堂安侗寨,其传统手工艺的知名度显然较低。

表8-2　郎德上寨传统手工艺一览表

序号	郎德上寨传统手工艺名录	是否为县级非物质文化遗产名录	是否为州级非物质文化遗产名录	是否为省级非物质文化遗产名录	是否为国家级非物质文化遗产名录
1	苗绣	是	是	是	是
2	苗族蜡染	是	是	—	—
3	苗寨吊脚楼营造技艺	是	是	是	是
4	竹编	是	—	—	—
5	草编	是	—	—	—
6	织锦	是	是	是	是
7	苗族米酒酿制技艺	是	是	—	—
8	苗族酸汤鱼制作	是	是	—	—
9	苗族植物彩色糯米饭制作	是	是	是	—
总计	9项	9项	7项	4项	3项

资料来源:根据国家级、省级、州级、县级各批次非物质文化遗产项目名录整理

表8－3　堂安侗寨传统手工艺一览表

序号	堂安侗寨传统手工艺名录	是否为县级非物质文化遗产名录	是否为州级非物质文化遗产名录	是否为省级非物质文化遗产名录	是否为国家级非物质文化遗产名录
1	侗族木构建筑营造技艺	是	是	是	是
2	侗族刺绣	—	—	—	—
3	侗布制作	—	—	—	—
4	侗族传统织布	—	—	—	—
5	侗族服饰制作	是	是	—	—
6	蓝靛靛染工艺	是	是	是	—
7	竹编	是	—	—	—
8	侗族民间乐器制作技艺（牛腿琴）	是	—	—	—
9	油茶制作	是	—	—	—
10	植物彩色糯米饭制作技艺	—	—	—	—
11	侗族腌鱼制作	—	—	—	—
总计	11项	6项	3项	2项	1项

资料来源：根据国家级、省级、州级、县级各批次非物质文化遗产项目名录整理

8.3.1.2　掌握传统手工艺的人数较多，但技艺不精

传统手工艺是以其传承人的实践活动为主要载体的“活”态文化。各级非物质文化遗产代表性传承人不仅肩负着延续传统文脉的使命，彰显着遗产实践能力的最高水平，而且在创造性地融入传承实践活动中，对确保非物质文化遗产的持久传承发挥着不可替代的作用。人是传统手工艺传承和发展的关键。

表8－4　郎德上寨传统手工艺传承人情况一览表

序号	传统手工艺名录	传承人	是否为县级非物质文化遗产传承人	是否为州级非物质文化遗产传承人	是否为省级非物质文化遗产传承人	是否为国家级非物质文化遗产传承人
1	苗寨吊脚楼营造技艺	陈正平	是	—	—	—
2	苗寨吊脚楼营造技艺	陈鸿	是	—	—	—
3	苗绣	吴啊勇	是	—	—	—
4	苗绣	文安英	是	—	—	—
5	苗绣	文芬	是	—	—	—
6	苗绣	梁茂春	是	—	—	—
总计	2项	6人	6人	0人	0人	0人

资料来源：根据国家级、省级、州级、县级各批次非物质文化遗产传承人名单整理

根据课题组问卷调研，郎德上寨和堂安侗寨的居民都对本村落传统手工艺拥有较高的自豪感、归属感（见表6－4）。且多数居民掌握传统手工艺，郎德上寨掌握传统手工艺的比例高达76.8%，堂安侗寨掌握传统手工艺的比例为60.5%。虽然居民普遍熟悉或掌握传统手工艺，但是技术并不精湛，从其各级非物质文化遗产传承人名录可见一斑（见表8－4、表8－5）。

表8－5　堂安侗寨传统手工艺传承人情况一览表

序号	传统手工艺名录	传承人	是否为县级非物质文化遗产传承人	是否为州级非物质文化遗产传承人	是否为省级非物质文化遗产传承人	是否为国家级非物质文化遗产传承人
1	侗族鼓楼花桥营造技艺	陆安银	是	—	—	—
2	侗族鼓楼花桥营造技艺	陆帮明	是	—	—	—
3	侗族鼓楼花桥营造技艺	潘现凡	是	—	—	—
总计	1项	3人	3人	0人	0人	0人

资料来源：根据国家级、省级、州级、县级各批次非物质文化遗产传承人名单整理

从以上各表中可看出，目前，郎德上寨仅苗寨吊脚楼营造技艺、苗绣有县级非物质文化遗产传承人，堂安侗寨仅侗族鼓楼花桥营造技艺有3位县级传承人，且没有州级及以上传承人。而其他传统手工艺没有县级及县级以上传承人。一方面，表明了郎德上寨和堂安侗寨的居民未意识到传统手工艺的价值，申报传承人的数量少；另一方面，说明郎德上寨和堂安侗寨的传统手工艺技艺不够精湛，没有重量级传统手工艺传承人，传统手工艺的影响力有限。

8.3.1.3 组织形态少，传统手工艺经济效益低

传统手工艺是农耕生产方式下，传统村落居民满足自身需求及获得经济收入的重要形式，传统手工艺生产的经济价值是其得以维系的根本所在。从传统手工艺生产的现状来看，主要由四种组织形式构成，即家庭作坊、集体合作社、企业公司和个人工作室，其中，家庭作坊自古以来是传统手工艺生产最重要的组织形式。而郎德上寨和堂安侗寨的传统手工艺经济价值尚未完全凸显，经济组织形态较少。

郎德上寨和堂安侗寨的问卷调查结果显示，在“传统手工艺带来的经济收入占家庭总收入的比例为多少”的问题中，71.43%的居民选择传统手工艺带来的经济收入占家庭总收入的比例为25%以下，28.57%的居民选择传统手工艺带来的经济收入占家庭总收入的比例为25%—50%，少数居民选择传统手工艺带来的经济收入占家庭总收入的比例为50%—75%，没有人选择75%及以上。结合课题组实地调研情况，郎德上寨和堂安上寨的传统手工艺掌握人数众多，但尚未产生较高的经济价值，仅有少数居民的家庭经济收入主要依靠传统手工艺。该传统手工艺主要为苗族吊脚楼建造技艺和侗族鼓楼花桥营造技艺，因此家庭经济收入主要依赖传统手工艺的人多为木匠。当然，郎德上寨和堂安侗寨也有极少数居民依靠蜡染工艺获得主要经济收入。如郎德上寨的陈金才、堂安侗寨的陆礼婵。

郎德上寨的苗族蜡染工艺没有县级及县级以上的传承人，但却有许多居民掌握蜡染工艺，究其原因，郎德上寨陈金才是苗族蜡染工艺爱好者，学会苗族蜡染后在村落中推广，其于2013年改造郎德上寨的自家房屋，开始经营销售苗族蜡染产品，兼售其母亲的苗绣产品，并且提供农家乐、住宿和蜡染及刺绣体验服务。据介绍，该店主要消费人群为旅行社团队游客，因为与旅行社及

当地政府合作密切，其经营情况较好，收入较高，2019 年，郎德上寨旅游经济大幅度下滑，但陈金才的店铺最高的一天收入能达 2 万元。陈金才秉信郎德苗寨的蜡染工艺整体水平提高、知名度提升，才能打出知名品牌，带动整个村落的发展，因此，其申请了传统手工艺传承项目，免费教授郎德上寨居民蜡染工艺，但是蜡染品的销售则需要各自谋划。目前，郎德上寨手工艺的主要使用途径有二：一则"提篮买卖"，女性居民提着篮筐，装着传统手工艺品或机绣品及其他产品在村落中向游客兜售；二则"体验服务"，据调研，郎德上寨目前有近 52 家农家乐或民宿，其中 2/3 的民宿会提供各种苗族文化体验服务，包括传统手工艺，如蜡染、刺绣。根据蜡染或刺绣的产品大小来定价，一般蜡染体验服务 60—80 元/次，刺绣体验 15—30 元/次。郎德苗寨的居民多数认识到传统手工艺的价值，但尚未深度挖掘传统手工艺的价值，传统手工艺的利用形式较少，方式雷同。

堂安侗寨虽然仅有 3 名县级侗族鼓楼花桥营造技艺的传承人，但堂安木匠工艺在侗族地区远近闻名。目前，堂安侗寨有 9 名掌墨师，但他们从未组建木匠工艺工作室或公司，主要凭借口碑承接侗族鼓楼或花桥的修建工程，通常按照工程需要的人数组建队伍，没有特定的组织形式，因而木匠收入不均衡、不稳定。堂安侗寨家家都会蓝靛靛染工艺，但目前，仅有 2 处从事蜡染的地方，蜡染结合了堂安当地蓝靛靛染工艺及苗族的蜡画工艺，需要一定的美术基础。有家名叫"潮黔"的工作室（图 8－19a、图 8－19b），在堂安侗寨从事蜡染体验及蜡染产品销售，其创始人为本村落 2018 年自凯里学院美术专业毕业的陆礼婵，其结合学校所学的美术工艺及堂安当地蓝靛靛染工艺，设计、生产蜡染产品，主要为服饰、包、围巾等。自 2018 年 11 月开业至今，不计任何成本，年收入约 5 万元，因其销售渠道单一，经济收入不如意，陆礼婵教会其家人学会蜡染工艺后，已计划赴外地寻求发展机会；还有民宿星石屋中设有苗族蜡染体验，其体验者都为该民宿的住客，住客仅需要承担材料费。调研组还了解到，堂安近 3 年有人通过堂安生态博物馆相关人员的介绍，每年能接到一笔外国订单，要求其手工缝制一批服装，其通常会组织村落中的少数妇女在一个星期或半个月内完成制作，每天每人能获得 200 元左右的收入。总的来说，堂安侗寨的传统手工艺并没有形成有效的规模和组织，获得的经济效益并不理想。

图 8-19a　潮黔手工艺品店

图片来源：堂安侗寨陆礼婵提供

图 8-19b　潮黔手工艺品店手工产品

图片来源：堂安侗寨陆礼婵提供

8.3.2　传统手工艺利用现状分析

当下，传统手工艺利用存在的问题是系统的，不是单一的。因为社会化进程，人们日益追崇效率和经济，为了生存和更好地生活，大量劳动力从农村转到城市，村落空心化，农业生产方式被淡化或搁置，依附在传统农业生产方式下的传统手工艺，缺少了使用者。而未出现空心化的村落，居民对传统手工艺的理解有偏差，没有意识到传统手工艺的价值，且颇耗费时间和精力的传统手工艺品，成本高，经济效益低，其不能满足手艺人在当下经济环境中的利益诉求。

8.3.2.1　缺乏对传统手工艺的正确认知

村落居民们未意识到自己生活中使用的技艺是传统手工艺，是一种生活，是一种文化。根据课题组调研，堂安侗寨家家户户都会油茶制作、侗绣、靛染、木工工艺等，但在访谈中发现，居民们根本没有意识到这些属于传统手工艺，人们认为这些技术家家都有，人人都会，没有特别之处。因为这些手工技艺都为人们日常生活中衣食住行所需，所以人们没有意识到可以通过传统手工艺获取经济收入。堂安侗寨村主任陆泽刚的妻子在被问及是否掌握传统手工艺时，她表示没有掌握传统手工艺。当问到是否会制作油茶时，她才恍然大悟自已掌握不少传统手工艺。当被问及油茶可否售卖，她表示以前没有售卖过，但如果课题组需要，则可以售卖，其以前通常售卖的物品为土鸡、土鸡蛋、稻米等。堂安的居民们根本没有意识到传统手工艺的文化和经济价值，没有意识到要对这些传统手工艺品进行包装，走向市场销售。

8.3.2.2 欠缺传统手工艺工匠精神

郎德上寨旅游经济开发较早，每年10人左右长期外出打工，绝大多数居民留在村落里，在维持家庭农作生产的同时，积极参与旅游接待，63.4%的居民主要经济收入直接或间接来源于旅游。目前，郎德上寨对传统手工艺利用率较高的为刺绣和蜡染。但是每家都主要依靠体验服务和提篮销售来获得经济收入，少有人探究如何更深入地挖掘传统手工艺的文化价值，如何形成规模、开拓市场销售渠道或提升技能以扩大知名度，赢得更广阔的市场。从郎德上寨和堂安侗寨缺少重量级传统手工艺传承人的现状可知，郎德上寨和堂安侗寨的传统手工艺人缺少对自身手工艺的深入钻研。对日本传统手工艺传承和发展有突出贡献的盐野米松，认为中日两国传统手工艺人的最明显区别在于对手工艺的想法和心态。日本手工艺人永远致力于做到最好的状态，为手工艺品的使用者着想，永远不会偷奸耍滑、偷工减料，绝不会怠慢自己的手艺。而中国手工艺人认为手工艺是脏累差的活计，不能养活自己和家人，所以也不愿意自己的后代学习传承传统手工艺。

郎德上寨旅游经济开发早，居民们早意识到刺绣、蜡染等传统手工艺品能为家庭带来经济收入。正是因为看中手工艺品带来的收入，居民们不思考怎么提高手工技能以生产更高质量的刺绣产品，转而批发更多机绣的刺绣品售卖，影响了村落形象，也影响传统手工艺的传承。据郎德上寨的居民陈海华介绍，在县城赶集的时候，他曾看到人们争前恐后抢着买2万元的纯手工苗族女盛装。说明高超技艺的刺绣产品不仅深受游客喜好，也深受苗族同胞们的欢迎，提高传统手工艺技能急不可待。问卷调查中，“传统手工技艺至少包括技能、技巧和技术三部分，您觉得哪部分最重要”（技能是身体的协调性和加工过程中表现出来的熟练度，技巧是解决问题或形成个人风格的诀窍，技术包括工艺流程、工艺法则、实体性工具等）这一问题中，42.86%的居民选择了“技术”，35.67%的居民选择了“技能”，说明居民们也都认可传统手工艺流程技术和熟练程度的重要性。但实际上,人们并没有思考过怎么提高传统手工艺技能,没有意识到传统手工艺培训的重要性。在郎德上寨,除了蜡染手工艺人陈金才开设传统手工艺传承班外,雷山县政府每年都会组织居民们参加多次传统手工工艺培训,但是居民们认为让他们参加这些培训,是组织者在赚钱,没有想到通过培训使自己受益。此外,村落中的年轻人受各种观念的影响,认为学习传统手工艺没有出路,读书或打工才是当下最好的选择,没有意识到传统手工艺的文化价值和传承的意义,且当下国内对传统手工艺人也不够尊重和重视。

8.3.2.3 传统手工艺品市场不成规模

一是传统手工艺程序较多,精力和时间的耗费与其产生的价值不成正比。在多选题“村落传统手工艺的特点”中,85.71%的居民认为传统手工艺保留了整体性,82.14%的居民选择了“传统手工艺保留了核心技艺的原真性和真实性”,也有32.14%的居民认为传统手工艺的特点是程序多。郎德上寨及堂安侗寨传统手工艺在保留了整体性、原真性的同时,工序多、复杂且细腻,因而花费的时间长,人工成本投入大,但产出的经济效益却较低下。仅以侗族蓝靛靛染工艺为例,侗族蓝靛靛染工艺是制作侗布的重要工艺之一,侗布要用织好的布,通过蓝靛靛染、反复清洗、蒸晒、捶打而成。据堂安侗寨陆礼婵介绍,靛染工艺中,仅获得蓝靛靛染的靛泥这一项工艺程序,就需要先种植蓝靛草、采摘、浸泡蓝靛、典汁(用生石灰和白酒等兑到蓝靛液里)、搅拌、沉淀、滤汁,最后才获得蓝靛靛泥。要做成侗布,需要在蓝靛靛染重复染色4次后,分别用牛胶溶液、生柿子水、鸡蛋清涂抹、蒸晒,染色、木槌反复捶打至发光发亮后,再进行几次染色而成。而这种侗布多为制作侗族节庆服装所用,不能暴晒、不能清洗,不能沾染过多水汽,使用率低,随着人们外出打工,使用人数也在逐渐减少。

二是传统手工艺品未形成市场或者市场紊乱。据郎德上寨村委会前主任吴剑介绍,80%的居民销售刺绣产品,主要采取提篮兜售方式,但是产品价格不一,比如同样的刺绣品,有的人卖10元,有的人卖5元,无序竞争导致郎德上寨手工艺品市场紊乱,造成不良影响,也使得居民们的传统手工艺品卖不出好价格,不能产生足够的经济价值。堂安侗寨缺乏传统手工艺品。根据课题组调研,堂安侗寨仅有1家综合性旅游商品销售店、1家银饰店、1家蜡染品销售店,这些店铺都没有销售具有堂安侗寨侗族特色的传统手工艺品,而堂安侗寨的确缺少此类产品。堂安侗寨的织布、侗绣、侗布等都仅满足自家生活所需,没有人将这些传统手工品投放市场。油茶、腌鱼等产品形态,缺乏包装。传统手工艺品不能形成产业规模,难以走向市场产生理想的经济效益。

8.3.2.4 传承困难

传统手工艺的传承,是由“传者”与“承者”共同完成的,缺一不可。但随着年轻劳动力的外迁及观念的转变,郎德上寨和堂安侗寨传统手工艺的传承越加困难。一方面是传统手工艺“传者”老龄化,“承者”没有时间学或者不愿意学。传统手工艺学习周期长、工序复杂繁多、技术要求高、长期重复劳作枯燥乏味,要学好学精很难,如苗族吊脚楼工艺及侗族木结构建筑技术一般要跟随师傅学习3—5年才能基本掌握,而获得的劳动收入相对低下,尤其是第一年的收入,通常只能满足自身生活所需,因而年轻人宁可外出打工,也不愿意学习传统手工艺。在今天的郎德上寨和堂安侗寨,往往只有文化程度较低、与外界接触较少的中老年妇女会愿意手工刺绣,而会刺绣的年轻女性越来越少,人们多不愿意再花大量时间和精力在刺绣上。因为刺绣产品实在耗时耗力,仅制作小孩背带上的绣花,就需花上一两年时间,而购买机绣背带,不过几十元,用一两年的打工收入足够买所需要的产品。且手工刺绣产品价格高昂,缺少消费市场。另一方面,传承方式单一,主要为家族血缘传承,传承方法主要为言传身教,完全是凭经验传授,传承范围较窄、对传承者要求高。随着老一辈传统手工艺人的老去,年轻一辈人的无心继承,传统手工艺的传承,“人亡艺亡”的境地堪忧。

8.3.2.5 缺乏强有力的行业带头人

郎德上寨和堂安侗寨都缺乏强有力的组织人,推动整个村落传统手工艺的发展。郎德上寨的陈金才,是村落蜡染手工艺的重要推动者,其组织居民参加传统手工艺的培训,指导其进行产品销售,但是他更侧重手工艺的传承,并没有为本村落搭建起蜡染品销售平台,而这是传统手工工艺发展的关键。传统手工艺品只有走向市场,为消费者认可,才能为居民带来收入;只有居民获得理想的经济收入,传统手工艺才能在村落中得到更广泛的传承和推广。郎德上寨的其他传统手工艺难以看到引领村落发展的佼佼者。堂安侗寨的文化人更偏重非物质文化遗产中的歌舞推广和传承,如“百鸟巢”;几乎没有人关注堂安侗寨的传统手工艺,堂安侗寨的传统手工艺市场潜力较大,亟待发展。

8.3.3 传统手工艺激活路径

传统手工艺的文化和经济价值是其得以维系的根本所在。激活传统手工艺的前提是提高传统手工艺人的生活水平和生活质量;关键是实现传统和现代的有机结合,扩大市场,获得各方支持;根本是转变村落居民对传统手工艺的认知,实现传统手工艺品在日常生活中的使用和传承。

8.3.3.1 形成对传统手工艺的正确认知

传统手工艺离不开物质载体,但它的核心是通过物传达人对物的感情和观念。正确的传统手工艺认知,包括村落主体——居民对传统手工艺的认知、民众对传统手工艺的认知及手工艺人对待手工艺的态度和理念。一是当地政府引导居民认识传统手工艺的价值。如雷山县和黎平县应在村落居民中加强宣传,尤其是黎平县非物质文化遗产中心应将工作落地到村落中,引导居民认识身边的传统手工艺及其价值,引导居民认识传统手工艺培训的重要性,最终都是居民自身受益。二是明确传统手工艺品应以日常实用为美为标准,满足人们日常生活所需及审美情趣,逐步推向市场。如郎德上寨和堂安侗寨的居民不能简单地沿袭传统,要认真研究旅游市场,按年龄、地域等细分传统手工艺品销售市场,结合当今人们生活需求特征,设计合乎市场需求的传统手工艺品。如刺绣产品,郎德上寨和堂安侗寨的居民可以结合本地刺绣工艺,设计刺绣胸针、刺绣包装的笔记本、公文包等产品,不断研究哪种产品受市场欢迎,逐渐推广。三是民众对传统手工艺的正确认知。当下,许多人认为手工艺人低人一等,手工艺是脏乱差的活,手工艺品是名不副实的产品。周国平曾说:“手艺,是人类古老的生活方式,使生活富有诗意。”日本的盐野米松指出:“世人有诗意的心,手艺就会长存。”传统手工艺不仅满足了人们日常生活的物质需求,同时还寄托和承载着人们生活情感、信仰习俗的精神文化内容。因此,政府、相关部门、非营利机构等应在社会中宣传、树立正确的手工艺观念。使得民众认识到传统手工艺的文化价值,产生对传统手工艺及传统手工艺品的欣赏和赞叹。四是传统手工艺人要有工匠精神,它是一种对自己职业全身心投入的敬业精神,它是一种执着坚守、追求极致的精益精神,它是一种踏实严谨、细致入微的专注精神,它是一种不断突破、追求革新的创新精神。手艺人在凭借传统手工艺获得生存的同时,更应该要有对传统手工艺的极致追求,对手工艺品的制作有感恩和敬畏之心。手工艺其实是手艺人与手工艺品使用者之间的一种关系建立,因职业关系产生责任和道义。粗制滥造的手工艺品、未从使用者角度设计的手工艺品都不会长久。为了促使手工艺人提高技能和自身修养,如郎德上寨和堂安侗寨的传统手工艺品可采取作品署名的方式,这样可明确谁的手工艺品质量高,受消费者欢迎,而未被销售出的手工艺品,可以退回给手艺人,既可以保证资源不浪费,又可以促使手艺人不断研究消费需求,加强自身修养,提高技能。

8.3.3.2 创新传统手工艺的教育

法国思想家卢梭在《爱弥儿》中谈道,工艺通过手、脑合力工作,使人的身心得到全面发展,功劳最大,它是人类职业中最古老最直接最神圣的教育方法之一①。传统手工艺是最接近人之本初的情感体验,是人类利用双手,通过特定的技术手段改造自然物质材料的一种技术性劳动②。在当下社会快速发展的进程中,农耕生产方式下的传统手工艺,离孩子或大人生活都越来越远。互联网时代下的生活方式也进一步拉大了人们与传统手工艺的心理距离。当村落和社会从幼儿到青年这一代人对传统手工艺,甚至民族文化没有文化认同时,传统手工艺的复兴从何而谈?

根据问卷调查结果,在多选题"传统手工艺要传承,您觉得哪种传承方式比较好"中,选择率前三的选项为家庭(族)传承、师徒传承和学校教育。其中,家庭(族)传承方式的比例高达82.14%,选择师徒传承方式的比例为46.43%,学校教育的比例为28.57%。家庭(族)传承、师徒教育和学校教育是村民认为传承传统手工艺的最好方式。此外,根据表6-6,居民的情感维度分别与认知维度、行为意向维度和态度总分存在非常显著正相关。即通过加强居民对传统手工艺的教育,居民对传统手工艺的认知越深刻、情感越深切,则越可提高居民对传统手工艺的自信,增强居民对村落的自豪感、认同感和归属感,提升居民建设家乡的行动力。而村落是传统手工艺传承的土壤,因此,需在村落及学校中开展居民传统手工艺的家庭和学校教育。

---

① [法]卢梭. 爱弥儿[M]. 李平沤,译. 北京:商务印书馆,2008.

② 王潇. 传统手工艺的再生产研究[D]. 西安:西安美术学院,2016.

在家庭教育中,引导居民转变传统手工艺的观念。在现行教育体制中,应在民族村落、民族县、民族州(市)的课程中引入传统手工艺为主的手工劳动课程。在幼儿阶段,家庭和学校要营造手工艺文化氛围,通过文化熏陶,在体验、认知传统手工艺中,在孩子们心中种下一颗传统手工艺的种子。小学阶段,则通过手工制作,在接触传统手工艺自身的语言、色彩、造型、材料等过程中,开展传统手工艺体验和情感认知,感悟人与自然的紧密关系、人与人之间的美好祝愿和情怀,提高个人的精神追求。中学阶段,引入传统手工艺的相关课程内容,以文化素质为主培养孩子们对传统手工艺文化的兴趣爱好。通过传统手工艺课程,补充传统知识教育外的人格教育和情感教育,健全孩子的教育。大学阶段,以传统手工艺技能培训、专业素养教育为主,促进传统手工技艺和文化的传承和发扬。无论是哪个阶段的传统手工艺教育,归根结底是让人们形成对传统手工艺的认同和认知,从而提高居民对村落的认同感、归属感和自豪感,形成建设家乡的强大动力,积极为家乡建设献策献力。甚至在全社会中形成对传统手工艺的认同,构成了传统手工艺生存和可持续发展的社会基础。

8.3.3.3　实现集体合作社的经营方式

将传统手工艺推向市场是激活传统手工艺的必然途径,而实现一定规模生产是将传统手工艺推向市场的必然要求。要实现传统手工艺生产的产业化和规模化,可采取家庭作坊式、合作社、企业公司、手工艺传承人工作室。而鉴于郎德上寨和堂安侗寨传统手工艺发展历史和现状,集体合作社是较为合理的方式。2015 年,郎德上寨为规范手工艺品市场,成立“大陆生态旅游合作社”,村民自愿参股,最后有 90 多户参股(全村 153 户),共筹 5 万多股(200 元一股)。但随着村委会换届、合作社组织人变更,“大陆生态旅游合作社”在完成工商登记等手续后,没能发挥合作社的功效。后因雷山县政府成立了雷山县欧波农农旅专业合作社,打造郎德镇的食用菌产业,“大陆生态旅游合作社”成为郎德上寨种植、销售香菇及脱贫攻坚的载体。但欧波农农旅专业合作社采取“总社 + 各村分社 + 基地 + 居民”的方式为郎德上寨和堂安侗寨的传统手工艺品市场推广模式提供可能。雷山县和黎平县设立县级集体合作社总社,聘请当地手工艺品设计及销售团队,根据市场需求设计传统手工艺品、主推传统手工艺品销售、承接市场订单，并为村落居民提供传统手工艺品生产原料、对产品的不同质量水平进行定级和定价；各村落成立集体合作社分社，对接合作社总社和各户居民，负责统一分发原材料，收集手工艺产品，组织传统手工艺培训；村落中对不同传统手工艺设立生产基地或中心，细化传统手工艺生产；各居民根据合作社总社要求，积极参加培训，生产合乎要求的手工艺品，凭产品质量和数量获得经济收入。通过“总社 + 各村分社 + 基地 + 居民”，实现村落传统手工艺品的价值，从而激活、传承、推广传统手工艺。

8.3.3.4 发挥村落带头人的引领作用

村落的发展离不开灵魂人物。郎德上寨的发展得益于历届村委会的积极引导和推动。郎德上寨20世纪80年代对外开放，非农忙时节吹奏芦笙、敲铜鼓接待来宾，引发村民反对，后在村支书的积极奔走下，接待获得鬼师和活路头等人的支持，从此，开启了郎德上寨旅游开发历程。据介绍，2008年奥运圣火成功在郎德上寨传递，这与村委会的多方努力不无关系；2015年，在前任村主任吴剑的推动下，设立了“大陆生态旅游合作社”，以规范管理旅游市场；2016年，在前任村委的努力下，郎德上寨被郎德文旅公司接管其旅游开发。综观郎德上寨发展历史，有历史英雄人物杨大六，也有默默奉献的村委和精英人士，但他们都具有超乎寻常的敏锐眼光，令人信服的个人品质，拥有凝聚力、战斗力，这些带头人助推着村落发展。堂安侗寨自1999年开始中国挪威合建侗族生态博物馆至今，缺少对村落发展有极大贡献的带头人，因而堂安侗寨发展不尽如人意。传统手工艺的传承和推广，亟须村落有强有力的带头人，发展观念符合当下形势或超前观念，有大局意识，对外，积极为居民谋求福利，为村落传统手工艺的发展谋取政府政策支持、资金优惠、市场帮扶等；对内，形成凝聚力，先行示范。如带领村落少部分人先行尝试“总社 + 各村分社 + 基地 + 居民”模式，带动村落积极分子先富起来，然后在村落中积极推广该模式，使更多居民受益。

8.3.3.5 加强传统手工艺培训

郎德上寨和堂安侗寨传统手工艺品为纯手工制作，工序多，耗时长，且苗族和侗族妇女多习惯从纺纱、织布、刺绣、缝制，甚至到产品销售都为个人单打独斗，经济效益低下。在传统手工艺品“总社 + 各村分社 + 基地 + 居民”的销售模式下，传统手工艺的思想观念和技能培训必须融入现代市场经济，尤其可借助精细化管理"ORTCC"模型来开展传统手工艺技能培训。"ORTCC",即"Objective"(目标)、"Rules"(规则)、"Training"(训练)、"Check"(考核),以及"Culture"(文化)五个要素形成的一个整体体系。郎德上寨和堂安侗寨传统手工艺发展不理想的最重要原因是村民欠缺对传统手工艺的认知,也不愿参加培训。结合"总社+各村分社+基地+居民"模式和"ORTCC"体系来开展传统手工艺技能培训,有助于扎实推进传统村落传统手工艺的观念更新和技能提升。

第一,合作社总社派人员入村为村民开展培训,使每位传统手工艺人明确其每次制作手工艺品的目标和任务。第二,制定每项传统手艺品的质量要求和等级划分,根据质量等级为手工艺品定价,各村分社按照要求收集产品并定级,总社负责质量检查。第三,训练参加传统手工艺品制作的人员,由工作技术人员入村指导,根据要求制作高质量产品。第四,对每件手工艺品质量进行考核和检验,保证手工艺品的高质量。第五,在整个体系内形成尊重规则的文化,村落手工艺者形成对手工艺品质量的敬畏之心。第六,需要特别注意的是创新传统手工艺的设计,实现以用户为中心进行设计,结合现代美术工艺,以市场上产品用户需求为目标进行产品或工艺设计创新,甚至让用户参与手工艺品的设计,让用户当设计师,设计切合用户使用诉求的传统手工艺品,体现传统手工艺品的"温度"。

8.3.3.6　深化东西部协作,扩大传统手工艺影响力

2016年,为推动区域协调发展、协同发展、共同发展,我国实施东西部扶贫协作和对口支援。贵州黔东南州、黔南州、黔西南州等市州都有各自对口帮扶城市。而黔西南州望谟县新屯村与余姚市的帮扶方式和内容值得郎德上寨和堂安侗寨借鉴。新屯村是贵州传统村落之一,余姚市工会每年组织单位员工来新屯村开展工会活动,体验布依族民族文化和日常生活,每年前来开展工会活动的人员数量为1万人以上,极大地带动了当地经济发展。余姚市还与新屯村开展教育帮扶,在新屯村设立小学,新屯村成绩优异的学生可免学费前往余姚市上高中。

郎德上寨和堂安侗寨隶属黔东南州,与杭州市开展东西部扶贫协作。参照黔西南州新屯村与余姚市对口帮扶的成功案例,一是当地政府要积极与杭州市开展协作,将杭州市或浙江省其他经济发达城市的工会活动引入本村落,

为其量身打造工会活动服务，提供民族文化、农家生活、传统手工艺制作和学习等体验，销售手工艺品，增加居民的经济收入。二是积极谋求对口帮扶，将传统手工艺合作社与杭州市或浙江省其他手工艺发展有限公司或文化创意有限公司结成对口帮扶，助推郎德上寨和堂安侗寨传统手工艺技艺提升，提高传统手工艺品新产品的研发能力，扩大传统手工艺品销售市场。三是开展教育帮扶。借助东西部扶贫协作契机，可以组织学生在假期时交换生活体验，郎德上寨和堂安侗寨为帮扶城市的孩子开设非物质文化课堂，提供非物质文化体验、学习传统手工艺技能等。本村落的孩子前往帮扶城市体验课堂生活，可以拓宽眼界，提高对本民族文化和本村落的认同感、归属感和自豪感，激发其建设村落的动力。

8.3.3.7 扩大传统手工艺品市场

“买卖是最好的保护，使用是最好的传承。”激活传统手工艺品的根本在于民众在日常生产中的持续使用。为了保障郎德上寨和堂安侗寨传统手工艺品的激活，首先就需要为这些手工艺品找到需求的市场。第一，寻找海外市场。中国是文明古国，海陆上的丝绸之路将中国手工艺品带往周边各国，甚至远销大西洋彼岸，因此传统手工艺品在海外多国有一定的需求基础，随着“一带一路”建设，中国与各国交流更为便利，贵州每年多次参加多国的文化或节日交流活动。借助“一带一路”建设，将郎德上寨和堂安侗寨生产高质量的传统手工艺品如侗族或苗族刺绣等产品推向世界，寻找海外需求市场。第二，政府积极行动，为传统手工艺品推广市场。当下，贵州省正在打造一批旅游商品制造基地，郎德上寨和堂安侗寨要抓住机遇，组建团队开发设计传统手工艺商品，获取县、州、省级政府的支持，将本村落纳入省级旅游商品制造基地，打造省级文化和旅游融合示范区。政府尤其要多积极谋求与外地外省合作，为本地传统手工艺品找到订单，找到需求市场，以推动当地经济的发展，解决就业，提高当地居民生活水平。第三，开展民间活动。郎德上寨和堂安侗寨的传统手工艺品精美，如苗族和侗族的盛装、苗绣和刺绣的手工艺品、侗族木工工艺摆件等，都具有实用价值、美学价值、收藏价值等，因而在民众中有潜在的需求市场，针对这些潜在市场，可以借助东西部扶贫协助和对口帮扶的机遇，在全国内开展传统手工艺品定制活动，如组织 100 人向郎德上寨和堂安侗寨定制 100

件产品，通过此方式，不仅可以保障传统手工艺品的市场需求，解决手工艺者的后顾之忧，满足其生存需求，还可以助推手工艺者不断钻研传统手工艺，让更多人愿意传承、打磨传统手工艺，实现传统手工艺的活化。

8.3.3.8 政府的支持与引导

政府是传统手工艺保护的主要实施者。针对传统手工艺的发展和振兴，国家层面已经发布了很多与之相关的扶持政策，形成了相对比较健全的产业发展支撑体系，地方政府才是国家政策的真正实施者，因而地方政府的政策支持对传统手工艺传承分外重要。第一，引导居民认识传统手工艺的价值。多数居民未能走出本村落生活圈，尚未意识到自身手工艺的价值。因而政府应组织专门力量在村落中开展教育，引导居民认识传统手工艺的经济价值、文化价值等，引导居民组建科学的组织形式，合理开发传统手工艺品以带来经济收入。第二，完善相关政策。政府充分认识非物质文化遗产的重要性，在传统手工艺整理的基础上，联合产学研的力量，将传统手工艺纳入整体性发展保护规划中，分析传统手工艺发展存在的问题，建立科学的发展保护制度，针对性完善政策，保证政策措施的完善和实施的连贯性。在招商引资、技术开发、传统手工艺产品研发、知识产权保护、传承基地建设、宣传推广、质量监督等方面，为传统手工艺的生产提供系列的政策支持。第三，提供资金政策支持。根据当地传统手工艺发展的实际需求，针对性提供相应的资金支持，助推手工艺人开展公益传承项目，如扶植郎德上寨陈金才的传承人项目；挖掘有潜力的手工艺人新生力量，如堂安侗寨的陆礼婵，帮助和扶持传统手工艺产业的发展，维护手艺人的利益。政府加强对地方各种手工艺生产的组织形式，如手工艺集体合作社、手工艺工作室等基层经济组织的扶持。第四，搭建服务平台。依托贵州省民博会、旅发大会等各类文化博览活动，推广宣传传统手工艺品，积极组织手工艺生产者参加招商引资、传承人技术培训等，联合当地高校、传统手工艺行业协会、手工艺生产及销售企业建立传统工艺工作站及系统的公共服务管理平台。第五，推动当地手工艺品品牌建设。政府整合各方资源和力量，在互联网、电视、报纸等媒体上积极宣传本地传统手工艺品牌和组织，积极推动本地传统手工艺申报非物质文化遗产，推动传统手工艺人申报国家级非物质文化遗产传承人，提升手工艺品牌的知名度。

后续思考

美丽和活力是传统村落生命力的基石，是传统村落保护发展的内生依据和再生动力，是传统村落保护发展的两个重要抓手，传统村落失去美丽和活力是其衰败的主要原因。本研究秉持理论创新、立足实践、服务实践的理念，以旅游地生命周期理论和态度理论为理论依据和研究工具，通过建构传统村落“四态美”的整体性框架，着重从美丽和活力的两个维度对研究村落进行对比研究，通过对研究村落的解读，提出旅游发展背景下传统村落美丽和活力的建设路径，契合乡村振兴战略的时代需求，因此，该研究成果具有良好的学术价值和应用价值。截至今日，围绕课题研究任务，课题组两年多的研究工作虽然圆满画上句号，但对乡村建设的研究工作却刚刚拉开帷幕，现对于在研究过程中发现的问题和所作的思考进行梳理，试图建立后续研究的逻辑起点。

1. 旅游地生命周期理论运用过程中的思考

在运用旅游地生命周期理论为研究工具对郎德上寨和堂安侗寨旅游发展轨迹对比研究的过程中发现，旅游发展是传统村落保护发展的重要引擎，本研究对两个村寨在旅游发展过程中出现的问题和导致的结果进行思考，试图以此为样本，窥视导致村寨旅游命运转变的因素，从而规避风险，保持优势，弥补劣势，使传统村落在旅游良性发展的过程中得到保护与发展。

如图 3－2 所示，从游客数量维度对郎德上寨的旅游发展进行观察和分析：1986 年，郎德上寨被文物局列为我国第一座露天苗族风情博物馆，从此掀开了郎德上寨进行旅游开发的序幕；1986—2006 年，郎德上寨的旅游发展经历了最初的自主性缓慢发展；由于 2008 年奥运圣火传递这一重大事件的影响，导致 2007 年和 2008 年游客数量出现井喷，郎德上寨迎来旅游迅猛发展的两年；2009 年，游客数量快速回落；2010—2012 年上半年，由于凯里至雷山的二级公路加宽没有通车，郎德上寨的旅游发展遭受断崖式下坠；公路通车后，从

2012年下半年至2016年，郎德上寨迎来旅游回落之后新的旅游发展时期；2016年下半年，郎德文旅公司接管郎德上寨的旅游运营管理，投资1.18亿元对郎德上寨主要的基础及配套设施进行改造建设；2017年5月，郎德上寨成为4A级景区，从彼时至今，郎德上寨的旅游发展延续之前的发展趋势，且发展速度加快。通过对郎德上寨旅游发展轨迹的观察和分析，本研究认为，造成村落旅游发展突变或者转变的影响因素主要来自以下两个方面。

（1）政府和市场力量

通过对郎德上寨旅游发展轨迹的观察和分析，不难发现，无论是最初文物局推动郎德上寨成为“露天苗族风情博物馆”，还是奥运圣火的传递，无论是凯里至雷山公路的修建，还是郎德文旅公司投资建设旅游基础设施，都说明政府和市场力量对村落旅游命运突变或者转变具有决定性影响作用。

（2）群体性决策能力

1986—2016年上半年，30年的时间里，郎德上寨一直坚持“工分制”的自主性旅游发展，拒绝政府和市场主体的介入。2008年，郎德上寨成为奥运圣火传递点，在这一重大历史事件的推动下，郎德上寨声名鹊起，旅游发展迎来黄金时期。2008年，在面临是否与政府和市场主体合作，共同推动旅游发展的重大决策时，郎德上寨体现出充分的民主自治，在群众大会上，村委会广泛收集居民的意见，大多数居民认为应执行“工分制”自主性旅游发展，仅有以村委会前主任吴剑为代表的少数居民认为应该与政府和市场主体合作，村委会最终选择了大多数居民的意见，继续执行“工分制”自主性旅游发展。雷山县政府才转而选择与西江苗寨合作，并于2008年在西江苗寨举办贵州省旅发大会，从此开启了西江苗寨旅游发展的黄金时代，而郎德上寨在2009年旅游发展迅速回落。相隔近10年，在郎德上寨和西江苗寨旅游发展的巨大差距面前，在旅游现代化发展的语境下，郎德上寨最终选择与政府和市场主体合作。在合作后的这段时间里，郎德上寨旅游步入新的发展轨道，村寨环境得到改善，居民收入平均增幅60%左右，大多数居民认为合作应该早点实现。

长期以来，郎德上寨外出者较少，受外界影响较小，村落相对封闭，居民对于政府的政策方针知之甚少，长期以来受自给自足农耕经济模式的影响，大多数居民认为村寨的事情应该由自己解决，不需要其他力量的介入和宣传。这种意识相对落后的低素质个体决定了群体决策品质的低水平，群体决策表现出缺乏判断力和长远眼光，最终导致郎德上寨失去经济大发展的历史性机遇。郎德上寨拒绝与政府和市场主体合作这一事件，充分体现出在实行自治的村落里，群体力量的强大，以及群体决策能力对村落旅游命运的重要性。

综上可见，在乡村旅游发展过程中，如果外部有政府和市场主体强大的促进力量，内部有高品质的群体决策，二者相得益彰，乡村旅游前景将是一片光明，因此，如何使政府和市场主体等外部力量发挥对村落旅游的正向促进作用？如何提高村落群体决策能力？如何使这二者形成合力共同推动乡村旅游乃至乡村建设可持续发展？这些都是值得课题组进一步思考和探索的问题。

2. 态度理论运用过程中的思考

美国心理学之父、哈佛大学的威廉·詹姆斯指出，我们这个时代最伟大的发现就是：人们可以通过改变自己的态度，从而转变人生。居民是传统村落的主体，他们对于村落的态度直接影响村落的命运。因此，本研究以态度理论为基础，根据学者弗里德曼和迈尔斯等提出的态度涉及的三个维度，即认知、情感和行为意向，以及态度的 ABC 结构，建构居民对村落生态美、形态美和文态美的居民态度研究假设模型，通过对研究假设的检验和分析，提出村落美丽建设路径。

毋庸置疑，运用态度理论可以使研究成果以人为本，服务实践，然而，课题组在研究过程中也发现，尽管旅游发展在不同程度上促进了郎德上寨和堂安侗寨的经济发展，提高了两个村寨居民的收入水平，改善了村寨的环境，然而，居民对于给村落带来命运突变和改造的政府力量和旅游发展却表现出很大的不满，甚至抵触，这种现象在堂安侗寨更为明显，在调研中，许多居民，特别是年纪稍轻一些的，其中不乏旅游发展的获利者，如农家乐、客栈的经营者，表现出对于旅游发展不满，原因在于他们认为旅游发展给他们带来的利益没有肇兴侗寨居民的多，年长一些的居民，如 91 岁的潘正才老人和吴坤州，则表示非常感谢政府和旅游发展给他们的生活带来了方便和利益，在访谈中能感受到两位老人对村落深厚的情感。这种现象不得不引起课题组的思考，如果居民缺乏对于给他们的命运带来巨大转变的政府和旅游发展的感恩意识，他们就不会对此产生敬畏之心，就不会有责任和担当，他们更多关注的只是个人利益的获得和失去，缺乏大局观念，很难想见他们会真正关注村落的长远发展，会积极地参与村落的旅游发展，可见，除了通过态度理论了解居民的态度，还需要通过培植居民的感恩意识，改善居民的态度，提升居民的素质。目前，对于乡村旅游更多的关注点在于村落的经济发展，以及各个参与主体的权利与利益，但是，对于村落旅游品质的提质升级关注的程度远远不够。本研究认为，只有提高村落居民的整体素质，才能提高村落的整体品质，才能实现高品质的旅游发展，这是村落持续保持美丽和活力的动力源，因此，在村落社区导入社会性工作就显得非常必要，如何通过社会性工作培植居民的感恩意识就成为课题组需要进一步思考和探索的问题。

参考文献

一、期刊文献

[1]张瑞,欧阳曦,金吾伦.用哲学的眼光看世界[J].创新科技(人物·学者素描),2009(3):39.

[2]朱炳海.西康山地村落之分布[J].地理学报,1939(6):40-43.

[3]北京郊区村落的分布特点及其形成原因的初步研究[J].上海:历史地理,1993,11:233-245.

[4]尹钧科.关于《北京郊区村落发展史》研究浅说[J].北京社会科学,1997(3):68-74.

[5]路秉杰,山田水城,薛光弼.中国东海同纬度(25°N)圈内民居村落空间构成的比较研究之二[J].同济大学学报,1990(4):427-443.

[6]吴依桑.达斡尔族的村落、庭院及房屋[J].内蒙古社会科学,1985(5):62-65.

[7]温军.试论我国少数民族村落的分布特征[J].西北民族大学学报(哲学社会科学版),1990(1):52-57.

[8]何重义,业祖润,孙明,孙志坚.楠溪江风景区古村落保护与开发探索[J].北京建筑工程学院学报,1989(2):26-32.

[9]刘沛林.传统村落选址的意象研究[J].中国历史地理论丛,1995(1):119-128.

[10]刘沛林.中国古村落的景观建构[J].寻根,1997(4):25-28.

[11]刘沛林.论中国历史文化村落的“精神空间”[J].北京大学学报(哲学社会科学版),1996(1):51-55+135.

[12]刘沛林.中国历史文化村落的空间构成及其地域文化特点[J].衡阳师专学报(社会科学版),1996(2):83-87.

[13]刘沛林.论中国古代的村落规划思想[J].自然科学史研究,1998(1):82-90.

[14]刘沛林.古村落——独特的人居文化空间[J].人文地理,1998(1):38-41.

[15]刘沛林.论“中国历史文化名村”保护制度的建立[J].北京大学学报(哲学社会科学版),1998(1):80-87+158.

[16]蔡凌. 视野与方法——文化圈背景下的侗族传统村落及建筑研究[J]. 贵州民族研究,2003(4):25－30.

[17]邓洪武. 罗田古村的民居风格与启迪——江西古村落群建筑特色研究之一[J]. 南昌大学学报(人文社会科学版),2003(2):76－80.

[18]殷永达. 论徽州传统村落水口模式及文化内涵[J]. 东南文化,1991(2):174－177.

[19]沈克宁. 富阳县龙门村聚落结构形态与社会组织[J]. 建筑学报,1992(2):53－58.

[20]韩红星,赵仕新. 村落空间与民俗事象——贵州安顺幺铺镇石板村案例[J]. 安顺师范高等专科学校学报,2002(4):42－45.

[21]范霄鹏,闫璟. 自然生态与民居生态——浙江省芹川古村落调查[J]. 南方建筑,2010(3):75－78.

[22]关丹丹. 特殊地理形态下的胶东传统民居——以烟台养马岛古村落为例[J]. 华中建筑,2011,29(11):134－136.

[23]张士闪. 村落语境中的艺术表演与文化认同——以小章竹马活动为例[J]. 民族艺术,2006(3):24－37.

[24]刘朝晖. 村落社会与非物质文化遗产保护——兼论遗产主体与遗产保护主体的悖论[J]. 文化艺术研究,2009,2(4):29－36.

[25]车震宇,保继刚. 传统村落旅游开发与形态变化研究[J]. 规划师,2006(6):45－60.

[26]车震宇. 传统村落保护中易被忽视的"保存性"破坏[J]. 华中建筑,2008(8):182－184.

[27]朱良文. 从箐口村旅游开发谈传统村落的发展与保护[J]. 新建筑,2006(4):4－8.

[28]李文兵. 国外传统村落旅游研究及对我国的启示[J]. 地理与地理信息科学,2009,25(2):104－108

[29]史春云,韩宝平,刘泽华,张兴华. 旅游地居民感知与态度的比较研究——以九寨沟、庐山和周庄为例[J]. 经济地理,2010,30(8):1400－1407.

[30]庄晓平,朱竑,邓素球. 居民旅游感知实证比较研究之制度伦理分析——以世界遗产地开平碉楼与村落为例[J]. 旅游学刊,2012,27(3):18－26.

[31]张振江,杨槐,代世萤. 水族村落的民族传统空间结构——以贵州三洞乡为主要对象的调查与研究[J]. 文化遗产,2012(1):126－133.

[32]方李莉.非物质文化遗产保护的深层社会背景——贵州梭戛生态博物馆的研究与思考[J].民族艺术,2007(4):6-20.

[33]潘年英.全球化语境中的少数民族非物质文化遗产保护和利用——以贵州从江县的实践为例[J].民族艺术,2005(4):12-17.

[34]魏霞.关于贵州少数民族非物质文化遗产保护与开发利用的思考[J].贵州师范大学学报(社会科学版),2009(3):47-50.

[35]陆景川.贵州生态博物馆与古村落保护[J].当代贵州,2006(11):53.

[36]肖明艳.贵州生态博物馆的村落旅游探讨[J].广西民族师范学院学报,2012,29(4):34-36.

[37]李松.多民族地区村落文化保护与社会发展的思考——以贵州荔波水族村寨研究项目为例[J].民俗研究,2010(3):50-59.

[38]冯骥才.传统村落的困境与出路——兼谈传统村落是另一类文化遗产[J].民间文化论坛,2013(1):7-12.

[39]罗德胤.村落保护:关键在于激活人心[J].新建筑,2015(1):23-27.

[40]罗德胤.村落保护的大众化和产业化[J].小城镇建设,2015(11):22-24.

[41]赵曼丽,麻勇斌.基于建筑人类学的贵州传统村落保护研究[J].山西建筑,2017,43(28):5-7.

[42]桂佳,余压芳.贵州历史文化村落研究进展[J].南方建筑,2014(3):73-78.

[43]陈清鋆,余压芳.传统小村落的大保护观——以贵州为例[J].现代城市研究,2016(11):98-102.

[44]吴必虎,徐小波.传统村落与旅游活化:学理与法理分析[J].扬州大学学报(人文社会科学版),2017,21(1):5-21.

[45]汤洛行,单晓刚,路雁冰.贵州传统村落保护与发展路径研究[C].新常态:传承与变革——2015 中国城市规划年会论文集(14 乡村规划),2015.

[46]康璟瑶,章锦河,胡欢,周珺,熊杰.中国传统村落空间分布特征分析[J].地理科学进展,2016,35(7):839-850.

[47]柳庆英,赵航等.黔东南堂安侗寨建筑外部空间形态研究[J].贵州师范大学学报(自然科学版),2016(12):20-26.

[48]满德如,黄经南,王国恩.西南地区侗族村寨空间形态研究——以黔东南肇兴侗寨为例[J].现代城市研究,2015(8):118-126.

[49]高盛楠,马明.文化人类学视角下内蒙古河套地区传统村落空间分析[J].居业,2019(5):67-69.

[50]杨东升. 论黔东南苗族古村落结构特征及其形成的文化地理背景[J]. 西南民族大学学报(人文社会科学版),2011(4):30－34.

[51]周政旭. 贵州南侗地区山地聚落人居环境营建初探[J]. 城市与区域规划研究,2016(9):112－136.

[52]李欣华,吴建国. 旅游城镇化背景下的民族村寨文化保护与传承:贵州郎德模式的成功实践[J]. 广西民族研究,2010(4):193－199.

[53]赵曼丽. 苗族民居“半边楼”的审美特征浅析[J]. 重庆建筑,2006(12):22－25.

[54]麻勇斌. 苗族建筑艺术简论[J]. 湖北民族学院学报(社会科学版),1997(1):44－46.

[55]周真刚. 文化遗产法视角下的黔东南苗族吊脚楼保护研究[J]. 贵州民族研究,2012(6):40－45.

[56]彭鑫. 少数民族传统村落中的非物质文化遗产保护研究[J]. 人文天下,2017(17):51－55.

[57]顾大治,王彬,黄雨萌,许晓迪. 基于非物质文化遗产活化的传统村落保护与更新研究——以安徽绩溪县湖村为例[J]. 西部人居环境学刊,2018,33(2):100－105.

[58]刘心一. 贵州非物质文化遗产传承人口述史数据库建设现状与设想[J]. 贵州社会科学,2013(8):49－52.

[59]王华. 口头非物质文化遗产保护——以贵州彝族为例[J]. 教育教学论坛,2014(52):62－63.

[60]李任. 贵州传统技艺类非物质文化遗产发展现状与思考[J]. 长江师范学院学报,2017,33(2):34－42.

[61]周真刚. 贵州世居民族传统手工技艺的保护及其产业化发展思考[J]. 西南民族大学学报(人文社会科学版),2013(10):42－47.

[62]李胜杰. 节日转型与非物质文化遗产保护——以贵州黔东南苗族游坡为例[J]. 四川戏剧,2016(5):99－101.

[63]方李莉. 非物质文化遗产语境中的民族艺术——以贵州长角苗衣饰艺术为例[J]. 徐州工程学院学报(社会科学版),2013,28(1):58－61.

[64]刘彩清. 文化创意与非物质文化遗产的传承保护——以贵州侗绣为考察个案[J]. 贵州师范学院学报,2016,32(4):74－78.

[65]吴必虎. 基于乡村旅游的传统村落保护与活化[J]. 社会科学家,2016(2):7－9.

[66]张琳,邱灿华. 传统村落旅游发展与乡土文化传承的空间耦合模式研究——以皖南地区为例[J]. 中国城市林业,2015,13(5):35－39.

[67]孙琳,邓爱民,张洪昌.民族传统村落旅游活化的困境与纾解——以黔东南州雷山县为例[J].贵州民族研究,2019,40(6):53-58.

[68]贺丹.民族文化村寨旅游开发建设对策探讨——以贵州省为例[J].广西民族研究,2009(4):187-191.

[69]蒋焕洲.贵州民族村寨旅游发展现状、问题与对策研究[J].广西财经学院学报,2010(4):121-124.

[70]初凡,周真刚,陆刚.侗族传统村落保护与发展路径探索——以黔东南黎平县为例[J].贵州民族研究,2017(1):83-88.

[71]王纯阳,屈海林.村落遗产地社区居民旅游发展态度的影响因素[J].地理学报,2014,69(2):278-288.

[72]陈慧,李鹏,王纯阳.村落型遗产地居民旅游感知与态度的空间差异分析[J].华南师范大学学报(自然科学版),2017,49(4):88-94.

[73]杨立国,喻娟,袁佳利.传统村落居民的景观基因认知及保护态度——以衡阳市中田村为例[J].衡阳师范学院学报,2019,40(6):1-7.

[74]彭英.党家村遗产保护居民满意度研究[J].保护建筑,2016(8):33-39.

[75]金圣雨.韩国传统村落与住宅的空间构成——以庆尚北道星州郡大浦村为对象[J].建筑学报,1997(5):59-63.

[76]Ulackr..The impact of tourism in Fiji - A comparison of two villages[J].Pacific Studies,1993,18(3):1 - 7.

[77]Harrison D. Cocoa,conservation and tourism:Grande Riviere,Trinidad[J].Annals of Tourism Research,2007,34(4):919 - 942.

[78]Rosenberg,M. J. &Hovland,C. I. Cognitive,Affective,and Behavior Components of Attitudes. In Rosenberg,M. J. et al. (eds.),Attitude Organization and Change,New Haven:Yale UniversityPress,1960. 3.

[79]Chuang S,Residents'attitudes toward rural tourism in Taiwan:A comparativeviewpoint. International Journal of Tourism Research,2013,15(1):152-170.

[80]汲忠娟,蒋依依,谢婷.旅游地居民感知和态度研究综述[J].资源科学,2017(3):396-407.

[81]Christaller,W. Some Considerations of Tourism Locations in Europe: The Peripheral Regions—Underdeveloped Countries—Recreation Areas[J]. Regional Science Association Papers. 1963, 12:95-105.

[82]Butler,R. W. The Concept of a Tourism Area Cycle of Evolution:Implications for man-

agement of Resources [J]. Canadian Geographer,1980 24(1):5 – 12.

[83]杨效忠,陆林.旅游地生命周期研究的回顾和展望[J].人文地理,2004(5):5 – 10.

[84]徐致云,陆林.旅游地生命周期研究进展[J].安徽师范大学学报(自然科学版),2006(6):599 – 603.

[85]Debbage K. Oligopoly and the resort cycle in the Bahamas[J]. Annals of Tourism Research, 1990, 17:513 – 527.

[86]陈慧,李鹏,王纯阳.村落型遗产地居民旅游感知与态度的空间差异分析[J].华南师范大学学报(自然科学版),2017,49(4):88 – 94.

[87]徐清.乡村旅游产品谱系及开发模式研究[J].浙江林业科技,2009. 29(2):696 – 70.

[88]樊友猛,谢彦君.体验的内涵与旅游体验属性新探[J].旅游学刊,2017 (11):16 – 25.

[89]余巍.住屋形式与文化分析[J].住宅与房地产,2019(8):237.

[90]孙小龙,林壁属,部捷.旅游体验质量评价述评:研究进展、要素解读与展望[J].人文地理,2018(1)143 – 151.

[91] Cohen. E A Phenomenology of TouristExperiences [J]. Sociology. 1979. 13(2):179 – 201.

[92] Pearce, P. L. The Ulysses Factor: Evaluating Visitors in TouristSettings[M]. New York: Springer Verlag,1988.

[93]Otto,J. E. &J. R. B. Ritchie. The service experience in tourism[J]. Tourism Management,1996, 17(3):165 – 174.

[94]邹统钎,吴丽云.旅游体验的本质、类型与塑造原则[J].旅游科学,2003(4):7 – 10.

[95]Alexandra Marsden.澳大利亚国家遗产保护原则[J].国外城市规划,1997(3):14.

[96]G. Richards. J. ilson,eveloping creativity in tourism experience;solution to the serial reproduction of culture[J]Tourism Management,2006.

[97]周立军,苏瑞琪,马维一.基于体验经济的黑龙江省旅游型传统村落模式探索[J].中国名城,2016(7).

[98]罗时琴,廖凤林,江波.贵州湄潭茶文化体验旅游产品开发模式研究[J].农业环境与发展,2010(6):55 – 58.

[99]Kotler. P. Bowen,J. T. Makens. J. C. Marketing for hospitality and tourism. Upper Sad-

dle River[J]. Prentice Hall,2010.

[100]张林,张向葵. 态度研究的新进展——双重态度模型[J]. 心理科学进展,2003(2). 171.

[101]Lee. T. H. Jan, F. H. Yang, C. C. Environmentally responsible behavior of nature - based tourists: A review [J]. International Journal of Development and Sustainability,2013(2): 100 - 115.

[102]史春云,韩宝平,刘泽华,张兴华. 旅游地居民感知与态度的比较研究——以九寨沟、庐山和周庄为例[J]. 经济地理,2010(8):1400 - 1407.

[103]庄晓平,朱竑,邓素球. 居民旅游感知实证比较研究之制度伦理分析:以世界遗产地开平碉楼与村落为例[J]. 旅游学刊,2012(3):18 - 26.

[104]Tuener. L, Ash. J, Medlik. S. The Golden Hordes: International Tourism and the pleasureperiphery. [J]. International Affairs,1975,51(4):560.

[105]Mac Cannell. &Dean. Staged Authenticity: Arrangements of Social Space in Tourist Settings [J]. American Sociological Review,1973,79:589 - 603.

[106]王宁. 从"同景同感"到"同景异感":一个"分层对应论"的分析框架[J]. 旅游学刊,2019(9).

[107]徐林强,黄超超,沈振烨,朱睿. 我国体验式旅游开发初探[J]. 经济地理,2006(A2):23 - 26.

[108]姜海涛. 旅游场:旅游体验研究的新视角[J]. 桂林旅游高等专科学校学报,2008(3)321 - 325.

[109]Brown, L. &J. Kang, et al. Towards some standardization in assessingsoundscape preference [J]. Internoise,2009,4023 - 4033.

[110]吴文智. 体验经济下的旅游产品开发机制研究:兼谈古村落旅游产品的体验化开发[J]. 徽州社会科学,2003(100):36 - 40.

[111]张志国. 体验经济下的内蒙古旅游产品设计与开发[J]. 内蒙古科技与经济,2007(18).

[112]张玉香. 体验视角下的旅游产品设计与创新[J]. 内蒙古农业大学学报(社科版),2008(1).

[113]王欣欣. 乡愁何寄? 旅游背景下传统村落的审美体验研究[J]. 旅游研究,2018(6).

[114]湛月辉. 基于文化遗产保护的传统村落游客体验研究[J]. 遗产与保护研究,2018(12).

[115]Lankford S V, D R Howard. Developing a Tourism Impact Attitude Scale[J]. Annals ofTourism Research, 1994, 21(1): 121 - 139.

[116]Hair Joseph F. Jr. Rolph E. Anderson, Ronald L. Tatham, and William C. Black. Multivariate Data Analysis. Fifth Edition Upper Saddle River, NJ: Prentice Hall, 1998, 1:499.

[117]石朝江.苗族历史上的五次迁徙[J].贵州民族研究,1995(1):119-128.

[118]盖媛瑾,陈志永.传统村落公共文化空间与景区化发展中的资源凭借——以黔东南郎德上寨“招龙节”为例[J].黑龙江民族丛刊,2019(1):48-57.

[119]赵文娟,崔明昆,沙建.工程移民的生计变迁与文化适应——以泸沽湖机场移民为例[J].云南地理环境研究,2011,23(3):7-12.

[120]闵英,曹维琼.重构传统村落文化保护与发展的文本意识[J].贵州社会科学,2016(11):76-83.

[121]常青.建筑学的人类视野[J].建筑学报,2008(12):95-101.

[122]李西建.以文化创意激活非物质文化遗产资源的旅游美学效用[J].旅游学刊,2019,34(5):9-11.

[123]秦红岭.乡愁:建筑遗产独特的情感价值[J].北京联合大学学报(人文社会科学版),2015(9):58-63.

[124]杨帆.村落语境下民间手艺传承的内生机制初探——以山东菏泽穆李村面塑手艺为例[J].民间文化论坛,2010(5):100-107.

二、专(译)著

[1][德]黑格尔.美学(第一卷)[M].朱光潜,译.北京:北京大学出版社,2017.

[2]吴良镛.中国城乡发展模式转型的思考[M].北京:清华大学出版社,2009.

[3]金其铭.中国农村聚落地理学[M].南京:江苏科学技术出版社,1989.

[4]费孝通.江村经济[M].北京:商务印书馆,2001.

[5]杨懋春.山东台头——一个中国村庄[M].南京:江苏人民出版社,2001.

[6]侯仁之.历史地理学的理论与实践[M].上海:上海人民出版社,1979.

[7]尹钧科.北京郊区村落发展史[M].北京:北京大学出版社,2001.

[8]刘沛林.古村落:和谐的人居空间[M].上海:上海三联书店,1997.

[9]罗德启.老房子·贵州民居[M].南京:江苏美术出版社,2000.

[10]李先逵.干栏式苗居建筑[M].北京:中国建筑工业出版社,2005.

[11]张欣.苗族吊脚楼传统营造技艺[M].合肥:安徽科学技术出版社,2013.

[12]高培.中国千户苗寨建筑空间匠意[M].武汉:华中科技大学出版社,2015.

[13][日]旗田魏.中国村落与共同体理论[M].日本.岩波书店,1973.

[14]周晓虹,现代社会心理学[M],上海:上海人民出版社,2002.

[15]陆剑清,消费行为学[M].北京:清华大学出版社,2015.

[16]李志飞.旅游消费者行为[M].武汉:华中科技大学出版社.2019.

[17]卢松.历史文化村落居民对旅游影响的感知与态度模式研究[M].合肥:安徽人民出版社,2009.

[18]Pine,II. B. J. & J. H. Gilmore. The Experience Economy:Work is Theatre &Every Business a Stage[M]. Boston: Harvard Busines School Press,1999.

[19]Allport, G. W. Attitudes. In Murchison, C, (ed.) A Handbook ofSocial Psychology. Clark University Press,1935.

[20] Edwards, A. L. Techniques of Attitude Scale Construction. NewYork: Appleton – Centuty – Crofts. 1957 ,p. 2.

[21] Krech, D. Attitudes and learning;a methodological note Psychological Review,1946, Vol. 53,No. 5:290 – 293.

[22][美]弗里德曼(J. L. Freedman).社会心理学[M].哈尔滨:黑龙江人民出版社,1984.

[23] Thurstone,L. L. & Chave,E. J. The Measurement of AtieChicago, I11, University of Chicago Press,1929,p. 17 – 18.

[24]Rosenberg,M. J. &Hovland,C. I. Cognitive,Affective,and Behavior Components of Attitudes. In Rosenberg,M. J. et al. (eds.),Attitude Organization and Change,New Haven:Yale UniversityPress,1960,p. 3.

[25] Zanna, M. P. and Rempel, J. K. Attitudes: A New Look at an Old Concept. Cambridge University Press, Cambridge, UK,315 – 334.

[26] Thurstone,L. L. & Chave,E. J. The Measurement of AtieChicago[M], I11, University of Chicago Press,1929,p. 17 – 18.

[27] Likert. R. A Technigue for the Measurement of AtillArchives of Psychology[M], 1932,140,P. 26.

[28] Boorstin,D. J. The Image: A Guide to Pseudo – events in America[M]. New York: Harper& Row,1964.

[29] [美]约瑟夫·派恩,詹姆斯·吉尔摩.体验经济[M].毕崇毅,译.北京:机械工业出版社,2012.

[30]吴良镛.广义建筑学[M].北京:清华大学出版社,1989.

[31]岑应奎,等.蚩尤魂系的家园[M].贵阳:贵州人民出版社,2005.

[32]凌纯声,芮逸夫.湘西苗族调查报告[M].北京:民族出版社,2003.

[33]吴正光.郎德上寨博物馆[M].北京:文物出版社,2004.

[34]梁思成.中国建筑史[M].天津:百花文艺出版社,1998.

[35]刘敦桢.中国住宅概说[M].天津:百花文艺出版社,2004.

[36][美]塞缪尔·亨廷顿,劳伦斯·哈里森.文化的重要作用——价值观如何影响人类进步[M].北京:新华出版社,2019.

[37]吴文藻.吴文藻人类学社会学研究文集[M].北京:民族出版社,1990.

[38]朱贻庭.伦理学大辞典[M].上海:上海辞书出版社,2010.

[39]费孝通.乡土中国　生育制度　乡土重建[M].北京:商务印书馆,2011.

[40][法]卢梭.爱弥儿[M].李平沤,译.北京:商务印书馆,2008.

三、学位论文

[1]掌少波.常熟地区传统村落空间形态演变研究[D].南京:南京林业大学,2010.

[2]温湲.关中渭北地区传统村落的空间形态特色及其延续[D].西安:西安建筑科技大学,2010.

[3]陆俊才.村庄公共空间的适应性重构研究[D].武汉:武汉理工大学,2009.

[4]李辉.江西吉水燕坊-仁和店古村落公共建筑及公共空间研究[D].西安:西安建筑科技大学,2011.

[5]肖华.湘西南侗与北侗村落形态比较研究[D].长沙:湖南大学,2011.

[6]李永刚.传统手工艺和现代技术结合的模式研究[D].昆明:昆明理工大学,2009.

[7]李明全.和自然和谐共生的建筑设计方法初探[D].重庆:重庆大学,2006.

[8]沈诗.安徽屏山传统村落民居建筑研究[D].西安:西安建筑科技大学,2018.

[9]史琛灿.白马河流域藏族民居的营建智慧与更新策略研究[D].西安:西安建筑科技大学,2018.

[10]朱雪梅.粤北传统村落形态及建筑特色研究[D].广州:华南理工大学,2013.

[11]张东.中原地区传统村落空间形态研究[D].广州:华南理工大学,2015.

[12]冯志丰.基于文化地理学的广州地区传统村落与民居研究[D].广州:华南理工大学,2014.

[13]向从容.干栏式苗族民居的研究及其现代启示[D].成都:西南交通大学,2008.

[14]张乐.态度形成的理论与实验[D].上海:华东师范大学,2008.

[15]刘潇阳.慢生活态度、能力及其养成研究:基于上海市若干在职成人的访谈与分析

[D]. 上海:华东师范大学,2012.

[16]黄玉理. 旅游地居民对旅游的感知与态度研究[D]. 北京:北京第二外国语学院,2006.

[17]柳玉洁. 诱惑性刺激的内隐态度对冲动行为预测作用的研究[D]. 上海:华东师范大学,2015.

[18]高林安. 基于旅游地生命周期理论的陕西省乡村旅游适应性管理研究[D]. 哈尔滨:东北师范大学,2014.

[19]齐全. 非物质文化遗产旅游体验质量评价研究——以景德镇为例[D]. 武汉:武汉大学,2017.

[20]王金凤. 基于声景感知的乡村旅游体验研究[D]. 长沙:湖南师范大学,2019.

[21]谢彦君. 旅游体验研究[D]. 大连:东北财经大学,2005.

[22]陈才. 意象·凝视·认同[D]. 大连:东北财经大学,2009.

[23]马怡冰. 基于文化遗产保护的传统村落游客体验研究[D]. 上海:华东师范大学,2017.

[24]熊芳. 基于体验经济的南昌梅岭旅游产品设计研究[D]. 南昌:江西师范大学,2011.

[25]蒋苓. 嘉陵第一曲流旅游区体验式旅游开发研究[D]. 成都:成都理工大学,2007.

[26]李畅. 历史文化资源的体验式环境营造研究[D]. 长沙:中南大学,2013.

[27]漆明亮. 社区参与旅游扶贫及模式研究[D]. 成都:西南财经大学,2006.

[28]梁跃民. 论中国特色社会主义核心价值观建设[D]. 保定:河北大学,2011.

[29]李丽. 郎德工分制中的道义、理性与惯习[D]. 贵阳:贵州师范大学,2008.

[30]季诚迁. 古村落非物质文化遗产保护研究[D]. 北京:中央民族大学,2011.

[31]王潇. 传统手工艺的再生产研究[D]. 西安:西安美术学院,2016.

[32]关格格. 黔东南侗族传统村落空间形态调查研究[D]. 西安:西安建筑科技大学,2015.

[33]张育齐. 贵州玉屏侗族传统村落的保护与文化传承初探[D]. 西安:西安建筑科技大学,2018.

[34]刘艺兰. 少数民族村落文化景观遗产保护研究[D]. 北京:中央民族大学,2011.

[35]罗颖. 贵州传统村落文化遗产利用的多中心治理研究[D]. 贵阳:贵州大学,2016.

[36]韦伊. 旅游开发过程中的传统村落保护研究[D]. 贵阳:贵州大学,2015.

四、电子文献

[1]http://blog. sina. com. cn/s/blog_55f77cff0100b5s1. html.

[2]国家级贫困县数据源自:国务院扶贫办网站2006年发布的新时期592个国家扶贫开发工作重点县,http://www. cpad. gov. cn/data/2006/1119/article_331579. htm. 2011-02-17.

[3]冯骥才. 传统村落保护的两种新方式[N]. 人民日报,2015-06-19(24).

[4]http://blog. sina. com. cn/s/blog_55f77cff0100b5s1. html.

[5]王锦强. 中国古村落家底盘点[N]. 人民日报(海外版),2010-11-29.

[6]https://baike. baidu. com/item/%E4%BB%B7%E5%80%BC%E8%A7%82/2447914 fr=aladdin.

[7]https://baike. baidu. com/item/%E6%99%BA%E6%85%A7/129438.

[8]https://baike. baidu. com/item/%E7%94%9F%E6%B4%BB%E6%96%B9%E5%BC%8F/2853 fr=aladdin.

[9]黔东南州. 黔东南苗族侗族自治州2018年国民经济和社会发展统计公报[EB/OL]. http://www. qdn. gov. cn/xxgk/zdgk/tjxx/tjnb/201904/t20190401_5074808. html.

附　录

附录 1. 居民建设美丽村落态度调查问卷

尊敬的父老乡亲：

您好！美丽的村落是父老乡亲世世代代赖以生存的家园。在城镇化、旅游化发展的时代背景下，村落的美丽也在发生着变迁。为了了解父老乡亲在村落变迁中的感受，了解父老乡亲对于建设美丽村落的意愿和态度，特开展本次调研。调研采用匿名方式，调研信息仅用于科学研讨。请根据自己的真实情况回答下列问题，非常感谢您的认真配合与支持！

贵州商学院美丽村落课题组

一、基本信息

1. 您的性别[单选题] *

A. 男　　B. 女

2. 您的年龄[单选题] *

A. 18—25 岁　　B. 26—50 岁

C. 50 岁以上

3. 您的文化程度[单选题] *

A. 小学及以下　　B. 初中

C. 高中(含中专、中技)　　D. 大学(含大专)及以上

4 您的家庭年收入[单选题] *

A. 2 万元以下　　B. 2 万—5 万元

C. 5 万以上—10 万元　　D. 10 万元以上

5. 您的家庭收入主要来源[单选题]*

A. 务农收入　　B. 外出务工收入

C. 与旅游发展相关收入　　D. 旅游红利

E. 其他收入________________

6. 您在本村的居住年限[单选题]*

A. 15 年以下　　B. 15 年以上

7. 您是否掌握一门/多门传统手工艺。

A. 是　　B. 否

二、居民建设美丽村落态度问卷

以下题目,请按符合您真实情况的程度填写,选项从“非常不符合”到“非常符合”。

题目　　选项	非常不符合	不符合	差不多	符合	非常符合
1. 田园风光、树林和水系统是美丽村落不可或缺的一部分	○	○	○	○	○
2. 咱们村落的规模在不断扩大	○	○	○	○	○
3. 咱们村落的街巷还保有原来的风貌	○	○	○	○	○
4. 咱们村落的民居建筑仍保有原来的造型和高度	○	○	○	○	○
5. 咱们村落的公共建筑仍保有原来的造型和高度	○	○	○	○	○
6. 咱们的房屋建筑材料仍以木质材料为主	○	○	○	○	○
7. 咱们的房屋建筑平面布局更加满足现代生活的需要	○	○	○	○	○
8. 我非常喜欢我们村落的传统故事	○	○	○	○	○
9. 我很喜欢我们的本民族语言	○	○	○	○	○
10. 我非常喜欢我们的歌舞表演	○	○	○	○	○
11. 我以我们拥有传统手工技艺而感觉骄傲	○	○	○	○	○
12. 我非常喜欢我们的民俗及节庆活动	○	○	○	○	○

续表

题目＼选项	非常不符合	不符合	差不多	符合	非常符合
13. 我非常喜欢邻里间互帮互助的人际关系	○	○	○	○	○
14. 即便外出务工收入可观，但一旦有机会，我仍会选择留在家乡建设家乡	○	○	○	○	○
15. 我希望子女（将来有了子女）能有机会留在家乡建设家乡	○	○	○	○	○
16. 当个人利益与美丽家乡建设相关条例相悖时，我会选择遵守相关条例规定	○	○	○	○	○

附录 2. 居民美丽村落激活路径调查问卷

尊敬的父老乡亲：

您好！村落是父老乡亲世世代代赖以生存的家园。然而，在城镇化背景下，村落外出务工者越来越多，空心化严重阻碍了村落的发展，村落逐渐失去生机和活力，为了充分利用村落的旅游资源、建筑遗产资源和传统手工艺资源，探索村落活力的激活路径，特开展本次调研。调研采用匿名方式，调研信息仅用于科学研讨。请根据自己的真实情况回答下列问题，您的回答对激活村落的活力意义重大。非常感谢您的认真配合与支持！

贵州商学院美丽村落课题组

一、基本信息

1. 您的性别[单选题] *

A. 男　　B. 女

2. 您的年龄[单选题] *

A. 18—25 岁　　B. 26—50 岁

C. 50 岁以上

3. 您的文化程度[单选题] *

A. 小学及以下　　B. 初中

C. 高中(含中专、中技)　　D. 大学(含大专)及以上

4 您的家庭年收入[单选题] *

A. 2 万元以下　　B. 2 万—5 万元

C. 5 万以上—10 万元　　D. 10 万元以上

5. 您的家庭收入主要来源[单选题] *

A. 务农收入　　　　　　　　B. 外出务工收入

C. 与旅游发展相关收入　　　　D. 旅游红利

E. 其他收入______________________________

6. 您在本村的居住年限[单选题] *

A. 15 年以下　　　　　　　　B. 15 年以上

7. 您是否掌握一门/多门传统手工艺。

A. 是　　　　　　　　　　　B. 否

二、美丽村落利用现状及激活路径调查问卷

(一)建筑遗产利用现状及激活

1. 您了解本村房屋建筑现在有哪些用途(　)(选择、填空题)

A. 村民生活居住　　B. 农家乐　　C. 民宿经营　　D. 空置

E. 参观游览　　F. 房屋租赁　　G. 其他________________________

2. 您认为本村房屋建筑用于经营活动的比例(　)(单选题)

A. 75%以上　　B. 50%—75%　　C. 25%—50%　　D. 25%以下

3. 您了解本村利用房屋建筑进行经营的经营者情况吗?(　)(选择、填空题)

A. 新移民(外来人口),大概比例是多少________________○无

B. 当地居民(非业主本人),大概比例是多少______________○无

C. 房主自己(建筑产权拥有者),大概比例是多少______________○无

D. 其他,__________________,大概比例是多少________________○无

4. 您认为村民利用房屋建筑进行经营(或租赁)是否可以成为新型乡村建设发展的有效途径(　)(单选题)

A. 是,是乡村发展的绿色通道

B. 否,为什么?____________________________________

5. 您认为村民利用房屋建筑经营(或租赁)是否能够成为一个家庭的主要收入来源(　)(单选题)

A. 是,可以成为家庭的主要收入来源

B. 否,还需要参加其他劳动或者生产经营才能满足基本生活需求

6. 您认为当前村里利用房屋建筑经营存在的主要问题是(　)(可多选)

A. 缺乏相应的行业规范　B. 利用房屋建筑经营的人家太多,同行竞争大

C. 缺乏相应政策支持　D. 由于基础设施简陋,难以直接投入经营

E. 思想观念落后导致不愿意经营

F. 村民缺乏经营的理念及经验,风险大

G. 即使有钱投入经营,市场发展不稳定,风险大

H. 若要投入经营,需要花费大量改造资金,无资金投入

I. 没有想过要用自己的房屋建筑来从事经营活动

J. 其他＿＿＿＿＿＿＿＿＿＿＿＿＿＿＿＿＿

7. 我村的房屋建筑具有独特的价值,您认为采取哪些措施更能够保全和增值其价值?(　)(可多选)

A. 政府统一规划　B. 政府给予一定改造补贴

C. 需要进一步学习培训　D. 房屋建筑保有民族文化特色

E. 改造发展民宿　F. 改造发展民族特色餐饮

G. 提升村民的经营能力　H. 其他＿＿＿＿＿＿＿＿

(二)传统手工艺传承与发展

1. 我们村落的传统手工艺有(　)(可多选)

A. 刺绣　B. 靛染　C. 侗布　E. 木工工艺(如吊脚楼的修建)

F. 竹编　G. 芦笙或牤筒制作　H. 其他＿＿＿＿＿＿＿＿

2. 我们村落传统手工艺的特点(　)(可多选)

A. 保留了技艺的整体性　B. 程序多　C. 技术含量高

D. 保留了核心技艺的原真性和真实性　E. 其他＿＿＿＿＿＿＿

3. 传统手工艺带来的经济收入占家庭总收入的比例为(　)(单选题)

A. 100%　B. 75%—100%　C. 50%—75%　D. 25%—50%

E. 25%以下

4. 我们村落掌握一门及以上传统手工艺人的比例约占村民比例(　)(单选题)

A. 100%　B. 75%—100%　C. 50%—75%　D. 25%—50%

E. 25%以下

5. 您认为我们村落手工艺的价值在于( )(可多选)

A. 能带来经济价值

B. 手工艺本身的工艺价值

C. 以手艺的方式表现出的生活智慧、做人态度和生活习俗等人文内涵

D. 是我们民族发展宝贵的文化遗产

6. 传统手工技艺至少包括技能、技巧和技术三部分,您觉得这三部分哪部分最重要?(单选题)(注:技能是身体的协调性和加工过程中表现出来的熟练度,技巧是解决问题或形成个人风格的诀窍,技术包括工艺流程、工艺法则、实体性工具等。)

A. 技能　　B. 技巧　　C. 技术

7. 如果学习传统手工艺,对你来说最大的好处是( )(可多选)

A. 继承老祖宗的传统　　B. 增加经济收入　　C. 艺多不压身

D. 服务生活　　E. 没啥好处

8. 您觉得,村落传统手工艺发展不太理想的原因可能是( )(可多选)

A. 学习渠道有限　　B. 耗时且不创造价值

C. 手工产品没有市场　　D. 政府不重视,没有资金和政策支持

E. 想学,没有时间　　F. 要花费的成本高,不能带来理想的经济收入

G. 工艺繁杂,很难学习掌握　　H. 其他________________

9. 传统手工艺要传承,您觉得哪种传承方式比较好?( )(可多选)

A. 师徒传承　　B. 家庭(族)传承　　C. 学校教育　　D. 个人办班

E. 企业传承　　F. 社会传承　　G. 其他________________

10. 您认为哪种方式更有利于传统手工艺的发展?( )

A. 个人手工　　B. 家庭作坊　　C. 集体合作社　　D. 工厂定制

E. 其他________________

11. 您觉得以下哪些措施会推动传统手工艺的发展呢?(可多选)

A. 政府重视,给予资金支持

B. 政策支持,重视手工艺传承人

C. 促进传统工艺与现代工艺的结合

D. 传统手工艺品设计满足现代生活需求

E. 其他________________________________

(三)其他资源的旅游利用与激活

1. 您认为我们村有哪些特有的资源或者生活方式可以提供给游客(　)(可多选)

A. 农耕活动　　B. 各种节庆活动　　C. 露营场地

D. 民族歌舞　　E. 传统手工艺制作　　F. 徒步活动

G. 农耕资源　　H. 传统特色美食制作________________

2. 您认为游客选择本村各种特色活动带来的好处是(　)(可多选)

A. 村民拓宽经济收入的渠道　B. 增加村民与外界的接触

C. 传承民族文化精髓　　D. 能让游客体验和感受本村民俗文化生活

E. 通过表演性、服务性的特色民俗活动,对外宣传独特民族文化

F. 其他________________________________

4. 您认为村民难以推出特色民俗体验活动的主要原因有(　)(可多选)

A. 同村竞争较大、收入不稳定

B. 游客喜好不一、变化多样、难以揣摩

C. 影响自己正常生活,不想参与

D. 游客行为具有很大的季节性

E. 没有时间、不感兴趣

F. 体验式项目需要大量资金,缺乏资金

G. 有些活动非常神圣,游客因不懂礼数,不愿意游客参与

H. 感觉走过场,简单重复,已经失去原本特色民俗的意义和热情,不愿参与

I. 其他________________________________

5. 我们可以从哪些方面为游客增加体验,以获得更多的自主性和经济效益?(　)(可多选)

A. "政府 + 企业 + 村民"合作的经营方式

B. 政府统筹规划

C. 发展本村特色体验式旅游项目

D. 提高村民对体验式旅游的认知度和参与度

E. 注重体验式旅游的原真性

F. 注重体验式旅游的教育性和文化性

G. 扩大对外宣传力度

H. 其他________________________________

后　记

本书是2017年度贵州省哲学社会科学规划课题（17GZYB25）的研究成果，是基于国家社科基金艺术学项目（17EH246）深化研究的研究成果。该课题在研究过程中，课题组成员齐心协力，分工合作，确保课题在新冠疫情严重影响的情况下顺利结题，且结项成果为良好。其中，徐芳芳负责起草第二章，并参与第三、四、五、七、八章部分内容的草拟工作；陈怡梦负责起草调查问卷和第六章，并参与第三、八章部分内容的草拟工作；刘霏阳参与第八章部分内容的草拟工作。